Ruth Müller-Lindenberg

WILHELMINE VON BAYREUTH

EUROPÄISCHE
KOMPONISTINNEN

Herausgegeben von •
Annette Kreutziger-Herr und Melanie Unseld

Band 2

Ruth Müller-Lindenberg

WILHELMINE VON BAYREUTH

Die Hofoper als Bühne des Lebens

2005

BÖHLAU VERLAG KÖLN WEIMAR WIEN

Die Reihe »Europäische Komponistinnen«
wird ermöglicht durch die Mariann Steegmann Foundation

Bibliographische Information der Deutschen Bibliothek

Die Deutsche Bibliothek verzeichnet diese Publikation
in der Deutschen Nationalbibliographie;
detaillierte bibliographische Daten sind im Internet über
http://dnb.ddb.de abrufbar.

Umschlagabbildung:
Antoine Pesne, Wilhelmine von Bayreuth in Pilgertracht,
um 1750. (Stiftung Preußische Schlösser und Gärten
Berlin-Brandenburg. Foto: Roland Handrick)

© 2005 by Böhlau Verlag GmbH & Cie, Köln
Ursulaplatz 1, D-50668 Köln
Tel. (0221) 91 39 00, Fax (0221) 91 39 011
info@boehlau.de
Alle Rechte vorbehalten
Gesamtherstellung: Druckhaus Köthen GmbH, Köthen
Gedruckt auf chlor- und säurefreiem Papier
Printed in Germany
ISBN 3-412-11604-1

Für

Johannes Georg

und

Johannes Michael

INHALT

Anhang 181

Vorwort der Herausgeberinnen

Erinnern – Geschichte – Lebensgeschichten

Nachdem Johann Wolfgang von Goethe seine Autobiographie *Dichtung und Wahrheit* genannt hatte, rissen die Fragen ob dieses ebenso markanten wie scheinbar widersprüchlichen Titels nicht mehr ab. Der Dichter selbst erklärte daher, er sei »innigst überzeugt, dass der Mensch in der Gegenwart ja vielmehr noch in der Erinnerung die Aussenwelt nach seinen Eigenheiten bildend modele.« Behielt sich Goethe damit vor, die Vergangenheit in seiner Autobiographie gelegentlich geschönt zu haben, oder hatte er Grundsätzliches im Sinn? Freiheit des Dichters oder Dilemma des Historikers?

Autobiographien sind eine wichtige Quelle für die Geschichtsschreibung. Aber neben Goethe waren sich auch andere große Autobiographen der Schwierigkeit bewusst, dass das Sich-Erinnern an den eigenen Lebenslauf und das Niederschreiben desselben nicht ohne »erinnernde Neuschöpfung« (Hans Rudolf Picard) zustande komme. Jean Paul etwa meinte, dass keine Autobiographie ohne »freiere Einkleidung der Wahrheit« auskommen könne. Also etwa auch Richard Wagners opulentes Erinnerungsbuch *Mein Leben*, die Memoiren von Louis Spohr und Jules Massenet oder die *Erinnerungen an die Moderne* von Ernst Křenek – mehr Dichtung als Wahrheit?

Goethes Gedanke, dass der Mensch »die Aussenwelt nach seinen Eigenheiten bildend modele«, bringt zugleich Grundsätzliches zur Sprache, wendet sich der Historiographie allgemein zu: Inwieweit kann Geschichtsdarstellung überhaupt objektiv sein? Wie stark ist sie vom Individuum abhängig? Geschichte ereignet sich, wenn Erinnerung erlebt und mit Dokumenten der Vergangenheit in Beziehung gesetzt wird. Dieses Konvolut freilich wäre ein bloßes »Trümmerfeld unverstandener Fakten« (Karl-Georg Faber), träte nicht das kommunikative Element, das Schreiben von Geschichte für die Gegenwart, hinzu. Das Kräftefeld, das mithin notwendig ist, wird maßgeblich von Individualität(en) geprägt: von Menschen, die sich erinnern, Menschen, die die Fakten zusammentragen und selektieren, von Menschen, die schreiben.

Und die Erinnerung selbst? Auf dem Weg, das menschliche Gehirn beim Erinnern zu beobachten, erkannte die moderne Neurophysiologie, dass dieser Prozess nicht nach einem Reproduktionsmuster funktioniert – gleichsam als Kopierer, der das Erinnerte in beliebiger Häufigkeit 1:1 reproduzieren kann –, sondern vielmehr als Re-Konstruktionsmechanismus: Bei jeder Erinnerung setzt das Gehirn Mikroteile von Wahrnehmungsmaterial, die über fast das gesamte Gehirn verteilt abgelegt sind, wieder neu zusammen. Erinnerung ist – rein neurophysiologisch betrachtet – ein kreativ-konstruktiver Akt, der jedes Mal, wenn sich der Mensch erinnert, von neuem angestoßen werden muss. Dieser Prozess kann nie identisch wiederholt werden, und damit ist jede Erinnerungsarbeit anders. Die Unterschiede freilich können marginal, sie können aber auch gravierend sein. Dazu kommt, dass einmal Erinnertes, vor allem dann, wenn es unter besonderer emotionaler Anteilnahme geschehen ist, im Gehirn eine extrem markante Spur hinterlässt, so dass Informationen, die diesem neuronalen »roten Faden« widersprechen, kaum die Möglichkeit haben, aufgenommen zu werden. Allenfalls das Vergessen verwischt die neuronalen Spuren im Gehirn…

Was aber, so wird man sich fragen, hat dies alles mit einer komponierenden Frau aus dem 18. Jahrhundert zu tun? Erstaunlich viel, denn indem wir uns an sie erinnern, setzen wir von neuem Gedankenströme in Gang, die uns ihr Bild – wohlgemerkt ist es ein solches, kann es nur ein solches sein – erkennen lassen. Wir begeben uns auf einen schwierigen Weg, denn er ist durchsetzt von unsicheren Stellen und Lücken. Zudem versucht der »rote Faden« der historischen Erinnerung, unser Denken zu manipulieren – historische Bilder, die sich tief in das allgemeine Bewusstsein eingegraben haben, lenken zunächst auch den Blick auf Wilhelmine von Bayreuth (1709–1758).

Die historische Erinnerung kennt sie als preußische Prinzessin, als erstes überlebendes Kind von Kronprinz Friedrich Wilhelm von Preußen und seiner Gattin Sophie Dorothea – monarchische Lebenskoordinaten, die ihre äußere Identität maßgeblich prägten. Die Tatsache, dass mit ihrem Bruder Friedrich zweieinhalb Jahre später endlich der ersehnte Thronfolger zur Welt kam, machte sie nicht nur im familiären Sinne zur Schwester, sondern auch im historiographischen: Wilhelmine von Bayreuth wurde von nun an vorwiegend als Schwester Friedrichs II. wahrgenommen. Damit aber setzte sich in unserem Geschichtsbild eine Reduktion durch, unter der Wilhelmine zeitlebens litt. Dabei war es nicht das Schwestersein an sich, mit dem sie haderte: Zu ihrem Bruder Friedrich hatte Wilhelmine ein sehr enges, wenn auch nicht konfliktfreies Verhältnis, teilte mit ihm auch die Liebe zur Musik. Schwestersein im politischen Gefüge der preußischen Monarchie allerdings hieß, mit dem Makel der Weiblichkeit geboren worden und damit ein der Staatsraison ausgeliefertes Heiratsobjekt zu sein. Schwer wird es sein, das markante Bild der »Schwester von…« aufzubrechen. Aber der Versuch ist es wert, wie das Buch zeigen wird.

Die Hüllen der äußeren Identität, die Wilhelmine nicht abzustreifen vermochte, bestimmten ihre Suche nach innerer Identität, nach einem stabilen und von familiären wie politischen Intrigen freien Selbstbewusstsein. Diese Suche freilich glich eher einem Kampf – so zumindest hat man den Eindruck, wenn man Wilhelmines künstlerische Arbeiten betrachtet: ihre Opernlibretti und Kompositionen, ihre Bilder und ihre (garten-)architektonischen Entwürfe. Überall stehen seltsam gebrochene, untypische Figuren im Zentrum, eingebunden in ein System von Macht und Intrige, Mord und Selbstmord. Auffallend auch die Intensität, mit der Wilhelmine die Themen Mutterschaft und Geschwisterpaar (Schwester – Bruder) umkreist. Die Ähnlichkeit zu ihrer eigenen Biographie ist an diesen Punkten zum Greifen nah. Doch tun wir recht daran zuzupacken?

Wir suchen Hilfe in Wilhelmines Lebenserinnerungen, greifen nach ihnen, als seien sie das *missing link* zwischen Werk und Leben. Doch auch diese Autobiographie ist Teil des kreativ-konstruktiven Prozess »Erinnerung« – mithin realitätshaltig, aber nicht die Realität selbst. Und in diese Realitätshaltigkeit hat sich Wilhelmines Leiden am Frausein stark eingeprägt. Der Text lässt sich daher nur entschlüsseln, wenn man dieses zentrale Kapitel in Wilhelmines Lebensgeschichte mitliest. Die Memoiren als »bare Münze« zu nehmen, verbietet sich; eher sind sie Dichtung und Wahrheit im positiven Goetheschen Sinne oder auch ein Spiegel, in dem sich die historische Schilderung einer heutigen Autorin reflektieren lässt.

Erinnerung ist die Voraussetzung für Geschichte. Um Komponistinnen in das Gebäude der Musikgeschichte aufzunehmen, bedarf es der Erinnerung. Denn wenn heute historische Komponistinnen großteils so gut wie unbekannt sind, liegt der Grund dafür nicht darin, dass sie nicht existierten, sondern dass die Erinnerung an sie bislang nicht oder nur marginal stattfand. Die Buchreihe »Europäische Komponistinnen« hat es sich zur Aufgabe gemacht, Erinnerung zu ermöglichen: Musikgeschichte zu ergänzen, wo unser Bild bislang allzu hermetisch schien. Denn Erinnerung ist nicht zuletzt prozessual, unterliegt der Veränderung. So mancher »rote Faden« der Erinnerung wird dabei nur schwer zu modifizieren sein – allzu lange und allzu selbstverständlich kam die Musikgeschichtsschreibung bislang ohne komponierende und musizierende Frauen aus. Die Autorinnen und Autoren der Reihe aber werden gute Gründe vorbringen können, an welchen Stellen und auf welche Art ein musikhistorisches Umdenken dennoch sinnvoll ist.

Annette Kreutziger-Herr und Melanie Unseld   Berlin/Hamburg im Frühjahr 2005

Ein Plädoyer für das Vielleicht

Wilhelmine blickt auf die Betrachterin herab: kühl, fragend, nachdenklich, undurchdringlich. Die überlieferten Portraitgemälde bewahren ihr Geheimnis, auch deshalb weil sie so unterschiedlich sind. Das jüngste von ihnen ist mindestens zweihundertfünfzig Jahre alt. Können wir aus den Gemälden etwas herauslesen, vielleicht sogar erfahren über jene Frau, über ihr Wesen, die Entwicklung ihrer Persönlichkeit? Der Blick wird verstellt von den zeitgenössischen Konventionen des Portraitierens: Eine Prinzessin hatte man schön und hoheitsvoll zu malen.

Jean-Etienne Liotards Pastellbild (Abb. 1), entstanden 1745, zeigt eine souveräne, nicht mehr ganz junge, vielleicht etwas herablassende Wilhelmine. Andere Gemälde, von der Hand des preußischen Hofmalers Antoine Pesne, betonen die makellose Erscheinung, die perfekte Büste; einen Ausdruck zeigen sie nicht. Minutenlang kann man in Wilhelmines Augen blicken: Sie gibt nichts preis.

Wir, die wir die Person nicht mehr erleben können, sind angewiesen auf unsere Imagination, wir müssen zeittypische Stilisierungsmuster durchschauen und ihre Begrenztheit erfassen. Doch wie entsteht unser eigenes Bild? »Man sieht nur, was man weiß.« An einer Person erkennen wir (wieder), was uns an uns selbst vertraut ist. Wirklich verstehen werden wir einen Menschen erst, wenn wir eigene Erfahrungen in ihm spiegeln können. Welche Erfahrungen aber sind es, die wir mit der Lebenswelt des 18. Jahrhunderts, mit dem Alltag am preußischen Hof und in der markgräflichen Residenz Bayreuth noch teilen?

Ähnlich verhält es sich mit Wilhelmines Texten: Wir können immer nur zum Teil erfassen, was »gemeint« war. Was aufgeschrieben wurde, hat seine Bedeutung verändert im Durchgang durch die Jahrhunderte, und was verschwiegen wurde, ist für immer verloren. Vor uns liegen rätselhafte Reste. Wörtlich können wir sie nicht verstehen. Das Mosaik der Bedeutung setzt sich erst zusammen, wenn wir die Dokumente, die Briefe und Memoiren Wilhelmines freilegen von den Rücksichten, die die Schreiberin genommen haben dürfte: auf den Adressaten, auf ihre Leserschaft, auf sich selbst.

Was hat sie der Nachwelt, absichtsvoll oder nicht, vorenthalten? Es wäre vergeblich, das herausfinden zu wollen. Das Aufgeschriebene und Überlieferte macht nur einen Teil dessen aus, was wir wissen wollen: die Spitze eines Eisbergs aus untergegangener Geschichte.

Und die Werke: Was verraten sie über ihre Schöpferin? Müssen wir diese Frage überhaupt stellen oder führt es nicht näher an das Verständnis von Wilhelmines Gemälden, Gartenanlagen, Raumkonzepten, Kompositionen und Bühnentexten heran, wenn wir sie aus sich selbst und von ihrer ästhetischen Umgebung her interpretieren, wenn wir nur im Einzelfall eine Erklärungsanleihe bei den besonderen Lebensumständen der Markgräfin nehmen?

Nur schwer ensteht bei so vielen Fragen ein rundes Bild, nur mit Mühe lassen sich die überlieferten historischen Tatsachen und Dokumente so anordnen, dass das Arrangement »So könnte es gewesen sein« plausibel erscheint.

Vermutungen sind nichts Schlechtes – wer Geschichte schreibt, ist sogar auf sie angewiesen. Es kommt jedoch darauf an, sich dessen bewusst zu sein. Nur aus der Ferne erschließt sich der historische Gegenstand, und oft sind wir uns selbst näher, als es die Geschichtsschreibung an der Oberfläche vermuten lässt: Das Objektiv, durch das wir Wilhelmine von weither anschauen, ist subjektiv, die Linse unser eigenes Auge.

Überhaupt das Biographien-Schreiben: Ist es noch zeitgemäß in der chronologisch-linearen Form? Fallen wir, wenn wir dem Bedürfnis nach chronologischer Darstellung nachgeben, nicht auf uns selbst herein, wie Robert Musil vermutete: »Die meisten Menschen lieben das ordentliche Nacheinander von Tatsachen, weil es einer Notwendigkeit gleichsieht, und fühlen sich durch den Eindruck, dass ihr Leben einen ‚Lauf‘ habe, irgendwie im Chaos geborgen«?[1]

Wenn aber nicht chronologisch, wie dann soll man eine Lebensgeschichte erzählen? Gibt es die eine Geschichte oder setzt sich unser Bild der Vergangenheit nicht zusammen aus vielen Geschichten, aus einem Kaleidoskop verschiedener Perspektiven auf den Gegenstand?

Die Lebensgeschichte der Wilhelmine von Bayreuth lässt sich aufschreiben als die Geschichte der Schwester, der Königstochter, der Künstlerin und der Ehefrau. Je nachdem, welcher Aspekt hervorgehoben wird, wandelt sich die Physiognomie des historischen Portraits.

Geschichte ist »sozusagen ein Teil ihrer selbst«: Sie ereignet sich »in einem Prozess der Kultur, den sie selber thematisiert« (Rüsen 2002, S. 1). Das zeigen die wenigen bereits geschriebenen Bücher über Wilhelmine. Das ausführlichste und am sorgfältigsten recherchierte stammt von dem oberfränkischen Gymnasiallehrer Heinrich Thiel und erschien erstmals 1967. Bezeichnenderweise trägt es den Titel *Wilhelmine von Bayreuth. Die Lieblingsschwester Friedrichs des Großen.* Thiel, der umfangreiche Archivstudien betrieben hatte, gönnte seinem Opus und damit dessen Leserinnen und Lesern allerdings keine einzige Fußnote. Und im Hinblick auf Wilhelmines künstlerische Aktivitäten ist dieses Buch so unergiebig, wie es andererseits akribisch die Hintergründe preußischer Politik darstellt.

Jürgen Walters 1981 erschienene Lebensgeschichte Wilhelmines bleibt weit hinter Thiel zurück, da sie sich nur auf die Lebenserinnerungen der Markgräfin und auf den publizierten Briefwechsel mit dem Bruder Friedrich stützt.

Aus früherer Zeit wäre noch Richard Festers biographischer Versuch *Die Bayreuther Schwester Friedrichs des Großen* aus dem Jahre 1902 zu nennen.

Diese Bücher sind konzipiert aus dem Blickwinkel der Hohenzollern-Forschung; sie interessieren sich für Wilhelmine als Tochter des Soldatenkönigs Friedrich Wilhelm I. und als Schwester des Kronprinzen Friedrich, der 1740 den preußischen Thron besteigen sollte. Unausgesprochen steht hinter den genannten Biographien, deren Autoren Männer sind, die Frage, was sich denn aus dem Leben und den Ansichten der Schwester auf den Bruder schließen lasse: Was kann man über ihn erfahren, wenn man sich mit seiner vertrauten Gesprächspartnerin befasst? Lässt sich das politische Geschehen, lassen sich biographische Details über Friedrich II. rekonstruieren aus dem, was wir über Wilhelmines Lebensgeschichte wissen und was sie selbst uns dazu hinterlassen hat?

In solchen Büchern ist Wilhelmine nur eine der beiden Hauptpersonen: Die andere – der königliche Bruder – wirft ihren Schatten aus dem Hintergrund.[2]

Dieses Buch setzt anders an: Es fokussiert Wilhelmine, ohne darauf zu insistieren, was sie denn für Bruder Friedrich bedeutete. Dass sie die Schwester eines Königs war, dass sie mit dem Bayreuther Erbprinzen verheiratet wurde, um schließlich selbst in der fränkischen Residenz Markgräfin zu sein – das alles wird interpretiert als eine Summe von Begleitumständen, die Wilhelmines Künstlertum umgeben.

Das Thema lautet: »Wer war Wilhelmine von Bayreuth als Künstler*in*«? – mit einer starken Betonung auf der letzten Silbe. Denn in einem Jahrhundert, in dem das Komponieren, das Schreiben von Operntexten, aber auch die Leitung eines Hoftheaters den Männern vorbehalten waren, liegt es nahe zu untersuchen, ob Wilhelmines Weiblichkeit ihr bei all diesen Tätigkeiten nicht im Wege stand. Welches Kräftespiel ergab sich aus den beiden Grundbedingungen ihrer Existenz – eine Frau und eine Fürstin zu sein – für künstlerische Ziele und Ambitionen?

Auf den ersten Blick ist das nicht leicht zu beantworten, ebenso wenig wie die Frage nach den Werken: Spiegelt sich Wilhelmines Weiblichkeit in ihnen, zeigt auch ihre königliche Abstammung und Erziehung als preußische Prinzessin Spuren in den ästhetischen Konzeptionen? Ob die Geschlechtsidentität Wilhelmines dabei als »natürliche Tatsache« oder als »kulturelle Performanz» (Butler 1991, S. 9) zu verstehen sein soll, ist in erster Linie eine Frage von Wilhelmines unmittelbarer Erfahrung: Weiblich zu sein, definierte die dynastische Position. Es brachte Wilhelmine aber auch in Lebensgefahr. Die Geburt ihrer Tochter, also die Erfüllung der Pflicht, Nachkommen des fürstlichen Hauses hervorzubringen, war eine Sache auf Leben und Tod.

Der Aspekt des Weiblichen ist – fast ausschließlich von Frauen – in diversen Aufsätzen zur Sprache gekommen.[3] Eine Zusammenschau im Wortsinne steht allerdings noch aus: der Versuch, die einzelnen Aspekte nicht als auseinander strebende Widersprüche zu begreifen, sondern sie in einem Portrait zu vereinen. Unter diesem Portrait steht nicht »die Schwester«, »die Frau«, »die Komponistin« – darunter steht schlicht »Wilhelmine«.

Der Zusatz »wie die Verfasserin sie sieht« erübrigt sich. Es ist selbstverständlich, dass deren weibliche Identität sich ebenso auf die Darstellung auswirkt wie der Vorsatz, einen monographischen Blick auf Wilhelmine zu richten. Weil uns Wilhelmines Kunstschaffen, vor allem auf dem Gebiet des Musiktheaters, interessiert, werden wir die »Fakten« der Biographie so auswählen und anordnen, dass sie in Beziehung zum eigentlichen Gegenstand des Buches treten können; dies freilich nicht in dem platten Sinne, dass stets eine Kausalbeziehung zwischen Wilhelmines Werken und ihrer Lebensgeschichte vermutet wird. In Beziehung setzen kann vielmehr *auch* heißen: festzustellen, dass nicht der noch so dünne Faden eines Zusammenhangs geknüpft werden kann, ohne dem Gegenstand Gewalt anzutun. »In Beziehung setzen« heißt, wenn es um Leben und Werk geht, oft: die Beziehungslosigkeit anerkennen und akzeptieren; einer vordergründigen Plausibilität nicht auf den Leim gehen.

Dabei müssen wir, wie Richard van Dülmen (Dülmen 2000, S. 92) zu Recht postuliert hat, auf drei Spielfeldern gleichzeitig präsent sein: Wir müssen versuchen, die Diskurse und kulturellen Leitbilder ebenso zu rekonstruieren wie die subjektive Erfahrung, und wir müssen dies in der sozialen Praxis spiegeln, darin, wie das Geschlechtersystem »funktionierte«.

So heißen die Herausforderungen an eine Darstellung von Leben und Werk, die sich laufend wird fragen lassen müssen, ob sie die Fallstricke

Ein Plädoyer für das Vielleicht

einer Künstlerbiographie im schlechten Sinne zu vermeiden weiß. Einer dieser Fallstricke ist, wie gesagt, der chronologische Faden: Reihen wir Ereignisse der Biographie und Entstehungsgeschichten von künstlerischen Werken kommentarlos aneinander wie Perlen auf der Schnur, so wird, was wir über die Werke erfahren wollen, eher dunkler als klarer.

Deshalb verläuft der Gedankengang dieses Buches mitunter nicht geradlinig sondern mäandernd: mit Abzweigungen und Exkursen, Vorgriffen und Sprüngen. Nur so lässt sich ein bestimmtes Thema oder Motiv herausgreifen und über die ganze Spanne von Wilhelmines Leben verfolgen. Die manchmal diskontinuierliche Betrachtungsweise rückt die Chronologie in den Hintergrund – deshalb ist diesem Buch im Anhang eine Chronik beigegeben – , aber sie eröffnet die Möglichkeit, wie aus der Vogelperspektive auf Wilhelmine zu blicken und über ihre Lebenslandschaft zu schweifen, hier und dort etwas herausgreifend, was in den Niederungen chronologischer Flussläufe nicht deutlich genug hervorträte.

LEBENSGESCHICHTEN

Wilhelmines Geschichte beginnt nicht erst am 3. Juli 1709, dem Tag, an dem sie in Berlin geboren wurde. Am Anfang stand der Wunsch der Eltern nach einem Sohn. Zwei Jahre vor Wilhelmines Geburt hatten sie ihr erstes Kind bekommen und nach wenigen Monaten zu Grabe tragen müssen; es war ein Junge. Nun hofften sie wieder auf einen Thronfolger. Sophie Dorothea, einer geborenen Prinzessin von Hannover, die mit Friedrich Wilhelm, dem einzigen Sohn von König Friedrich I. in Preußen verheiratet worden war, schien es nach Wilhelmines Geburt peinlich zu sein, dass sie »nur« eine Tochter zur Welt gebracht hatte. An Wilhelmines Wiege stand der enttäuschte Wunsch nach einem Sohn – ein Wunsch, den die Eltern mit ihren Familien und dem Hof teilten. Beklemmend ist für uns heute die Vorstellung, dass Sophie Dorothea sich vielleicht dafür verantwortlich fühlte, diesen Wunsch nicht erfüllt zu haben. Wie mag ihr zumute gewesen sein unmittelbar nach der Entbindung? Schließlich war das Kinderkriegen lebensgefährlich: Die mangelhaften hygienischen Verhältnisse sorgten für schwere Wochenbett-Infektionen, und in komplizierten Fällen, etwa bei hohem Blutverlust der Mutter, bei Querlage des Kindes oder bei Zwillingsgeburten, kam es zu kritischen Situationen, die mit den zur Verfügung stehenden Mitteln der Geburtsmedizin oft nicht bewältigt werden konnten.[4]

Diese beiden Motive: dass Sophie Dorothea und Friedrich Wilhelm im Jahr vor Wilhelmines Geburt einen Sohn verloren hatten und dass das zweite Kind die Hoffnungen auf einen Kronprinzen enttäuschte, sind von den männlichen Biographen Wilhelmines meist nicht weiter gewürdigt worden. So blieb auch die Frage unbeachtet, ob die Konstellation sich prägend auf Wilhelmines Geschlechtsidentität ausgewirkt habe. Es dürfte nicht spurlos an ihr vorüber gegangen sein, dass sie so, wie sie zur Welt kam, nicht bedingungslos akzeptiert wurde. Die nicht überwundene Trauer der Eltern über den im Alter von sechs Monaten verstorbenen Prinzen von Oranien könnte dieses Gefühl noch verstärkt haben.

Wilhelmine kam schon mit einer Art Erbschuld – eben ihrer Weiblichkeit – zur Welt, und man kann sich vorstellen, dass ihr von den Eltern, bewusst oder unbewusst, signalisiert wurde, sie sei nicht so erwünscht wie ein Sohn. Seit Sigmund Freud uns die Augen darüber geöffnet hat, wie Familienkonstellationen sich auf die Identitätsbildung auswirken, wissen wir, dass die emotionalen Rahmenbedingungen, in die das Mädchen Wilhelmine hineingeboren wurde, ihr Wesen stark beeinflusst haben müssen.

Der Anlass für ein Minderwertigkeitsgefühl ergab sich nicht nur aus der psychologischen Situation sondern auch aus dem dynastischen Wertesystem. Kurfürstin Sophie von Hannover, Wilhelmines Urgroßmutter, die König Friedrich I. brieflich zur Geburt der Enkelin gratulierte, brachte es auf den Punkt: »Es hätte zwar noch mehr erfreut, wann Euer Königliche Majestät durch ein Prinz wären gesegnet worden, doch haben Euer Majestät auch eine königliche Prinzessin nötig, Alliancen zu machen [...]« (Thiel 1981, S. 12f.). Das Subjekt des Infinitivs »Alliancen zu machen« ist, wohlgemerkt, der Vater, nicht Wilhelmine. Sie dient nur als Mittel zum Zweck; er braucht sie als ein Instrument und ihre Rolle dabei ist ganz und gar passiv. Dass es für ein weibliches Königskind keinerlei Alternativen gab, soll uns nicht den Blick darauf verstellen, wie kränkend diese Rollenzuweisung für Wilhelmine gewesen sein muss. Der Grund dafür war nicht mehr und nicht weniger als ihre Weiblichkeit.

Wilhelmine wuchs wohl auf mit dem Grundgefühl, Frau zu sein sei etwas Inferiores. Das mag auch ihre Beziehung zu dem 1712 geborenen Bruder Friedrich geprägt haben – eine Beziehung, deren Besonderheit sich noch Jahrhunderte später darin spiegelte, dass Wilhelmines Biographen, wie erwähnt, letztlich Beiträge zur Lebensgeschichte des Preußenkönigs leisten wollten. Das Unterordnungsverhältnis zwischen den Geschwistern stand auf festem Grund: Friedrich war nicht nur ein Mann, er war auch der Thronfolger. Der Facettenreichtum dieser ganz besonderen Beziehung zwischen Bruder und Schwester ergab sich daraus, dass Wilhelmine die ältere war, was vor allem in der Kinderzeit von Bedeutung gewesen sein dürfte, und daraus, dass Friedrich erst allmählich und zögernd in die Rolle des künftigen Königs hineinwuchs: Zu groß war die Notwendigkeit, sich gegenüber dem dominanten Vater abzugrenzen, als dass der Sohn kritiklos die Mentalität des Herrschens hätte übernehmen können.[5]

Wie immer vielfältig und schillernd das Verhältnis zwischen den königlichen Geschwistern gewesen sein mag – in einem Punkt gibt es nichts zu beschönigen: Friedrich war zum Herrschen geboren, während Wilhelmines Daseinszweck sich darin erschöpfte, verheiratet zu werden.

Diese Instrumentalisierung von Wilhelmines Person haben die Eltern ganz unverhohlen betrieben. Die Frage, ob nicht Neigung oder gar Liebe über die Wahl eines Ehegatten entscheiden solle, wäre Friedrich Wilhelm und Sophie Dorothea abwegig erschienen. Und gar abzuwarten, bis man Wilhelmine selbst fragen konnte, das hätte das auf dynastischen Pfeilern ruhende Machtgefüge des preußischen Staates ins Wanken gebracht.

Dass die gezielte Verheiratung von Töchtern zum Zweck von Machterhalt und Expansion eine schiere Selbstverständlichkeit war, muss nicht gleichzeitig bedeuten, Wilhelmine habe das akzeptiert. Wenn wir keine

Äußerungen von ihr kennen, die ihre Auflehnung gegen dieses Prinzip bezeugen, dürfen wir daraus nicht ablesen, sie habe es gutgeheißen. Vielleicht hielt sie es für ganz und gar zwecklos, den Plänen der Eltern Widerstand entgegenzusetzen. Genau in dieser Frage geriet Wilhelmine zwischen die Mahlsteine unterschiedlicher politischer Interessenlagen von Vater und Mutter: Während Sophie Dorothea am Plan einer Verheiratung mit dem englischen Thronfolger erbittert festhielt, zog der Vater in die entgegengesetzte Richtung. Die moderne Psychologie würde das als eine Double-bind-Situation bezeichnen. Was immer Wilhelmine tat oder unterließ: Es war falsch und brachte eines der beiden Elternteile gegen sie auf. Dabei konnte sie noch nicht einmal selbst entscheiden – und wurde doch für erzwungene Handlungen bestraft. Dieser Konflikt sollte Wilhelmine fast ihr ganzes Leben lang begleiten; er löste sich erst mit dem Tod der Eltern auf. Vielleicht liegt hier eine der Ursachen für Wilhelmines depressive Verstimmungen, aber auch für die diffusen Krankheitsbilder, die an psychosomatische Befunde denken lassen.

Doch eines ist sicher richtig: Wilhelmine konnte vom Tag ihrer Geburt an nie ganz »mit sich im reinen« sein: als Frau nicht und auch nicht als Objekt von Heiratsplänen, die zwischen den Eltern zu schweren Zerwürfnissen führten.

Schon diese ersten Seiten über die preußische Prinzessin stecken voller Annahmen und Vermutungen, voller Versuche, die Lücken im Gewebe der historischen Überlieferung zu füllen. Was ist überhaupt überliefert? Das wichtigste Dokument scheinen Wilhelmines Memoiren zu sein. Die biographische Literatur hat sich oft darauf gestützt und daraus zitiert. Freilich muss man diese Quelle wie alle Autobiographien mit Vorsicht genießen. Zum einen ist der subjektive Blick auf das eigene Leben nur ein Mosaikstein im historischen Bild. Zum andern täuscht man sich leicht über die Zuverlässigkeit einer Quelle, die auf Erinnerungsleistungen beruht. Denn das Bedürfnis, sich selbst zu schützen, verleitet dazu, Unangenehmes, Kränkendes zu verdrängen, so dass die Erinnerung daran nur blass und undeutlich aufscheint. Das Heraufholen dieser Erinnerung bringt aber Schmerzen. Noch etwas kommt hinzu: Auch und gerade in einer Selbstbiographie bilden sich die Diskurse ab, durch die das schreibende Subjekt geprägt ist. Dazu gehört, dass bestimmte Bereiche ausgeklammert bleiben, zum Beispiel weil es unschicklich wäre, sie zu thematisieren. Unter dieses Verdikt fiel für Wilhelmine alles, was mit den physischen Aspekten der Weiblichkeit zu tun hat. Wir erfahren beispielsweise so gut wie nichts über ihre einzige Schwangerschaft, über die Entbindung oder darüber, wie Wilhelmine ihre eigene Mutter erfahren hat, die innerhalb von 23 Jahren 14 Kinder zur Welt brachte. Zur Schicklichkeit gehört aber auch der Respekt vor den Eltern, der Wilhelmine so tief eingepflanzt war, dass sie sich selbst nach deren Tod kritische Bemerkungen nur ausnahmsweise gestattete.

Ähnlich ist es mit ihrem Ehemann, dem Markgrafen von Bayreuth: Es gibt in der Überlieferungsgeschichte von Wilhelmines Manuskript Gründe anzunehmen, dass dieses Manuskript nicht zur Veröffentlichung bestimmt war. Sie hätte also ihrem Schmerz und ihrer Enttäuschung darüber, dass der Markgraf eine Liaison mit ihrer Freundin und Hofdame Wilhelmine von Marwitz begonnen hatte, freien Lauf lassen können. Doch selbst in diesem für niemandes Ohren bestimmten Monolog fließen der Schreiberin keine Bekenntnisse oder gar Schuldzuweisungen in die Feder: Ein Herrscher war im zeitgenössischen Diskurs ein Herrscher. Und er hatte unanzweifelbare Lizenzen. Wenn also Wilhelmine in ihren Lebenserinnerungen nur verklausuliert über Friedrichs außereheliche Beziehung schreibt, so ist dies vielleicht nicht so sehr ein Akt der »political correctness« als vielmehr Ausdruck davon, dass die Schreiberin das Wertesystem ihres Jahrhunderts verinnerlicht hatte. Gegen den Strich gelesen verraten Wilhelmines Memoiren, die in Auswahl und Darstellung der Ereignisse nicht immer vollständig und zuverlässig sind, eine Menge über die Schreiberin: Sie lassen erkennen, wie Wilhelmine die Welt sehen wollte. Deswegen sollen die folgenden Zeitabschnitte der Biographie jeweils in den entsprechenden Partien der Lebenserinnerungen gespiegelt werden.

Die Erziehung: kein Beispiel, wenig Liebe (1709–1726)

Die Zeitspanne von siebzehn Jahren kann man als »Kinder- und Jugendzeit« bezeichnen, denn spätestens mit siebzehn Jahren wurde Wilhelmine von ihrer Umgebung als Erwachsene behandelt.

Die Erziehung bestand im engeren Sinne aus dem, was man der Prinzessin beibrachte; andererseits prägten sie natürlich die Umstände, in die sie hineingeboren war.

Ein bedeutsamer Faktor waren Wilhelmines Beziehungen zu den Eltern und zum Lehrpersonal. Aus der Familie ragt für die ersten Jahre eine Person heraus, die Wilhelmine viel Zuneigung schenkte: ihr Großvater, König

Friedrich I. in Preußen. Er muss kinderlieb gewesen sein und bis an die Grenzen der Verschwendungssucht großzügig. Seine Enkelin, das erste überlebende Kind des einzigen Sohnes, verwöhnte er mit kostbaren Geschenken. Als sie drei Jahre alt war, bekam sie sogar eine eigene Kutsche von ihm. Im Februar 1713 starb er.

Es wäre gewiss übertrieben zu behaupten, dass materielle und emotionale Zuwendung des Großvaters das Selbstwertgefühl der Dreijährigen entscheidend beeinflussten. Dennoch dürfte all dies seine Spuren hinterlassen haben, denn die Erinnerung daran lebte weiter. Die Freigebigkeit des verstorbenen Königs wird sich in den Augen des Kindes noch verklärt haben, als sich nach 1713 das Hofleben einschneidend veränderte: Der neue König Friedrich Wilhelm I. verordnete Sparmaßnahmen und seiner Familie einen vergleichsweise bescheidenen Lebensstandard. Das Gefühl der Superiorität und des Akzeptiertseins, das Wilhelmine in der Beziehung zum Großvater empfunden haben dürfte, wich einer aufgezwungenen Genügsamkeit, auch im emotionalen Bereich. Jetzt war Wilhelmine ganz und gar auf ihre Eltern und auf die Erzieherin von Kamecke angewiesen, die Frau des königlichen Oberhofmeisters. Was die Eltern anging, so hatte Wilhelmine in doppelter Hinsicht unter dem »Alliancenmachen« zu leiden: Auch Friedrich Wilhelms und Sophie Dorotheas Ehe war aus machtpolitischen Erwägungen arrangiert worden. Die Spannungen dieser Verbindung gingen an den Kindern nicht spurlos vorüber und fanden über viele Jahre ihren Ausdruck darin, dass König und Königin sich in der Frage, mit wem Wilhelmine und Friedrich verheiratet werden sollten, erbittert bekämpften.

Noch etwas wurde nach dem Tod des Großvaters für Wilhelmine schwerer: Nun bekam sie deutlich zu spüren, dass sie, die Älteste, sich dem Kronprinzen als dem künftigen Herrscher unterzuordnen hatte. Ob sie das für selbstverständlich hielt, wissen wir nicht. Möglicherweise hatte sie aber schon als Fünfjährige einschlägige Erfahrungen im Zurückgesetztwerden. Die Beziehung zum Bruder war komplex und teils widersprüchlich: Einerseits konnte Wilhelmine den Jüngeren bemuttern, andererseits war es auch möglich, sich mit ihm gegen die Eltern zu verbünden; schließlich half ihr die Identifikation mit demjenigen, der durch seine Geburt als Knabe »mehr wert war« als sie, vielleicht darüber hinweg, »nur ein Mädchen« zu sein.

Das Jahr 1712 brachte für Wilhelmine einen Einschnitt: Sie bekam für die folgenden neun Jahre eine Erzieherin, die die Dreieinhalbjährige (!) in den Anfangsgründen von Geschichte, Geographie und »guten Manieren«

unterrichtete, wie Wilhelmine später schrieb. Die Leti – keiner der Wilhelmine-Biographen hat je ihren Vornamen herausgefunden – war Italienerin und beteiligte sich bis zu ihrem Ausscheiden aus den Diensten des Königs im Jahre 1721 mit großem Engagement an den höfischen Intrigen. An körperlichen und seelischen Grausamkeiten gegenüber ihrem Zögling ließ sie es nicht fehlen, und niemand fiel ihr in den Arm.

Mit fünf Jahren bekam Wilhelmine ihren ersten Lehrer, der ihr die deutsche Sprache in Wort und Schrift beibrachte. An den kindlichen Briefen, die sie in dieser Zeit an den Vater schrieb, erkennt man, wie sehr die Prinzessin sich bemüht, alles richtig zu machen, um gelobt und geliebt zu werden. Darin bildet sich etwas sehr Bürgerliches ab: die Annahme, dass der Wert der Persönlichkeit sich nach Leistung bemisst und nicht nach der Herkunft. Aus solchen Details lässt sich zumindest im Ansatz ableiten, welche Werte das Leben in der Königsfamilie prägten. Dazu passt auch eine Briefäußerung Sophie Dorotheas gegenüber dem König über ihre beiden ältesten Kinder: »Fritz sagt, dass er mit der großen Kanone im Arsenal seinen Vater suchen und ihm helfen will, den König von Schweden zu töten. Er ist zur Zeit sehr nett, und Wilhelmine auch, die die Erwachsene spielt.«[6] Erwachsen sein: das bedeutet Pflichtbewusstsein besitzen, sich nicht überflüssigen Spielereien hingeben. Aus diesem Geist heraus gestaltete sich nach dem Tode von Friedrich I. die Kehrtwendung des Hoflebens. Vielleicht war die Übertragung der neuen Prinzipien auf die königliche Familie so etwas wie eine Überkompensation, um wirklich auch den letzten Hauch von Luxus aus Preußen auszutreiben.

Wilhelmine passte sich diesem Geist an, doch im selben Jahr berichtet die Königin auch, die älteste Tochter sei mit der Rute gezüchtigt worden, weil sie den Kronprinzen im Gesicht gekratzt habe.[7] Zwischen solchen Pendelausschlägen wuchs Wilhelmine heran: Da gab es den klaren Zusammenhang zwischen Akzeptanz und Leistung, aber eben auch die unverrückbare Tatsache, dass eine Königstochter nur eine Königs*tochter* war, die hart bestraft werden konnte, wenn sie dies zu vergessen schien und es gegenüber dem jüngeren Bruder (einem Knirps von drei Jahren) an der gebotenen Ehrfurcht fehlen ließ.

Dass es für Geschwisterbeziehungen Folgen hat, wenn die Eltern bei Streitereien Partei ergreifen, das sagt uns die alltägliche Beobachtung. Diese Erfahrung hat in Wilhelmine vielleicht subkutan weitergelebt, um später ihre Wirkung zu entfalten. Als Wilhelmine mit ihrem Bruder in den Jahren 1744 bis 1747 in einen offenen Konflikt geriet, dürfte einiges Verdrängte wieder hochgekommen sein. Diese psychologischen Konstellationen waren für die persönliche Entwicklung Wilhelmines mindestens ebenso wichtig wie die Lehrinhalte ihrer Erziehung durch die Hauslehrer.

Wie sah das Bildungsprogramm der Prinzessin aus? Im Jahre 1717 erhielt sie für sieben Jahre den Franzosen Maturin Veyssière de La Croze zum Lehrer. La Croze, zu diesem Zeitpunkt bereits 56 Jahre alt, wird als weitgereister und weltoffener, dabei zutiefst gottesfürchtiger Mann beschrieben. Sein Denken war von der Aufklärung bestimmt. Zumindest über seinen Geschichtsunterricht wissen wir ein wenig Bescheid, denn Wilhelmine hob einige ihrer Übungshefte auf, die heute in der Bibliothek der Friedrich-Alexander-Universität zu Erlangen-Nürnberg aufbewahrt werden.

In diesen Heften finden sich Hausaufgaben zur römischen Geschichte. Da es sich dabei um ein getreues Abbild von La Crozes mündlichem Unterricht handeln dürfte, geben die kleinen Aufsätze und Antworten auf Wissensfragen auch wieder, welche Akzente der Lehrer bei der Vermittlung historischer Sachverhalte setzte: In seinem Geschichtsbild spielte die exemplarische Anekdote eine Hauptrolle. La Croze erschloss Wilhelmine die Vergangenheit und zugleich die Welt mit Geschichten aus dem Leben herausragender Persönlichkeiten. An dieser Perspektive sollte Wilhelmine selbst festhalten, als sie ihre Lebenserinnerungen niederschrieb: Im Vordergrund stehen Personen, aus deren individuellen Eigenschaften sich das Handeln erklärt. Der Hintergrund – Lebensbedingungen, Zeitumstände, kulturgeschichtliche Rahmenbedingungen – bleibt merkwürdig verschwommen.

Die Beziehung zwischen La Croze und seiner erlauchten Schülerin muss eine gute gewesen sein; sonst hätte Wilhelmine sich an das, was sie von ihm gelernt hatte, kaum ihr Leben lang erinnert. Der Unterricht bei La Croze endete im Jahre 1723. Der Lehrer stellte ein Abschlusszeugnis aus, aus dem man herauslesen kann, dass er Wilhelmine für ein hochbegabtes Kind hielt: »In einem noch jugendlichen Alter hat Ihre Kgl. Hoheit Fortschritte erzielt, deren Zeuge man wie ich gewesen sein muss, um sich davon ganz überzeugen zu lassen. Erzogen unter den Augen und durch die Fürsorge der Königin, Ihrer erhabenen Mutter, haben Sie die Erwartungen derer übertroffen, die sich am meisten mit Ihrer Erziehung beschäftigten« (Veh 1959, S. 4). Schon zwei Jahre vorher hatte Wilhelmine eine neue Hofmeisterin bekommen, und dies war ein weiterer Glücksfall für sie: Von Dorothea Henriette Louise von Wittendorf-Sonsfeld, kurz »Sonsine« genannt, sprach Wilhelmine noch Jahrzehnte später mit Hochachtung und

Zuneigung. Die damals vierzigjährige Lehrerin weckte in der Prinzessin die Lust am Lesen und unterrichtete sie in Englisch, Italienisch, Geschichte, Geographie, Philosophie und Musik. Sie scheint großes pädagogisches Geschick besessen zu haben, denn Wilhelmine berichtet, dass sie ihre Schüchternheit unter Sonsines Einfluss ablegte und die Kunst der Konversation zu erlernen begann. Dorothea von Sonsfeld begleitete Wilhelmine nach Bayreuth und starb dort im Jahre 1746, viel betrauert von der Markgräfin. Sie war wohl eine Art Ersatzmutter für Wilhelmine, denn die Königin zeigte sich ihrer Ältesten gegenüber selten von der mütterlichen Seite. Eine enge emotionale Beziehung konnte schon deshalb nicht entstehen, weil Wilhelmine zahlreiche Geschwister hatte und weil Erziehung gemäß dem zeitüblichen Selbstverständnis der Eltern angestellten Fachkräften übertragen wurde. In diesem Szenario war die musikalische Ausbildung für Wilhelmine gewiss ein Lichtblick. Gemeinsam mit Bruder Friedrich erhielt sie Lautenunterricht, und zwar bei dem Lautenisten und Komponisten Silvius Leopold Weiss. Es ist nicht unwahrscheinlich, dass die musikalische Erziehung der beiden ältesten Königskinder stark von den pädagogischen Maximen des Pietisten August Hermann Francke (1663-1727) bestimmt war, der am Hofe des Soldatenkönigs großen Einfluss hatte.[8] Dann wäre Wilhelmine anders als Friedrich unterwiesen worden, weil Francke für Jungen und Mädchen unterschiedliche Konzepte vorschlug: Die Jungen sollten in die Grundlagen der Komposition eingeführt werden, während Francke es bei den Mädchen für ausreichend hielt, wenn man ihnen den fehlerfreien Vortrag von Kirchengesängen beibrachte. Wilhelmine lernte also singen.

Auch auf dem Cembalo erwarb Wilhelmine schon als Kind große Fertigkeiten, wie Briefe der Königin Sophie Dorothea bezeugen. Im Alter von sechs Jahren trat die älteste Prinzessin bereits bei den Konzerten auf, die ihre Mutter in Schloss Monbijou veranstaltete.

Die Kinder- und Jugendzeit in den Memoiren

Bevor wir uns vergegenwärtigen, was Wilhelmine über die Zeitspanne bis zum Jahre 1726 in ihren Erinnerungen festgehalten hat, müssen wir die Entstehungs- und Überlieferungsgeschichte dieser Memoiren nachtragen.[9] Wilhelmine hat in einem Zeitraum von etwa sechs Jahren drei verschiedene Fassungen ihrer Lebenserinnerungen niedergeschrieben. Zwischen 1739 und 1741 entstand eine erste Version, die die Zeit bis zum Sommer des Jahres 1733 behandelte. Dieser Text erschien 1810 bei Cotta in Tübingen unter dem Titel *Denkwürdigkeiten aus dem Leben der Königlich Preußischen Prinzessin Friederike Sophie Wilhelmine, Markgräfin von Baireuth, vom Jahr 1709 bis 1733.* Eine zweite Fassung entstand 1744. Vor 1746 muss die dritte abgeschlossen worden sein, die die Periode bis Ende des Jahres 1742 enthält. Diese letzte Version erschien ebenfalls 1810 in zwei Bänden bei Vieweg in Braunschweig. Wie die originale Handschrift war sie in französischer Sprache abgefasst und trug den Titel *Mémoires de Frédérique Sophie Wilhelmine, margrave de Bareith, sœur de Frédéric le Grand, depuis l'année 1706 jusqu'à 1742. Ecrits de sa main.*

Ob Wilhelmine ihre Memoiren zur Veröffentlichung bestimmt hat oder nicht, muss offen bleiben. Einerseits spricht sie im Text vom »Leser«, andererseits fand sich auf der Handschrift der letzten Fassung, die das Tagebuch der Reise nach Italien von 1754/55 enthielt, der Hinweis, dieses Tagebuch dürfe nicht gedruckt werden. Heißt das, Wilhelmine habe alles außer dem Tagebuch zur Veröffentlichung vorgesehen? Gustav Volz, stutzig geworden dadurch, dass in den beiden Testamenten Wilhelmines von 1748 und 1758 die Memoiren keine Erwähnung finden, vermutete, die Bemerkung »ceci ne doit pas être imprimé« habe sich auf das gesamte Manuskript bezogen, eine Vermutung, die umso plausibler ist, als der Text der Reisebeschreibung nichts, aber auch gar nichts Verfängliches birgt, während die Erinnerungen in ihrer letzten Fassung teils sehr persönlich formuliert sind und sich bitterer Polemik gegen den Bruder Friedrich nicht enthalten. In der Zeit der Niederschrift war Wilhelmine mit dem Bruder aus Gründen, über die weiter unten zu sprechen sein wird, zerstritten, und das merkt man dem Text an. Als 1747 die Versöhnung der Geschwister besiegelt war, könnte Wilhelmine das Fragment ihrer Erinnerungen weggeschlossen und aus Rücksicht auf Friedrich II. den die Veröffentlichung verbietenden Vermerk angebracht haben. Das würde auch erklären, weshalb sich in den Testamenten hierzu keine Regelungen fanden; es war ja alles geregelt.

Über die Zuverlässigkeit des Textes als historische Quelle haben so bedeutende Männer wie Leopold von Ranke und Johann Gustav Droysen geurteilt[10], und diese Urteile fielen nicht günstig aus für Wilhelmine. Freilich war hier die Perspektive der Historiker dominant, die aus Wilhelmines Text herauslesen wollten, »wie es gewesen ist«. Die Tatsache, dass Entstellungen, Verschiebungen und Irrtümer, Fehlleistungen gleich, Spuren zum Verständnis der Autorin legen können, kam hier nicht in den Blick. Wilhelmine wollte aber mit ihren *Denkwürdigkeiten* ganz bestimmt kein

Geschichtsbuch verfassen. Vergegenwärtigen wir uns ihre Lebenssituation, als sie (zwischen 1744 und 1746) die letzte Version schrieb: Sie war Mitte dreißig, lebte seit zwölf Jahren in Bayreuth und hatte eine einzige Tochter, die im Jahr der Übersiedelung in die oberfränkische Residenz geboren und bereits mit dem Herzog Karl II. Eugen von Württemberg verlobt war. Ihr Vater, der Soldatenkönig, war 1740 gestorben, und mit Lieblingsbruder Friedrich hatte sie sich zu ihrem großen Kummer zerstritten. Einer der Gründe dafür war Wilhelmine von Marwitz. Wilhelmine verheiratete die Freundin und Hofdame gegen den erklärten Willen des Königs mit dem österreichischen Grafen Burghauß.

Die Markgräfin hatte erfahren, dass die Marwitz schon seit längerem die Mätresse des Markgrafen war. Die »Alliance« Burghauß-Marwitz schien das Problem zumindest nach außen zu lösen, verstieß aber gegen die Interessen des Königs, der verfügt hatte, dass reiche Preußinnen nicht außer Landes verheiratet werden durften.

Wilhelmines Ehe befand sich in einer schweren Krise, zugleich hatte sie durch einen groben Vertrauensbruch die engste Freundin verloren. Das Verhältnis zur Mutter, die auf dem Witwensitz in Monbijou lebte, war noch nie besonders gut gewesen.

Es mutet fast selbstquälerisch an, dass Wilhelmine gerade zu diesem Zeitpunkt noch einmal damit ansetzte, ihr Leben Revue passieren zu lassen. Der Rückblick enthält eine gehörige Portion Zynismus und Bitterkeit. Dennoch schreibt die Markgräfin mit innerer Distanz und sogar mit einem Schuss Humor. Das war wohl eine Frage der Selbstachtung. Vielleicht schrieb Wilhelmine sich aber auch einfach die Vergangenheit von der Seele.

Wilhelmine präsentiert in den Memoiren weniger ihre eigene Lebensgeschichte als die Geschichte des Hofes, in der ihr eine bestimmte Rolle zugedacht ist. Aus den genealogischen Exkursen, die den Text einleiten und immer wieder in ihn eingestreut sind, geht hervor, dass die Schreiberin ihre Identität ganz selbstverständlich aus der Herkunft ableitete. Die Art der Darstellung gibt dennoch Einblick ins Persönliche. Schaut man hinter die Fassade des kühlen, manchmal unbeteiligt wirkenden Schreibstils, so zeigen sich die unlösbaren Konflikte, denen Wilhelmine ausgesetzt war. Es beginnt mit der Beschreibung ihrer Geburt: »Die Kronprinzessin gebar am 3. Juli 1709 eine Prinzessin, die sehr ungnädig empfangen wurde, da alles leidenschaftlich einen Prinzen wünschte. Diese Tochter ist meine Wenigkeit« (D, S. 31).

Schonungslos sich selbst gegenüber und scheinbar unempfindlich kommentiert Wilhelmine den Makel ihrer Geburt. Doch hinter der vermeintlich souveränen Haltung lugen Depression und Verzweiflung hervor. Warum sonst hätte Wilhelmine die Weissagung eines schwedischen Offiziers festhalten sollen, der der Sechsjährigen aus den Handlinien las, ihr Leben werde »eine Kette von widrigen Schicksalen« sein (D, S. 40)? Schlimmer kommt es noch, als sie von einer schweren Krankheit berichtet und unvermutet in die Worte ausbricht: »Hätte man mich doch in Frieden von dieser Erde scheiden lassen; es wäre zu meinem Glück geschehen. Allein ich war erkoren, tausendfaches Missgeschick zu erdulden, wie der schwedische Prophet es verkündet hatte« (D, S. 70).

Überhaupt die Krankheiten: Beim Lesen der Memoiren drängt sich der Verdacht auf, Flucht in die Krankheit sei Wilhelmines einziger Ausweg gewesen, um sich unlösbaren Problemen zu entziehen – ein hilfloser und selbstzerstörerischer Ausweg. Die gesundheitlichen Krisen, unter denen die Heranwachsende litt, schienen mit schweren Konflikten zusammenzuhängen: So erkrankte die zehnjährige Prinzessin einige Monate lang an verschiedenen Infekten – sie selbst nennt Scharlach und Gelbsucht –, nachdem ihre Erzieherin bei der Königin in Ungnade gefallen war. Die zweite langwierige Erkrankung ereilte Wilhelmine sechzehnjährig, also an der Schwelle zum Erwachsenwerden. Bei genauerem Hinsehen zeigt sich, dass Krankheit in Wilhelmines Leben mit einem weiteren Leitmotiv verknüpft ist.

Im ersten Fall schildert Wilhelmine einerseits, dass sie im Jahre 1718 »anfing, in die Welt zu treten und zugleich ihre Verkehrtheiten [zu] erfahren« (D, S. 64). Sie hielt sich also nicht mehr für ein ahnungsloses Kind. In dieser Situation, berichtet sie, habe die Königin sie beiseite genommen und ihr abverlangt, die Leti auszuspionieren. Dieser Auftrag war nur zu erfüllen, indem Wilhelmine sich verstellte und das Vertrauen ihrer Gesprächspartner missbrauchte. Da man ihr den Gehorsam gegenüber Eltern und Erziehern von frühester Kindheit an eingebläut hatte, geriet sie in eine verzweifelte Lage. Jedes Aufbegehren war von vornherein ausgeschlossen, und so blieb ihr nur die Verweigerung durch Krankheit, die außerdem den Vorteil hatte, zumindest vorübergehend Aufmerksamkeit und Zuwendung einzubringen.

Der zweite Fall verlief noch drastischer: Wilhelmine berichtet davon, sechs Monate lang an »grausamen Kopfschmerzen« gelitten zu haben, als sie in eine lebensbedrohende Krise mit Fieber und »starkem Blutandrang» (D, S. 93) geriet, bis ein im Kopf aufbrechendes »Geschwür» den akuten

Zustand beendete. Darauf folgte eine zweimonatige Rekonvaleszenzzeit. Nach der Beschreibung der Symptome könnte es sich um eine chronische Stirn- oder Nebenhöhlenentzündung oder um eine Mittelohrentzündung gehandelt haben, wenn nicht sogar um eine Kombination mehrerer bakterieller Infektionen. Wilhelmine litt außerdem ihr Leben lang an schweren Migräne-Anfällen. Die lange Erholungszeit, die sie benötigte, weist darauf hin, dass ihre Selbstheilungskräfte schwach waren. Vielleicht wollte sie aber auch gar nicht so schnell gesund werden.

Das Jahr 1720 führte Wilhelmine in eine kompliziert ödipale Konstellation: Die Mutter war abwesend; sie versuchte in Hannover die Verhandlungen mit ihrem Vater, dem englischen König Georg I., über eine Doppelhochzeit ihrer beiden ältesten Kinder mit dem Haus England voranzutreiben. In dieser Zeit entdeckte Friedrich Wilhelm, dass Wilhelmine erwachsen geworden war:

»Inzwischen stand ich in Berlin sehr in Gnaden bei dem König; ich unterhielt ihn jeden Nachmittag, und er speiste bei mir zu Abend. Er zeigte sich sogar sehr mitteilsam und sprach oft von Geschäften mit mir. Um mich noch mehr auszuzeichnen, befahl er, dass man mir gleichwie der Königin huldigen solle« (D, S. 93).

Wilhelmine muss sich im Klaren darüber gewesen sein, was es bedeutete, wenn sie sich auf diese Zuneigung einließ: Die Ehe ihrer Eltern war außerordentlich spannungsgeladen. Und wirklich machte die Mutter, nach Berlin zurückgekehrt, der Tochter, die sie als Rivalin empfand, das Leben zur Hölle.

Die Strategie der Spaltung wandte Sophie Dorothea auch beim Kronprinzen an, wie Wilhelmine berichtet:»Sobald der König ihm etwas befahl, pflegte sie es ihm zu verbieten. Wir wussten uns oft nicht mehr Rat, da wir es nicht beiden recht machen konnten« (D, S. 95).

Hier ist er wieder, der Loyalitätskonflikt, der gemeinsam mit Wilhelmines schweren Erkrankungen auftritt. Sie wird auch sonst häufiger krank gewesen sein, aber sie widmet ausführliche Beschreibungen nur diesen beiden Krisen, die mit komplizierten Beziehungskonstellationen zusammenhängen. Ohnmachten, in die die Kranke bisweilen sinkt, sind sinnfälliger Ausdruck ihrer Ohnmacht, mit den aufgezwungenen Beziehungsproblemen fertig zu werden. Wie Mehltau überzogen diese Probleme das Leben der Prinzessin und hinderten sie daran, ein Selbstwertgefühl zu entwickeln, das sich auf die beständige Zuwendung der nächsten Bezugspersonen hätte gründen können: Wilhelmine kam aus der Zwickmühle zwischen Vater und Mutter nicht heraus. Nach ihren Erzählungen bedeutete Zuwendung vom einen Elternteil zugleich Abstrafung und Liebesentzug durch das andere. Friedrich Wilhelm und Sophie Dorothea instrumentalisierten ihre Kinder, wenn es um Eheschwierigkeiten ging. Vor allem Wilhelmine und Friedrich gerieten auf diese Weise immer wieder in einen Konflikt, den sie nicht verursacht hatten, der aber doch auf ihrem Rücken ausgetragen wurde.

Das war nicht der einzige seelische Kriegsschauplatz: So wurde Wilhelmine von der Mutter gezwungen, sich gegenüber den Widersachern Sophie Dorotheas, die Wilhelmine als »halb Berlin« beschreibt, abweisend zu verhalten. Sie bezahlte diese Solidaritätsleistung mit ihrer Isolation: »Ich folgte genau dem Geheiß der Königin und hatte bald alle Welt gegen mich«, kommentiert Wilhelmine im Rückblick (D, S. 73).

Schlimmer traf es sie noch, als sie den Auftrag erhielt, die ungeliebte Erzieherin zum Bleiben zu bewegen, um diplomatische Verwicklungen zu verhindern: Die Leti strebte die Hofmeisterstelle an und bediente sich dabei ihres Einflusses am englischen Hof. Dadurch geriet Sophie Dorothea unter Druck, weil sie es sich mit den Engländern nicht verderben durfte, und beauftragte ihre Tochter damit, die Leti von einer Abwanderung nach England abzubringen.

Im Hinblick auf das spannungsgeladene Beziehungsgefüge bei Hofe kam Wilhelmine vom Regen in die Traufe, als Dorothea von Sonsfeld ihren Dienst antrat: Die Königin mochte die neue Erzieherin nicht, und so stand die Prinzessin wieder zwischen Baum und Borke.

All dies ist jedoch erinnert. Einschätzungen der Situation durch Dritte haben wir nicht. So wissen wir nicht, ob Wilhelmine dazu neigte, sich in Loyalitätskonflikte und Double-bind-Situationen hineinzuphantasieren. Träfe diese Vermutung zu, so sagte sie uns über das Wesen Wilhelmines mehr, als es die »Fakten« vermöchten: Demnach wäre Wilhelmine zu Beziehungen nur unter der Bedingung fähig gewesen, dass gleichzeitig eine Gegenkraft in die andere Richtung zog: Ausdruck einer zutiefst verunsicherten Persönlichkeit.

Nach den Gründen dieser Verunsicherung muss man nicht lange suchen: Wilhelmine, die älteste Tochter des preußischen Königs, ist in ihrer Kindheit und Jugend fortgesetzt körperlich und seelisch misshandelt worden: geschlagen, getreten, gestoßen, an den Haaren gezogen, gedemütigt, beschämt, bloßgestellt, verlacht. Aus der Tatsache, dass sie in ihren Lebenserinnerungen nüchtern und scheinbar teilnahmslos darüber berichtet, darf man nicht schließen, es habe ihr nichts ausgemacht. Auch Fühllosigkeit kann eine Bewältigungsstrategie sein.

Nur mit Beklemmung liest man die Schilderungen von körperlichen Züchtigungen und tätlichen Angriffen. Eine Hauptrolle spielte dabei die Leti. Wilhelmine erinnert sich an eine Begebenheit aus dem Jahre 1719: »Sie warf mir einen Leuchter an den Kopf, der mich hätte töten können; mein Gesicht war ganz blutig [...]. Die Leti bekam Angst. Mein Gesicht war ganz zerschunden, und sie wusste nicht, wie sie sich aus der Klemme ziehen sollte; nun beschaffte sie einen mächtigen Vorrat kühlenden Wassers und legte die ganze Nacht hindurch Kompressen auf mein armes Gesicht, und ich machte tags darauf der Königin weis, ich sei gefallen« (D, S. 67).

Immer wieder schlägt die Erzieherin Wilhelmine, und immer wieder tut Wilhelmine alles, um sie zu decken. Eine Erklärung für dieses widersprüchliche Verhalten gibt sie uns nicht, so als wäre es ganz selbstverständlich. Wir können daraus nur folgern, dass es für sie das geringere Übel schien, an der Leti festzuhalten – wenn sie denn überhaupt einer solchen Abwägung fähig war. Vielleicht war die Auflehnung gegenüber einer erziehungsberechtigten Person, also einer von den Eltern eingesetzten Autorität, genauso tabuisiert wie ein Verstoß gegen das vierte Gebot: Du sollst Vater und Mutter ehren. Wilhelmine muss sich der Erzieherin ganz und gar ausgeliefert gefühlt haben – einer Person, die ihr durch fortgesetzte Brutalitäten die Würde nahm. Eines ist aber sicher: Weder zur Mutter noch zum Vater empfand Wilhelmine so viel Vertrauen, dass sie offen über ihre Qualen gesprochen hätte.

Auch gegenüber den eigenen Eltern konnte Wilhelmine ihre persönliche Würde nicht behaupten. Vor allem Sophie Dorothea demütigte ihre Tochter auf alle erdenkliche Weise. Wilhelmine war elf Jahre alt und gerade von schwerer Krankheit genesen, als der König ihr aus Freude darüber erlaubte, die Kinderkleider abzulegen und eine Schleppe zu tragen. Wilhelmine begab sich voller Stolz zur Mutter, weil sie sich auch deren Beifall erhoffte:

»Schon als sie mich von weitem erblickte, rief die Königin aus: Mein Gott, wie sehen Sie aus! Das ist meiner Treu eine stattliche Figur! Sie sehen auf ein Haar einer Zwergin gleich. Ich stand ganz betroffen, in meiner Eitelkeit sehr verwundet, und der Verdruß trieb mir die Tränen in die Augen« (D, S. 70). Es kommt noch schlimmer: »Sie machte mir heftige Vorwürfe, dass ich mich an den König gewandt hatte, um eine Gunst zu erbitten. Sie sagte, dass sie das nicht haben wollte, dass sie mir befohlen habe, ihr allein anzuhängen, und dass, wenn ich mich je an den König wenden würde zu irgendwelchem Zweck, ich sie aufs höchste erzürnen würde« (D, S. 71).

Gerade die eigene Mutter hat Wilhelmine viel angetan. Nirgends berichtet Wilhelmine, dass Sophie Dorothea einmal für die Tochter Partei ergriffen hätte – im Gegenteil: Die Königin, der Tochter gegenüber mehr als kritisch eingestellt, setzte sie peinlichen Bloßstellungen aus. In den Heiratsverhandlungen ließ sie sogar zu, dass ihre Älteste gemustert wurde wie eine Ware.

Unter solchen Bedingungen konnte Wilhelmine weder heiter noch gelassen sein. Sie beschreibt sich als völlig eingeschüchtert durch die Misshandlungen der Leti: »Es verging kaum ein Tag, an dem sie die gefürchtete Kraft ihrer Fäuste nicht an meiner armen Person erprobte. Ich weinte die ganze Nacht, wusste mich gar nicht zu beruhigen, hatte keinen Augenblick der Erholung und wurde wie verdummt. Meine Lebhaftigkeit war verschwunden; man hätte mich körperlich wie geistig nicht wiedererkannt« (D, S. 73). Erst unter den pfleglichen Händen der Frau von Sonsfeld gelang es Wilhelmine, etwas Selbstbewusstsein zu gewinnen.

Sie kann kein glückliches Kind gewesen sein. Zu früh und zu häufig musste sie Gewalterfahrungen verarbeiten, und es gab in ihrer Umgebung offensichtlich niemand, der ihr dabei geholfen hätte.

Diese ersten siebzehn Jahre in Wilhelmines Leben lesen sich wie das Märchen vom Aschenputtel: Als Dreijährige noch vom Großvater geliebt und verhätschelt, findet sie sich nach dessen Tod im Gewirr der Eheprobleme von Sophie Dorothea und Friedrich Wilhelm wieder. Außerdem erkennt sie, dass der jüngere Bruder ihr schon im Augenblick seiner Geburt den Rang abgelaufen hat. Diese bitteren Wahrheiten muss sie in einem Umfeld verkraften, welches von heute auf morgen allen Luxus und Prunk abgeworfen und allen Glanz verloren hat. Da bleibt ihr nur zu hoffen, dass ein Prinz sie aus diesem Elend erlöst.

Zu viele Heiratsprojekte (1726–1731)

Wilhelmine war schon an der Wiege gesungen worden, dass ihr Schicksal sich im »Alliancenmachen« erfüllen sollte. In den Jahren vor 1731 trat dieses Leitmotiv ihres Lebens immer deutlicher in den Vordergrund.

1718 hatte der König bereits Karl XII., den schwedischen König, als Schwiegersohn ins Auge gefasst. Es ist fast überflüssig zu erwähnen, dass seine Motive rein territorialpolitischer Natur waren: Der Nordische Krieg, seit 1713 im Gange, erforderte zur Verbesserung von Preußens Lage ein Einvernehmen mit Schweden. Das war dem preußischen König so wichtig, dass ihn weder der Altersunterschied von 27 Jahren zwischen Karl XII. und Wilhelmine schreckte noch die Tatsache, dass seine Älteste gerade einmal neun Jahre alt war. Die Ungeduld des Vaters, der noch nicht einmal die Geschlechtsreife des Mädchens abwarten wollte, ehe er sie an einen erwachsenen Mann verschacherte, flößt uns heute leises Grauen ein. Wilhelmines flehentlicher Brief an den Vater bedarf keines weiteren Kommentars: »Ich nehme mir die Freiheit, meinen lieben Papa inständig zu bitten, mich doch ja nicht mit dem König von Schweden zu verheiraten, denn ich werde [sonst] glauben, dass er mich nicht mehr liebt, und werde vor Kummer sterben« (Thiel 1981, S. 55). Dieser Heiratsplan wurde gemeinsam mit dem schwedischen König, der im Dezember desselben Jahres ums Leben kam, zu Grabe getragen.

Sophie Dorothea konnte das nur Recht sein, denn sie verfolgte schon seit Wilhelmines und Friedrichs frühen Kindertagen das Projekt, ihre beiden ältesten Kinder an das Haus Hannover zu verheiraten. Da sie selbst diesem Hause entstammte, schien ihr das ein naheliegender Gedanke, zumal er für Wilhelmine glänzende Aussichten bot: Eine Verbindung mit dem ältesten hannoverschen Prinzen konnte sie auf den englischen Thron bringen. Verheiratete man den preußischen Kronprinzen noch mit einer englischen Prinzessin, so war der Einfluss Englands in Preußen ebenso gesichert wie die politische Allianz der beiden Staaten.

Der Plan einer Doppelhochzeit, der von vielen Schwankungen beeinträchtigt wurde, zieht sich wie ein roter Faden durch Wilhelmines Kindheit und Jugend – ein roter Faden, der sich in Zeiten schlimmster, nicht selten gewalttätiger Konflikte in eine Blutspur verwandelt.

Am preußischen Hofe standen sich zwei Parteien feindlich gegenüber, die hemmungslos an der Durchsetzung ihrer Ziele arbeiteten: die proenglische Partei der Königin und die den Interessen des Kaiserreichs verpflichtete Gegenpartei.

Es gehört zu den Besonderheiten der Monarchie, dass das aufbrausende, leicht kränkbare und unstete Wesen des Königs sich unmittelbar auf die politische Strategieführung auswirkte: Nach einer fast infantil wirkenden Logik durchkreuzte der König die politischen Pläne seiner Gattin, wenn er sie strafen wollte, und strafte sie, indem er ihre Projekte hintertrieb. So kam es, dass Sophie Dorothea jeden Widerstand gegen die Doppelhochzeit persönlich nahm. Politische Gegensätze und eheliche Konflikte standen in einem prekären Wechselverhältnis zu einander. In diesem Spiel war Wilhelmine eine Schachfigur, die je nach der gerade bestehenden Machtkonstellation hin und her geschoben werden konnte. Dabei machten sich die beteiligten Politiker persönliche Schwächen und Eigenheiten der königlichen Eheleute zunutze.

Die Entwicklung, die letztlich zu Wilhelmines Verheiratung mit dem Erbprinzen von Bayreuth führte, lässt sich nur dann schlüssig darstellen, wenn man beständig zwei Ebenen im Blick behält: diejenige der politischen Kraftfelder und diejenige der familiären und dynastischen Konstellation um Wilhelmine herum. Nur in dieser Perspektive erschließt sich die Bedeutung der Idee, Wilhelmine mit dem englischen Thronfolger zu verheiraten.

Sophie Dorothea hielt über viele Jahre unbeirrt an ihrem Plan fest, doch der König betrachtete die Heiratsangelegenheit stets vor dem Hintergrund sich rasch verändernder politischer Konstellationen und schwenkte selbst mehrmals um. Dabei war er alles andere als frei von dem, was wir heute mit dem Wort »Befindlichkeiten« beschreiben, und vor allem war er in seinen Entscheidungen nicht autonom sondern in einem hohen Maße von seinen Ratgebern abhängig. Die Geschichte von Wilhelmines Verheiratung ist eingeschrieben in ein Koordinatensystem von persönlichen Reaktionen auf machtpolitische Verschiebungen oder, umgekehrt, von politischen Schachzügen, denen das Deckmäntelchen persönlicher Motive umgehängt wurde. Versetzt man sich in Wilhelmines Lage, so wird der ganze Zynismus offenbar, der darin liegt, dass ihr persönliches Schicksal von den Wechselfällen der internationalen Politik abhing.

Erschien es Friedrich I. zunächst opportun, eine Verbindung zumindest eines seiner Kinder mit dem Haus Hannover anzustreben (oder zumindest Sophie Dorotheas Bemühungen um eine solche Verbindung stillschweigend hinzunehmen), so änderte sich die Lage im Jahre 1718, weil der König von Schweden als Schwiegersohn besser ins Konzept passte.

Im Jahr darauf schlossen Österreich, Hannover-England und Sachsen-Polen die Wiener Allianz und nahmen Preußen in die Zange. Auf diesen Vertrauensbruch seines Schwiegervaters, des englischen Königs, antwortete Friedrich Wilhelm mit dem Plan, Wilhelmine mit dem Markgrafen von Schwedt, einem Neffen und Günstling des Fürsten von Anhalt-Dessau, zu verheiraten. Im selben Jahr, 1719, kam es allerdings wieder zu einer Entspannung, da der englische König Georg I. von Österreich abrückte und Preußen umwarb. Zwangsläufig brachte dies eine neue Dynamik in die Heiratsangelegenheit.

1723 besuchte Georg I. Hannover und Berlin und ließ sich die preußische Prinzessin Wilhelmine vorführen. Preußen hatte allen Grund, zuvorkommend zu sein, denn Hannover-England hatte bei der Beendigung des Nordischen Krieges ebenso geholfen wie beim Pfälzer Religionsstreit und bei der Sicherung von Ansprüchen Preußens in Franken. 1725 glaubte man sich in Preußen berechtigte Hoffnungen auf ein Gelingen des Heiratsprojektes machen zu können, doch nun zögerte der englische König. Friedrich Wilhelm fühlte sich düpiert und schloss 1726 den Vertrag von Wusterhausen, der so etwas wie eine Koalition mit den Gegnern Englands war. Damit sanken die Chancen für eine Verheiratung Wilhelmines nach England wieder.

Allerdings hatte der preußische König 1727 den Plan noch nicht aufgegeben, wie wir aus einem Bericht des kaiserlichen Gesandten Friedrich Heinrich Reichsgraf von Seckendorff wissen (Thiel 1981, S. 78). Und hier scheint es sich tatsächlich um ein persönliches Anliegen des Königs gehandelt zu haben, das mit den politischen Zielen nicht unbedingt im Einklang stand: Friedrich Wilhelm war wohl schlicht gekränkt darüber, dass ein so lange währendes Vorhaben wie die »Alliance« der Königstochter mit dem englischen Thronfolger nicht endlich erfolgreich zum Abschluss kam.

Zu ihrem Unglück infizierte die Prinzessin sich auch noch mit den Pocken. Die Krankheit, die glimpflich verlief, hätte Wilhelmine auf Dauer so entstellen können, dass eine Verbindung mit dem Prinzen von Wales schon aus diesem Grunde unmöglich geworden wäre. Ist es ganz und gar abwegig, dahinter das unbewusste Aufbegehren der Zwanzigjährigen gegen die jahrelang erfolglosen Verhandlungen zu vermuten, die dem Selbstwertgefühl Wilhelmines ebenso schadeten wie ihrem Ansehen? Eine Pockenerkrankung mit den üblichen Folgen hätte die Frage jedenfalls ein für allemal entschieden. Wilhelmine hätte, im wörtlichen Sinne, ihr »Ansehen« unwiederbringlich verloren.

In dieser Phase neigte sich der preußische König stark nach der Seite der kaiserlichen Partei. Er befahl Wilhelmine, zwischen dem Markgrafen von Schwedt und dem Herzog von Weißenfels zu wählen.

Das rief den Kronprinzen auf den Plan, dessen Verhältnis zum Vater notorisch schlecht war. Er drohte dem Markgrafen von Schwedt öffentlich, dieser werde es bereuen, wenn er die Hand Wilhelmines annähme. So jedenfalls berichtete der englische Gesandte nach London (Thiel 1981, S. 101). Die Parteinahme Friedrichs für Wilhelmine spielte wiederum der Königin in die Hände. Aber auch der König zögerte: Die Beziehungen zu Hannover waren so spannungsreich, dass eine Heirat Wilhelmines zu diesem Zeitpunkt Öl ins Feuer gegossen hätte, weil sie als offene Provokation empfunden worden wäre.

Die Situation wurde von einer dramatischen Entwicklung überlagert: vom missglückten Fluchtversuch des Kronprinzen Friedrich, der nur in einer derart spektakulären Aktion noch die Möglichkeit sah, sich der demütigenden Behandlung durch seinen Vater zu entziehen. Nach dem verhängnisvollen 5. August 1730, an dem Friedrich entwaffnet und festgenommen worden war, ließ der König, in der berechtigten Annahme, Wilhelmine habe von den Plänen ihres Bruders gewusst, auch sie in ihrem Zimmer festsetzen. In der Isolation erkrankte sie schwer an einer Lungenentzündung, von der sie sich monatelang nicht erholte. Aus dieser Zeit berichtet sie jedoch auch erstmals über eigene Kompositionen, und wir beginnen etwas vom Zusammenhang zwischen schweren Lebensproblemen und künstlerischer Kreativität zu ahnen.

Im März 1731 schlossen Österreich und England einen Vertrag, der die Gegensätze ausglich, mit der Folge, dass auch Hannover und Preußen einander näher rückten. Jetzt wäre das Heiratsprojekt eine schöne Bestätigung der Harmonie gewesen, allerdings keine notwendige. Der preußische König konnte seine Älteste gewinnbringender einsetzen, und er tat dies am 11. Mai des Jahres 1731: Durch seine Minister ließ er Wilhelmine den Kabinettsbefehl zustellen, sie habe den Erbprinzen von Bayreuth zu ehelichen. Im Falle des Ungehorsams drohe ihr Festungshaft. Unter diesem Druck willigte Wilhelmine, mürb geworden, in den Plan ein, ohne die Zustimmung ihrer Mutter einzuholen.

Warum gerade Bayreuth? Die Idee hatte eine Vorgeschichte. Der Vater des Bayreuther Erbprinzen, der regierende Markgraf Georg Friedrich Carl, war mit Unterstützung des Fränkischen Kreises von der Bindung an Preußen abgedriftet, so dass Preußen Gefahr lief, seinen Einfluss in Franken zu verlieren. Das hatte Friedrich Wilhelm 1730 auf die Idee gebracht, seine zehnjährige Tochter Sophie nach Bayreuth zu verheiraten, um dort den Fuß in der Türe zu behalten. Als sich 1731 die politischen Verhältnisse zwischen Österreich, England und Preußen konsolidierten und die Notwendigkeit entfiel, eine englische Heirat Wilhelmines als Pfund in die Waagschale der Machtverteilung zu werfen, besann der König sich darauf, dass seine Älteste ihm in Franken noch mehr nützen konnte, und setzte sie kurzerhand an die Stelle der sehr jungen Prinzessin Sophie.

Die Verlobung fand am 3. Juni 1731 statt. Die Bayreuther hatten keine Wahl. Sie mussten zustimmen, wollten sie nicht das sensible Gleichgewicht stören, von dem ihr Wohlergehen zwischen Kaiser und preußischem König abhing. Eine ironische Pointe des Schicksals ließ in der Nacht vor der feierlichen Verlobungszeremonie aus London die Nachricht eintreffen, einer Heirat Wilhelmines mit dem englischen Thronfolger stehe nichts mehr im Wege. Der König wurde darüber so rechtzeitig in Kenntnis gesetzt, dass er das Ruder noch hätte herumreißen können. Doch sein Entschluss stand fest, vor allem weil er sich nicht die Blöße geben wollte, nach jahrelangen zähen Verhandlungen seine eigenen Pläne kurzfristig über den Haufen zu werfen. So wurde Wilhelmine am 20. November 1731 mit dem Erbprinzen Friedrich von Bayreuth vermählt.

Die Jahre zwischen 1726 und 1731 in den Memoiren

Wilhelmines Aufzeichnungen über jene Jahre geben einerseits erschütternde Einblicke in das Familienleben der vier Hauptpersonen Vater, Mutter, Tochter und Sohn, andererseits machen sie deutlich, dass auch für Wilhelmine selbst nichts wichtiger war als die Frage, wen sie letztlich heiraten würde. Deutlich wird auch, dass die Prinzessin sich einige Fähigkeiten in der Verstellungskunst aneignen musste, um sich nicht im Gespinst der höfischen Intrigen zu verheddern.

Selbst als Wilhelmine schon eine heiratsfähige junge Erwachsene war, hörten die Misshandlungen durch die Eltern nicht auf. Der Vater beschimpfte sie, zwang sie, Speisen zu sich zu nehmen, die sie wieder von sich gab, spuckte ihr ins Essen, warf mit Geschirr nach ihr, schlug sie mit dem Stock und mit der Faust ins Gesicht und konnte nur mit Mühe daran gehindert werden, sie an den Haaren zu packen. Während bei ihm, entfesselt durch den Jähzorn, physische Gewalt dominierte, übte die Königin sich auch auf dem Feld seelischer Grausamkeiten: Sie zwang Wilhelmine, bei der Tafel zu erscheinen oder auszugehen, obwohl Wilhelmine hohes Fieber hatte – »in unmenschlicher Weise«, wie Wilhelmine kommentiert (D, S. 272). Sie drohte ihr an, sie zu verstoßen, ja sogar eigenhändig zu erdrosseln, wenn Wilhelmine den Herzog von Weißenfels heirate; sie gab der Tochter harte Worte, als diese unter Zwang der Verlobung mit dem Bayreuther Prinzen zustimmte. Und dennoch hielt Wilhelmine an der Mutter fest:

»Als diese eines Tages mich sehr malträtiert hatte und ich in einer Ecke meines Zimmers bitterlich weinte, sprach mich die Schwester [i.e. Prinzessin Charlotte, geb. 1716] an: Was haben Sie? Was kümmert Sie also?

Ich bin verzweifelt, sagte ich, weil die Königin mich nicht mehr leiden kann; wenn das so fortgeht, sterbe ich noch vor Kummer.

Sind Sie töricht!, erwiderte sie; hätte ich einen so liebenswürdigen Liebhaber, so wäre mir das andere ganz gleichgültig. Ich lache nur, wenn sie schilt, es ist auch das beste.

Sie lieben sie also nicht, sagte ich; denn wenn man jemanden liebt, nimmt man nichts gleichgültig hin. Übrigens können Sie sich über Ihr Los nicht beklagen [...], während ich von aller Welt verlassen bin, ja selbst vom König, der mich seit einiger Zeit nicht mehr ansieht« (D, S. 271f.).

Dieser Dialog klingt glaubwürdig, und er bekundet ein geläufiges Phänomen: die relative Unempfindlichkeit von Kindern, die in der Geschwisterfolge nicht an erster Stelle stehen – Prinzessin Charlotte war das siebte Kind des Preußenkönigs und seiner Gemahlin –, gegenüber dem Dominanzanspruch der Eltern und gegenüber der Strategie des Liebesentzugs. Wilhelmine als Erstgeborene war nach eigener Aussage in viel stärkerem Maße, man könnte sogar sagen: existenziell von den Eltern abhängig.

Die zitierte Passage ist auch deshalb bemerkenswert, weil der Dialog zwischen den Schwestern Wilhelmines Lebenskonflikt wiedergibt. Ob die Unterhaltung sich tatsächlich so zugetragen hat, bleibe dahingestellt. Vielleicht sind ja Charlottes Repliken Abspaltungen von Wilhelmine selbst, Äußerungen eines unterdrückten Alter ego, das Konflikte ganz anders anpackt (und dabei weniger unglücklich und weniger ausgeliefert ist). Allerdings verbindet sich damit in Wilhelmines Vorstellung ein Tabubruch: die Missachtung des Gebotes »Du sollst Vater und Mutter ehren.«

Dieses Gebot zu befolgen dürfte Wilhelmine nicht immer leicht gefallen sein: Oft wurde sie Zeugin zerstörerischer Konflikte zwischen den Eltern, etwa als der König seiner Gemahlin, um sich an ihrem Schmerz zu weiden, die falsche Nachricht vom Tod des Erbprinzen überbrachte (D, S. 206). In einer Familie, in der physische Gewalt auf der Tagesordnung stand, in der die persönlichen Beziehungen durch Intrigen vergiftet waren, in der die Eltern verheerende Streitigkeiten austrugen, konnten die Kinder sich nicht normal entwickeln. Auch Kronprinz Friedrich litt bis zur Selbstaufgabe unter den Züchtigungen und Demütigungen durch seinen Vater. Vielleicht lag in dieser Konstellation einer der Gründe dafür, weshalb die Geschwister sich so eng zusammenschlossen: Sie waren ja Leidensgenossen.

Und doch spricht Wilhelmine in ihren Erinnerungen immer wieder von der Liebe zu den Eltern und davon, dass sie von ihnen Zuwendung erfahren habe. Ausführlich beschreibt sie eine Szene, bei der einem nach allem, was man über ihr Verhältnis zu den Eltern weiß, der Atem stocken möchte. Wilhelmine berichtet über ihre Verlobung:

»Endlich erschien der König mit dem Prinzen. Er war innerlich ebenso erregt wie die Königin, so dass er ganz vergaß, meine Verlobung in dem Saale, in dem sich die Geladenen befanden, offiziell zu verkünden. Er ging auf mich zu, indem er den Prinzen an der Hand führte, und ließ uns die

Ringe wechseln. Ich tat es zitternd. Ich wollte dem König die Hand küssen, allein, er schloss mich in seine Arme und hielt mich lange umarmt. Die Tränen rollten ihm aus den Augen, und die meinen begannen ebenfalls zu fließen. Unser Schweigen war ausdrucksvoller als alles, was wir uns hätten sagen können« (D, S. 257).

Solche Beschreibungen zeigen, dass die Beziehung zwischen Wilhelmine und den Eltern von extremen Pendelausschlägen geprägt war. Ein ständiges Wechselbad der Gefühle dürfte es allerdings nicht gewesen sein, denn die Darstellungen von Grausamkeiten gegenüber der Tochter überwiegen bei weitem gefühlvolle Szenen wie die hier zitierte. Auf der anderen Seite wird deutlich, wie sehr Wilhelmine sich von den Eltern abhängig fühlte. Diese Ambivalenz immer wieder auszuhalten, muss sie an den Rand ihrer Kräfte gebracht haben. Und sie wusste darum. Das entnehmen wir dem Bericht über eine Auseinandersetzung mit dem König, die bleibende Folgen für sie gehabt habe:

Als die Affäre um Friedrichs Fluchtversuch eskalierte, drohte der König, der soeben den Befehl zur Hinrichtung von Friedrichs Vertrautem Katte gegeben hatte, im Affekt auch seinen beiden ältesten Kindern mit der Todesstrafe. Erst das Dazwischentreten einer Hofdame brachte ihn auf den Boden der Vernunft zurück. Wilhelmine berichtet:»Sobald der König fortgegangen war, trug man mich in ein Nebenzimmer, das er nie betrat. Ich konnte mich vor Zittern nicht auf den Füßen halten, und die Aufregung hatte meine Nerven so angegriffen, dass ich zeitlebens an den Folgen zu tragen hatte« (D, S. 209).

Angesichts der schwierigen Beziehung zu den Eltern blieb Wilhelmine nur der ihr vom Alter her am nächsten stehende Bruder Friedrich. Auf ihn konnte sie sich einlassen, ohne Kränkungen und Verletzungen fürchten zu müssen. Er verdient in ihrer Beschreibung den Superlativ der Gefühle:»Er war der liebenswürdigste Prinz, den man sich denken konnte, schön und gut gewachsen, mit einem für sein Alter überlegenen Geist, und er war mit allen Gaben ausgestattet, die einen vollkommenen Fürsten kennzeichnen« (D, S. 96).

Dass die spätere Entzweiung mit dem Bruder eine schwere emotionale Belastung für Wilhelmine darstellte, leuchtet ebenso ein wie die Tatsache, dass die Kunst, vor allem die Musik, als Bindeglied zwischen den Geschwistern besondere Bedeutung hatte – war sie dem Vater doch zutiefst suspekt.

Wilhelmine berichtet über diese konfliktreichen Jahre in einer Art Dokumentarstil: Häufig rekonstruiert sie Dialoge in wörtlicher Rede und schaltet (unzuverlässig wiedergegebene) Originalbriefe ein. Ihre eigene Haltung bleibt merkwürdig undeutlich, und wie sie sich selbst in dem Hin und Her um ihre Verheiratung sieht und empfindet, das schimmert nur selten durch. Der Leser der Memoiren muss also interpretieren; allerdings reicht Wilhelmine ihm dabei die Hand. Die kommentarlose Gegenüberstellung der Briefe von Vater und Mutter, die sich auf Wilhelmines Zustimmung zur Ehe mit dem Bayreuther Prinzen beziehen, spricht Bände, weil hier die prekäre Situation der Tochter besonders deutlich wird. Der Vater schreibt ihr: »Ich freue mich, liebe Wilhelmine, daß Sie sich dem Willen Ihres Vaters unterwerfen. Gott wird Sie dafür belohnen, und ich werde Sie nicht im Stiche lassen, sondern zeitlebens für Sie Sorge tragen und Ihnen jederzeit beweisen, daß ich Ihr treuer Vater bin« (D, S. 250). Dass es nachher ganz anders kam, weil Friedrich Wilhelm weit hinter seinen Versprechungen zurückblieb, konnte Wilhelmine zu diesem Zeitpunkt nicht ahnen.

Dagegen der Brief der Mutter in derselben Sache: »Sie durchbohren mir das Herz, indem Sie mir den größten Kummer zufügen, den ich jemals erfahren habe. Ich habe all meine Hoffnung auf Sie gesetzt, aber ich kannte Sie schlecht. Sie haben mir auf geschickte Weise die Bosheit Ihres Herzens und Ihre niedrige Gesinnung verheimlicht. Ich bereue all meine Güte für Sie und meine Sorge um Ihre Erziehung und alle Mühen, die ich Ihretwegen erduldete. Ich erkenne Sie nicht länger als meine Tochter an und sehe in Ihnen von nun an meine ärgste Feindin, da Sie es sind, die mich meinen Gegnern, die jetzt triumphieren, geopfert hat. Rechnen Sie nicht mehr auf mich; ich schwöre Ihnen ewigen Hass und werde Ihnen niemals verzeihen« (D, S. 250f.).

Indem Wilhelmine diese beiden Briefe wiedergibt, legt sie ohne zu denunzieren offen, worunter sie ihr Leben lang gelitten hat. Die Eltern zufrieden zu stellen und zu versöhnen, muss einer ihrer heißesten Kindheitswünsche gewesen sein – ein Wunsch von existenzieller Reichweite. So berichtet Wilhelmine über ihre Pockenerkrankung: »Ich verbrachte diesen und den folgenden Tag in fortwährendem Delirium. Sobald ich wieder zu mir kam, machte ich mich auf den Tod gefasst. In solch kurzen Zwischenräumen ersehnte ich ihn sogar; und wenn ich Fräulein von Sonsfeld und meine gute Mermann weinend an meinem Bette sah, suchte ich sie zu trösten, indem ich ihnen sagte, daß ich von der Welt losgelöst sei und den Frieden finden würde, den mir niemand mehr rauben könnte. ‚Ich bin schuld‘, sagte ich, ‚an allem Kummer, den die Königin und mein Bruder zu leiden haben. Wenn ich sterben soll, so sagen Sie dem König, ich hätte ihn stets geliebt und geachtet; ich hätte mir nichts gegen ihn vorzuwerfen, so daß ich hoffte, er würde mich vor meinem Tode segnen. Sagen Sie, daß ich ihn flehentlich bitte, mit der Königin und mit meinem Bruder besser umzugehen und alle Zwietracht und Feindseligkeit mit mir zu begraben. Dies ist mein einziger Wunsch und das einzige, was mich in meinem jetzigen Zustand noch bekümmert« (D, S. 139f.). So lautet das Vermächtnis einer Zwanzigjährigen. Ihr sehnlichster Wunsch ist die Versöhnung, und wenn sie mit dem eigenen Tod erkauft wird. Von dieser Szene her gewinnen Wilhelmines Krankheiten in psychoanalytischer Perspektive noch eine weitere Funktion: die Eltern wieder zusammen zu bringen.

Wilhelmine selbst kennt den Zusammenhang zwischen psychischer Belastung und physischer Verfassung: Über die Phase, in der ihr eine Zwangsverheiratung mit dem Markgrafen von Schwedt drohte, schreibt sie: »Indes griffen diese unausgesetzten Gemütsbewegungen meine Gesundheit an, denn ich magerte zusehends ab. Ich erwähnte schon, daß ich von ziemlicher Fülle war; aber jetzt hatte ich so sehr abgenommen, daß meine Taille nur noch eine halbe Elle maß« (D, S. 161). Wilhelmines Wunschtraum, ein bedingungsloses Einvernehmen zwischen Vater und Mutter, blieb allerdings unerfüllbar. Stets signalisierten ihr die Eltern, dass ihre Person einer solchen Harmonie im Wege stand, und als sie sich geopfert hatte, indem sie sich nach Bayreuth verheiraten ließ, verbesserte ihre Lage sich nicht im geringsten. Nun hatte Wilhelmine zum Schaden auch noch den Spott über ihre bescheidenen Lebensverhältnisse zu tragen.

Das Motiv der Krankheit verdient noch einen Augenblick Beachtung: Wilhelmine berichtet freimütig darüber, dass ihre Mutter Krankheit vortäuschte, um gegenüber dem König ihre Ziele durchzusetzen. Es gehörte zu Wilhelmines alltäglicher Erfahrung zu sehen, wie erfundene Krankheiten als Erpressungsmittel funktionierten. Um wie viel mehr musste echte Krankheit bewirken! So könnte das unbewusste Signal gelautet haben, das in Wilhelmine die Bereitschaft zum Krankwerden auslöste, wenn unlösbare Konflikte um sie herum kumulierten.

In diesem Zusammenhang ist die folgende Geschichte aufschlussreich: Der König reiste von Potsdam nach Berlin, um selber zu sehen, ob die Königin, wie man ihm berichtet hatte, schwer erkrankt war, oder ob sie nur simulierte. »Aber sobald er sie erblickt hatte, schwanden alle seine Zweifel, um dem bittersten Schmerz zu weichen. Der Bericht seines Generalarztes brachte ihn vollends in Verzweiflung, er zerfloss in Tränen und sagte allen, die ihn umringten, er wolle die Königin nicht überleben, falls sie ihm entrissen würde. Die rührenden Worte, die sie an ihn richtete, betrübten ihn nur noch mehr. Er bat sie in Anwesenheit ihrer sämtlichen Damen um Verzeihung wegen allen Kummers, den er ihr bereitet hatte, und gab ihr genügend zu erkennen, daß sein Herz weniger daran teilgehabt hatte als die nichtswürdigen Leute, die ihn wider sie aufhetzten. Die Königin nahm diesen Moment wahr, um ihn flehentlich zu bitten, mit meinem Bruder und mir besser zu verfahren. ‚Versöhnen Sie sich‘, sagte sie, ‚mit diesen beiden Kindern und lassen Sie mich mit dem tröstlichen Bewusstsein sterben, daß der Friede in der Familie hergestellt ist« (D, S. 167).

Die traurige Pointe dieser Begebenheit ist allerdings, wie Wilhelmine zu berichten nicht versäumt, dass der König alle guten Vorsätze über den Haufen warf, sobald die Königin außer Gefahr war, und sich weiterhin feindselig gegenüber seinen ältesten Kindern zeigte. Kein Wunder, dass Wilhelmine an anderer Stelle schreibt: »Allein die Grundsätze, die ich mir über die Ehe gebildet hatte, wichen sehr von den ihrigen [i.e. der Königin] ab. Ich erachtete, daß eine gute Ehe auf gegenseitige Achtung und Rücksicht basiert sein müsse. Ich wollte, daß sie sich auf gegenseitige Zuneigung gründe, und mein Entgegenkommen wie meine Aufmerksamkeiten sollten nur die Folge davon sein. Nichts fällt uns schwer, wo wir lieben« (D, S. 128). Ihre eigene Verlobung hatte allerdings mit derlei Grundsätzen und Voraussetzungen nichts gemeinsam. Dass Wilhelmine die Verhältnisse realistisch einschätzte, lässt sich aus einem Brief herauslesen, den sie dem Vater schrieb, als sie von ihm Anfang des Jahres 1730 vor die Wahl gestellt wurde, sich zwischen dem Markgrafen von Schwedt und dem Herzog von Weißenfels zu entscheiden: »Mein liebster Papa! Mit größter Überraschung und Bestürzung erhielt ich durch Fräulein von Sonsfeld die Befehle meines liebsten Papas. Offengestanden hatte ich stets gehofft, er würde mir die Gnade erweisen, mich bei sich zu behalten. Dies Glück ziehe ich dem größten vor, das mir widerfahren könnte; denn ich liebe und verehre ihn unaussprechlich. Zu meiner Verzweiflung erfahre ich also, dass mein lieber Papa mich verheiraten will; denn ich habe stets aus mancherlei Gründen eine furchtbare Abneigung gegen alles gehegt, was Ehe heißt, und hege sie noch. Das wäre nach meiner Meinung das größte Unglück, das mir geschehen könnte, wenn mein lieber Papa bei seiner jetzigen Absicht verharrt« (B I, S. 453, 30. Januar 1730).

Ihre eigene Hochzeit beschreibt Wilhelmine denn auch ohne jede erkennbare innere Beteiligung als ein mäßig interessantes Spektakel mit einigen Pannen und Peinlichkeiten.

Als junge Braut wusste sie noch nicht, dass ihr vorerst bessere Zeiten bevorstanden. Was sie in der eigenen Familie erfahren und beobachtet hat-

te, gab ihr jedenfalls keinen Anlass zu hoffen, ihr Leben könnte sich durch
die Heirat zum Guten wenden.

Glücksfall Bayreuth (1731–1735)

Die Zeit zwischen Verlobung und Hochzeit nutzten die beiden Parteien,
um den Ehevertrag auszuhandeln. Entgegen früheren Ankündigungen
zeigte der König sich knauserig, so dass sich die Hoffnungen der Bayreuther zerschlugen, mit der Hochzeit ihre Finanzen sanieren zu können.
Auch der König schien nicht zufrieden. Er nahm jede Gelegenheit wahr,
um den fränkischen Erbprinzen zu demütigen, so dass Wilhelmine den Tag
ihrer Abreise nach Bayreuth herbeizusehnen begann, obwohl er ihr die
Trennung vom geliebten Bruder Friedrich, dem einzigen wirklich Vertrauten in der Familie brachte.

Dieser Bruder hatte außer dem Vornamen noch etwas mit seinem neu-
en Schwager gemeinsam: die Liebe zur Musik und das Flötenspiel. Es dürfte das Missvergnügen des Königs gesteigert haben zu sehen, wie Kinder
und Schwiegersohn gemeinsame Interessen pflegten, noch dazu weil es
sich mit der Musik um etwas handelte, was er für unnütz wenn nicht sogar
für schädlich hielt. Die Affinität zwischen Bruder und Ehemann wird es
Wilhelmine umgekehrt leichter gemacht haben, mit dem Bayreuther Prinzen vertraut zu werden: Namen sind nicht Schall und Rauch, und die Leidenschaft für die schönen Künste, vor allem für die Musik, hatte schon in
der Kinder- und Jugendzeit der beiden ältesten Königskinder etwas Ver-
schwörerisches.

Am 22. Januar 1732 zog das junge Paar nach einer beschwerlichen
Reise feierlich in die oberfränkische Residenzstadt ein. Die Bayreuther
hatten sich Mühe gegeben: Seltene italienische Früchte hingen an den
beiden Brunnen, die den Marktplatz zierten; die winterliche Stadt war mit
unzähligen Lichtern illuminiert. In den Fenstern konnte man Bilder mit
allegorischen Darstellungen sehen und Sprüche wie diesen lesen: »Will-
kommen großer Printz! Du bist der Deinen Wonne, der Unterthanen Lust
und einst des Landes Sonne«.[11] Zu diesem Zeitpunkt war Wilhelmine
bereits im dritten Monat schwanger. Sie litt unter der vor allem in der
Frühschwangerschaft häufigen Übelkeit. Oft klagte sie darüber, so auch
wenige Tage nach ihrer Ankunft in Franken in einem Brief an die Königin: »Meine Gesundheit ist übrigens schwankend. Abgesehen von den
Unpässlichkeiten, die ich in Potsdam hatte, kann ich mich eigentlich fast

nie zu Tische setzen und das mindeste essen, ohne dass mir übel wird«
(B I, S. 465f.).

Jedermann wusste um ihren Zustand. Nur schwer kann man sich der
Vorstellung erwehren, wie die Bayreuther ihr, als sie sie zum ersten Mal
sahen, auf den Bauch starrten, in Erwartung eines Knaben, versteht sich.

Als sie sich in Bayreuth einrichtete, machte Wilhelmine erst einmal
Schulden: So knapp wurde sie durch den Ehevertrag gehalten. Das nutz-
te die kaiserliche Partei für ihre Zwecke, und an diesem nicht unwesentli-
chen Detail kann man wieder einmal gut beobachten, wie Persönliches
und Politisches ineinander griffen, weil die Politik im Absolutismus nun
einmal von Individuen gemacht wurde: Wohl aus Enttäuschung über das
letztendliche Scheitern des englischen Heiratsprojektes und sicher auch
aus Skepsis gegenüber Bayreuth, das eine Schlüsselstellung zwischen kaiserlichen und preußischen Interessen innehatte, stattete der König Wilhelmine nur mager aus. Er ließ seine Tochter dafür bezahlen, dass er sie
nicht besser hatte verheiraten können. Als Ausdruck des Dauerkonfliktes
mit der Königin hatte er Wilhelmine ferner gezwungen, mit ihrer Unter-
schrift unter dem Ehevertrag auf ihr mütterliches Erbe zu verzichten. Dies
bedeutete für Wilhelmine nicht nur eine Kränkung; es machte sie auch
anfällig dafür, ihren politischen Einfluss – das einzige Pfund, mit dem sie
wuchern konnte – gegen Bezahlung einzusetzen.

Um die Alliance des Kronprinzen Friedrich mit einer englischen Prinzessin zu hintertreiben, verschaffte Reichsgraf von Seckendorff Wilhelmine im Jahre 1733 eine kaiserliche Pension, damit sie dem Bruder die Ehe
mit der Prinzessin Elisabeth Christine von Bevern schmackhaft machte. So
bewirkte der Geiz des Soldatenkönigs gegenüber seinen Kindern genau
das Gegenteil von dem, was der Vater als Erziehungsprinzip im Sinn
gehabt haben mochte: statt Verachtung materieller Güter die Abhängig-
keit von diesen.

Im ersten Halbjahr 1732 war Wilhelmine mit ihrer Schwangerschaft
beschäftigt, die unvermindert beschwerlich verlief. Sie fand aber ein Refu-
gium, wie wir aus einem Brief an den Vater wissen: »Wir führen hier ein
stilles Landleben, das für mich sehr reizvoll ist. Der Erbprinz geht täglich
auf die Jagd, und derweil gehe ich etwas spazieren und unterhalte mich mit
der Einrichtung meines Häuschens und Gärtchens. Jede Dame aus unserem Kreise muss allabendlich ein Gericht in meiner Küche kochen, die ich
reizend eingerichtet habe. Im übrigen arbeiten wir, und nachmittags muss
ich mich ein paar Stunden ausruhen; denn ich bin sonst nicht imstande,
des abends auszugehen« (B I, S. 470f.).

»Der Oberhofmeisterin von Sonsfeld Immediatberichte an König Friedrich Wilhelm I. über den Markgräflich Bayreuthischen Hof«, die das Geheime Staatsarchiv in Berlin aufbewahrt, lesen sich ganz ähnlich. Alle drei bis vier Tage schrieb »Sonsine« dem König in Berlin Einzelheiten über den Gesundheitszustand seiner Tochter, über den Verlauf der Schwangerschaft, über das Leben bei Hofe, über Festlichkeiten und Besuche. Einer dieser Berichte, die jeweils nur ein paar Sätze umfassen, beantwortet die Frage des Königs, wie Wilhelmine denn ihren Tag verbringe. Man muss sich das rein aus der Phonetik heraus aufgezeichnete Französisch der Oberhofmeisterin buchstäblich auf der Zunge zergehen lassen, um das Gemeinte erfassen zu können :

»Votre majeste ma en Cor honnore dun grassieuse lettre par la quelle elle mordonne de mander de quelle manier madame la Margrave passe son tant isy, ordinerement S.A.R. ce revelie a huit heur pries Dieu et boy le lette vers les neuff heur elle ce leve e habilie, ensuite S.A.R. travalie a la tapsrie a vec ces dame et moy je lis quel que Chapitre dans la bible et autre livre de devossion a midis on ce met atable, la predine on travalie encor, Mesdame les princesse vien avec leur ouvrage…«[12]

Nach diesem Bericht vom 1. März 1732, der über den Abend nichts sagt – gefragt war ja auch nur der Tagesablauf -, steht Wilhelmine um acht Uhr auf, verrichtet ihre Gebete, trinkt um neun Uhr ihre Milch, kleidet sich an und arbeitet am Stickrahmen zusammen mit den Hofdamen, während Sonsine aus der Bibel oder einem Erbauungsbuch vorliest. Nach dem Mittagessen wird weitergearbeitet. Wilhelmine und ihre Vertraute dürften sich vorher gut darüber abgestimmt haben, was die »Immediatberichte« dem König verraten durften und was nicht. Von Musik und Vergnügungen ist hier keine Rede, und gelesen wird überwiegend in der Bibel.

Die von Wilhelmine gegenüber dem Vater erwähnte Eremitage, »ces landroit du monde le plus jolie«, schrieb die Oberhofmeisterin in ihrem unvergleichlichen Französisch,[13] war ein Landschaftsgarten *avant la lettre*, der sich vor den Toren der Stadt in östlicher Richtung befand und schon in den 1720er Jahren vom Markgrafen Georg Wilhelm mit einem Schloss ausgestattet worden war. Dieses reizvoll in einer Schleife des Roten Mains gelegene Areal hatte Georg Wilhelm aus dem Geist der Eremitenmode entworfen. Wilhelmine zog sich in die Eremitage zurück, um die Geburt ihres ersten Kindes abzuwarten. Zum 23. Geburtstag schenkte ihr der Schwiegervater das Gut Monplaisir in der Nachbarschaft des Eremitage-Schlosses. Hier beschäftigte sie sich mit Musik, wenn die Mühen der Schwangerschaft ihr noch Energie dafür übrig ließen. Am 30. August 1732 brachte sie ihre Tochter Elisabeth Friederike Sophie zur Welt. Wir besitzen einen Bericht der Oberhofmeisterin von Sonsfeld, der auf anrührende Weise seine eigene Entstehungsgeschichte verrät:

In einer – für ihre Verhältnisse – klaren und ruhigen Schrift vermeldet Sonsine dem König:

»Sire, ich habe die Ehre, Ew. Majestät mit der allergrößten Freude die glückliche Entbindung Ihrer Königlichen Hoheit von...«[14] An dem Punkt, an dem das Geschlecht des Neugeborenen eingesetzt werden muss, stockt der Bericht; mit einer anderen Feder steht da: »...[du]ne princesse«, dann geht die Erzählung wie zu Beginn weiter: »Die Frau Markgräfin war schon drei Tage lang krank, aber die echten Wehen setzten heute Nacht ein.«[15]

Die Oberhofmeisterin hatte also, seit Wilhelmine in den ersten Wehen lag, schon einmal damit begonnen, den Brief an den König vorzubereiten – in der Vergangenheitsform. Nur ob es ein Prinz oder eine Prinzessin werden würde, das konnte sie natürlich nicht wissen. Schade, dass die Frau von Sonsfeld nicht erst bei »d'un« stockte: Das hätte ein Musterbeispiel dafür abgeben können, wie das weibliche Geschlecht als das Markierte und Abgeleitete (mit dem »e« am Ende des bestimmten Artikels) begriffen wurde.[16]

Die Entbindung verlief gefährlich für Mutter und Kind. Sonsine berichtet, dass Wilhelmine am Ende kaum noch die Kraft gehabt habe, das Kind zu gebären, und dass Arzt und Hebamme in größter Angst gewesen seien.[17]

Die letzte Phase vor der Entbindung hatten Unstimmigkeiten belastet. Der König hatte gewünscht, dass das Bayreuther Enkelkind in Berlin zur Welt käme, doch dagegen hatten die Oberfranken rebelliert, so dass die geplante Reise zu Wilhelmines Kummer abgesagt werden musste. Als wäre das alles noch nicht genug, hatte der Markgraf seine Schwiegertochter mit Launen geplagt und sie nach Kräften schikaniert. Nun hatte sie eine Tochter geboren – und erlebte aus der mütterlichen Perspektive (und gewissermaßen in kleinerem Maßstab) dasselbe, was sich bei ihrer eigenen Geburt abgespielt hatte: Ein Mädchen war einfach nicht so viel wert wie ein männlicher Nachkomme,[18] und kaum war Wilhelmine nach der Entbindung wieder zu sich gekommen, muss ihr klar geworden sein, dass ihre Familie und das Volk auf den nächsten Versuch warteten:[19] Sie hatte möglichst schnell wieder schwanger zu werden und zu gebären.

Doch zunächst stand die vom Vater befohlene Reise nach Berlin an, die durch Streitereien um das Reisegeld überschattet wurde: Wilhelmine hatte es nicht, der Markgraf wollte es nicht zahlen, und der König ließ sich bitten. Eine weitere politische Verwicklung erwuchs daraus, dass die Bayreuther nicht die gesamte junge Familie nach Preußen ziehen lassen wollten. Dieses Detail verrät, wie sehr die Vorstellung von der Landesherrschaft verbunden war mit einzelnen Personen, auch mit deren »Greifbarkeit« im fast wörtlichen Sinne. Eine Abreise des Erbprinzen mit Frau und Kind an den preußischen Hof wäre für die Untertanen einem Landesverrat nahe gekommen, und sie hätten sich wie verlassene Kinder gefühlt, wäre der künftige Landesvater in Richtung Norden entschwunden. Deshalb ließ Wilhelmine ihre kleine Tochter als eine Art Faustpfand in Bayreuth zurück. Die Zeit von November 1732 bis Ende August des darauffolgenden Jahres verbrachte sie in Berlin. Gemeinsam mit ihrem Ehemann kam sie gerade rechtzeitig zum Geburtstag des Kindes wieder nach Hause.

In der Berliner Zeit komponierte Wilhelmine und beschäftigte sich viel mit Musik. Außerdem war sie durch Seckendorff eingespannt in die Heiratsangelegenheit ihres Bruders, die ihr wie eine Neuauflage ihrer eigenen Geschichte vorgekommen sein mag, weil König und Königin wiederum darüber im Streit lagen. Auch Kronprinz Friedrich war kein glücklicher Bräutigam. Zu diesem Zeitpunkt dürfte er sich bereits bewusst gewesen sein, dass Frauen ihn, sagen wir, nicht besonders interessierten. In Briefen an die Schwester klagte er über seine zukünftige Gemahlin und darüber, dass er überhaupt heiraten müsse.

Als im Juni 1733 die Hochzeitsfeierlichkeiten in Schloss Salzdahlum bei Braunschweig stattfanden, konnte Wilhelmine wegen Krankheit nicht daran teilnehmen. Ihre »Teilnahme« für den Bruder war eben anderer Art, und da sie bei der offiziellen Feier gute Miene hätte machen müssen, löste sie den Loyalitätskonflikt in der gewohnten, autodestruktiven Weise durch Flucht in die Krankheit.

Der Abschied von Berlin fiel Wilhelmine nicht schwer: Ihre Projektionen aus der wenig komfortablen Situation in Bayreuth heraus, in Berlin sei alles besser, wurden von der Realität eingeholt, und Wilhelmine dürfte am preußischen Hofe all das wieder auf die Seele gefallen sein, was ihr vor der Hochzeit den Wechsel nach Bayreuth in leuchtenden Farben hatte erscheinen lassen. Auch dies war also ambivalent, wie so vieles in Wilhelmines Leben, und sie musste es aushalten. In Berlin ging es ihr gesundheitlich so schlecht, dass ihr Bruder sich ernsthafte Sorgen machte. An ihn schrieb sie im Dezember: »Nach Berlin zurückkehren, hieße für mich Selbstmord, denn ich weiß, was ich dort gelitten habe. Die Königin hasst mich und hat mich derart behandelt, dass ich selbst nicht begreife, wie ich es ertragen konnte [...] Du warst mein einziger Trost« (B I, S. 185).

In Bayreuth, so scheint es, kam Wilhelmine zum ersten Mal wirklich zu sich: Das Kapitel Berlin und die heikle Beziehung zu den Eltern waren vorerst abgeschlossen, die Ehe gestaltete sich, entgegen dem, was man nach ihrem Zustandekommen erwarten musste, harmonisch, und die kleine Friederike, die ihr erstes Lebensjahr unter der Obhut der Dorothea von Sonsfeld gesund überstanden hatte, bereitete den Eltern Freude.

Am 5. September schrieb Wilhelmine dem Bruder: »Meinen Erbprinzen sehe ich, seit wir hier sind, nicht mehr. Er ist den ganzen Tag bei dem Kinde und steht zwei Stunden früher als gewöhnlich auf, um zu ihm zu gehen. Er hält es für ein Meisterwerk der Natur, wie die Eule in der Fabel, die ihre Jungen weit schöner fand als alle anderen. Er hat mich fast kniefällig gebeten, Ihnen nichts davon zu sagen, denn er schämt sich, aber ich bitte Sie, ihn damit zu necken. Wie er gestand, ist ihm das Geschrei des Kindes lieber als die schönste Musik» (B I, S. 150f.). Wie sehr es Wilhelmine entlastet haben mag, dass ihr Ehemann sich dem Kind ohne Ansehen des Geschlechts liebevoll zuwandte, können wir aus ihrer eigenen Geschichte nur erahnen.

Wer war dieser »neue Vater», der entgegen aller Konvention schon morgens ins Kinderzimmer eilte?[20] Friedrich wurde am 10. Mai 1711 in Weferlingen in der Nähe von Helmstedt geboren. Wie Kronprinz Friedrich in Berlin war er der Erbfolger, aber nicht das erste Kind seiner Eltern; er hatte eine ältere Schwester – Christiane Sophie Luise -, die sieben Monate jünger war als die preußische Prinzessin. Auch der Weferlinger Friedrich hatte noch jüngere Geschwister, allerdings nicht so viele wie sein preußischer Namensvetter: einen Bruder und zwei Schwestern.

Dass der künftige Markgraf von Bayreuth in Weferlingen zur Welt kam, war eine Folge des Vertrages von Schönberg, den Christian Heinrich, der Großvater Friedrichs und zugleich das Oberhaupt der Bayreuther Nebenlinie der Hohenzollern, mit dem preußischen König Friedrich I. im Jahre 1703 geschlossen hatte. Der Hintergrund war folgender: In der Erbfolge für die Markgrafschaft rangierten Christian Heinrich und seine Kinder hinter dem regierenden Markgrafen Christian Ernst und dessen Nachkommen, konnten sich also ausrechnen, dass sie in Bayreuth niemals zum Zuge kommen würden. So verkaufte Christian Heinrich, der dreizehn Kinder ernähren musste, seine Erbansprüche gegen eine Leibrente und das Amt Weferlingen an Wilhelmines Großvater.

Wie die preußischen Königskinder, so erfuhr auch der Weferlinger Friedrich eine spartanische Erziehung. Die Ehe der Eltern war nicht glücklich: Als Friedrich fünf Jahre alt war, wurde sie geschieden. Friedrich kam ins »Internat« nach Altdorf, wo er 1717/18 seinen ersten Schulunterricht erhielt. Vermutlich im Jahre 1722 schickte ihn der Vater nach Genf. Etwa neun Jahre verbrachte Friedrich dort, und in diese Zeit fiel ein bedeutsames Ereignis: Friedrichs Vater, Georg Friedrich Carl, machte den Vertrag von Schönberg 1723 rückgängig. Gegen eine Abfindung von 550.000 Gulden war Preußen bereit zu akzeptieren, dass die Weferlinger in Bayreuth regierten, falls der Sohn des Markgrafen Christian Ernst, Georg Wilhelm, ohne Erbfolger stürbe. Der Fränkische Kreis gewährte Georg Friedrich Carl finanzielle Unterstützung, weil die Fürstbischöfe in Würzburg und Bamberg darin eine Möglichkeit sahen, preußischen Einfluss in Franken zu begrenzen.

Friedrich, nunmehr Anwärter auf die Markgrafschaft in Bayreuth, erlernte vorerst in Genf, das billiger und in moralischer Hinsicht weniger bedenklich war als Paris, die französische Sprache und kam mit dem Gedankengut der frühen Aufklärung in Berührung. 1730/31 spendierte der Vater ihm die obligatorische Bildungsreise, die ihn über Lyon zu einem längeren Aufenthalt nach Paris führte und auf der Rückreise über Gent, Brügge, Brüssel, Rotterdam, Delft, Den Haag, Haarlem, Amsterdam, Düsseldorf und Frankfurt/Main. Auf dieser Reise lernte er Kunst und Kultur kennen, er nahm Flötenunterricht bei dem Virtuosen und Komponisten Michel Blavet (der sich übrigens auch zeitweise beim preußischen Kronprinzen Friedrich in Rheinsberg aufhielt), frequentierte in Paris die Comédie française, das Théâtre italien und die Académie Royale de Musique, studierte alte Handschriften in Bibliotheken, bildete sich durch die eingehende Betrachtung der Architektur und besuchte Kunstsammlungen. Am 18. Mai 1731, kurz nach seinem zwanzigsten Geburtstag, traf der Erbprinz in Bayreuth ein. Vermutlich machte er erst an diesem Tag Bekanntschaft mit der Stadt, in der er bis zu seinem Tode im Jahre 1763 leben sollte. Kaum hatte er sich dort umgesehen, musste er nach Berlin aufbrechen, um sich mit der preußischen Prinzessin zu verloben.

Der Bayreuther Erbprinz besaß einige Eigenschaften, die Wilhelmine von ihrem Bruder her kannte. Wie dieser war er etwas jünger als sie. Zugleich hatte er eine Erziehung genossen, die eher an die Lebensphilosophie der Großväter-Generation als an die der Väter anknüpfte – sowohl der Großvater Friedrichs als auch derjenige Wilhelmines waren diesseitsgewandte und kunstsinnige Fürsten gewesen. Die Väter hingegen, Markgraf Georg Friedrich Carl ebenso wie der Soldatenkönig, kultivierten den Pietismus, der sich im Falle des preußischen Königs noch stärker auf die Erziehung der Kinder auswirkte als bei den Bayreuthern. Mit seinen kulturellen Interessen, einer gewissen Weltläufigkeit, aber auch mit seinem entspannten Wesen muss Erbprinz Friedrich Wilhelmine gut gefallen haben. Vielleicht waren auch die Geschwisterkonstellationen, aus denen beide kamen, ihrer Verbindung günstig: Wilhelmine und Friedrich standen so zueinander, wie einerseits Friedrich und seine ältere Schwester, andererseits Wilhelmine und der Kronprinz, fanden also mit dem Ehepartner ein Muster wieder, das ihnen seit frühester Kindheit geläufig war. Ließ Wilhelmine noch einmal Revue passieren, welche Heiratskandidaten zuletzt ernsthaft im Gespräch gewesen waren – Herzog Adolf von Sachsen-Weißenfels und Markgraf Friedrich Wilhelm von Schwedt –, so konnte sie zufrieden sein.

Der junge Vater also schämte sich seiner Gefühle für die kleine Erbprinzessin, und Wilhelmine berichtet darüber in leicht spöttelndem Ton. Über ihre eigenen Gefühle für die Tochter wissen wir wenig. Wir wissen nur, dass die Entbindung Wilhelmine fast das Leben gekostet hätte – und doch keinen Dispens von der mehr oder weniger laut ausgesprochenen Erwartung bewirkte, die Frau des Erbprinzen möge einen Erbfolger liefern. Die Abwesenheit von Mutterliebe in Wilhelmines Selbstzeugnissen gehört zu jener Fremdheit, vor deren Schranke wir heute ratlos bleiben: Unsere eigene Erfahrung öffnet eben doch nur einen Spalt breit die Tür zur Vergangenheit.

Mit zwölf Jahren war Friederike bereits mit dem Herzog Karl II. Eugen von Württemberg verlobt, und niemand, auch nicht die Mutter, fragte nach Zu- oder Abneigung.

Der Eindruck der Fremdheit, wie ihn bereits das Verhältnis zwischen Wilhelmine und ihrer Tochter vermittelte, verstärkt sich noch, wenn man sich verdeutlicht, dass Wilhelmine und ihr Erbprinz sich in einer Warteposition befanden. Dieser Zustand konnte für die preußische Prinzessin, die fast auf dem englischen Königsthron gelandet wäre, nur ein Übergangsstadium sein, von dem sie hoffte, es werde bald zu Ende gehen. Voraussetzung dafür war aber das Ableben des regierenden Markgrafen, ihres

Schwiegervaters. Beim Bruder in Berlin sah es ähnlich aus: Erst der Tod des Vaters würde Friedrichs Sklaverei beenden und ihn auf den Thron bringen. Heute macht es frösteln zu lesen, wie die königlichen Geschwister in einem skrupellos anmutenden Euphemismus brieflich »die Sympathie des Schicksals« beschworen: Gemeint war nichts Anderes als der Tod der Väter. So schrieb Wilhelmine dem Bruder: »Deine Nachricht von der wunderbaren Genesung des Königs hat mich sehr überrascht. Ich kann mir noch gar nicht vorstellen, dass sie von Dauer ist [...]. Bei der Sympathie unseres Schicksals wird seine Besserung nicht anhalten« (B I, S. 270f.). Kronprinz Friedrich seinerseits schrieb der Schwester unverblümt: »Ich bin entzückt, wie beharrlich der Tod dem alten Markgrafen zusetzt« (B I, S. 277).

Als der Markgraf am 17. Mai 1735 das Zeitliche segnete, übermittelte der Kronprinz der Schwester, »außerstande, Dir zum Tode des Markgrafen, Deines Schwiegervaters, mein Beileid auszusprechen«, stattdessen den Ausdruck seiner »lebhaftesten Freude« (B I, S. 283f.). Hätte er diese pietätlosen Äußerungen wirklich niedergeschrieben, wenn er mit Wilhelmines Entrüstung hätte rechnen müssen?

Die Jahre von 1731 bis 1735 in den Memoiren

Ein knappes Drittel der Lebenserinnerungen ist den wenigen Jahren gewidmet, in denen Wilhelmine ihre Rolle gefunden hatte und sich darauf vorbereitete, zusammen mit Friedrich die Markgrafschaft in Bayreuth zu übernehmen. Die Aufzeichnungen über diese Zeit sind angefüllt mit Beschreibungen und Histörchen über Wilhelmines angeheiratete Familie, über Intrigen an den Höfen von Berlin und Bayreuth, über die neue Umgebung, über die politische Großwetterlage. Daneben ziehen sich die alten Themen durch: das Verhältnis zum Bruder, die Beziehung zu und zwischen den Eltern. Und immer wieder lässt die Schreiberin anklingen, dass sie schwach, krank, leidend ist. Man muss den Eindruck gewinnen, sie habe sich kaum einmal richtig wohl gefühlt.

Die ausführlichen Berichte über Wilhelmines Einzug in Bayreuth verraten – vielleicht mehr als die Schreiberin preisgeben wollte –, dass es eine Seite in ihrem Wesen gab, die den Wechsel nach Bayreuth als Degradierung empfand. Deshalb soll die häufig zitierte Passage, in der Wilhelmine ihre erste Begegnung mit dem fränkischen Adel beschreibt, auch hier mitgeteilt werden:

»Endlich erreichte ich Hof, die erste Stadt auf Bayreuther Gebiet. Ich wurde unter Kanonendonner feierlich empfangen. Die Bürgerschaft in Waffen bildete bis zum Schlosse Spalier. Der Hofmarschall von Reitzenstein mit einigen Herrn des Hofes und dem ganzen Adel der Umgegend erwarteten mich vor der Treppe (wenn man eine hölzerne Leiter so nennen darf) und führte mich in meine Gemächer. [...] Dann musste ich eine lange Ansprache von seiten des Adels über mich ergehen lassen. [...] Sie waren alle von edlem Geschlecht und manche sehr reich. Daraus konnte man wohl schließen, dass sie entsprechende Manieren hatten – wie sehr fand ich mich aber enttäuscht! Ich sah deren ungefähr dreißig, wovon die meisten Reitzenstein hießen. Sie sahen alle aus wie der Knecht Ruprecht; statt der Perücken ließen sie ihre Haare tief ins Gesicht hinein fallen, und Läuse von ebenso alter Herkunft wie sie selbst hatten in diesen Strähnen seit undenklichen Zeiten ihren Wohnsitz aufgeschlagen; ihre sonderbaren Figuren waren mit Gewändern behangen, deren Alter hinter dem der Läuse nicht zurückstand. Es waren Erbstücke ihrer Ahnen und vom Vater auf den Sohn übergegangen, die meisten waren dem Maß ihrer Ahnen zugeschnitten worden, und das Gold war so abgenutzt, dass man es nicht mehr erkennen konnte; dennoch waren dies ihre Galakleider, und sie dünkten sich in diesen antiken Lumpen zum mindesten ebenso imposant wie der Kaiser in der Tracht Karls des Großen« (D, S. 298ff.).

Hier spricht der Hochmut der Königstocher, wenn er auch auf den verdrängten Entbehrungen und Demütigungen ruht, die sie selbst am preußischen Hofe erfahren hatte. Die Oberfranken, das waren in Wilhelmines Darstellung Kreaturen ohne jede Kultur, Höhlenmenschen gleich, außerdem provinziell bis unter die verlausten Haarspitzen.

Die angeheiratete Familie kommt nicht viel besser weg: Bei den Beschreibungen des Schwiegervaters und der Schwägerinnen fragt man sich, ob hier wirklich Menschen aus Fleisch und Blut Modell standen. Die Figuren wirken, als seien sie einem Panoptikum entsprungen: bizarr, intrigant bis hin zur Monstrosität, sprunghaft in ihren Zu- und Abneigungen, jederzeit bereit, die Maske fallen zu lassen und ihre Eigensucht zu zeigen. Zum Beispiel der Markgraf:

»Dieser Fürst zählte damals dreiundvierzig Jahre und war weder schön noch hässlich zu nennen; sein falscher Gesichtsausdruck hatte nichts Einnehmendes, und man kann ihn als nichtssagend bezeichnen; er war außerordentlich mager und krummbeinig; es fehlte ihm jegliche Grazie und Würde, so sehr er sie auch anstrebte; mit seinem kränklichen Körper verband er einen sehr beschränkten Geist und wusste es so wenig, dass er sich für sehr talentvoll hielt; er war sehr höflich, doch ohne jenes gefällige Wesen, das der Höflichkeit erst ihren Reiz verleiht, durchsetzt mit Eigenliebe, sprach er stets von seinem Gerechtigkeitssinn und seiner großen Herrschergabe; er wollte für energisch gelten, war aber statt dessen sehr schüchtern und schwach; er war falsch, eifersüchtig und argwöhnisch […]« (D, S. 303).

Oder die Schwägerinnen:

»Prinzessin Charlotte, seine älteste [unverheiratete] Tochter, durfte für eine vollendete Schönheit gelten; allein sie war nur eine schöne Statue, da sie ganz einfältig, ja manchmal sogar etwas närrisch war. Die zweite, Wilhelmine, war groß und schön gewachsen, aber nicht hübsch; dafür besaß sie Geist; sie war der Liebling ihres Vaters, den sie bis zu meiner Ankunft gänzlich beherrscht hatte; sie war eine große Intrigantin, dabei von unerträglichem Hochmut, namenlos falsch und sehr kokett« (D, S. 304).

Angesichts dieser Porträts, die wie missratene Scherenschnitte wirken, fragt man sich, wie es um Wilhelmines Menschenkenntnis, um ihre Fähigkeit sich einzufühlen, bestellt war, und ob, was sie beschreibt, nicht eher Aufschluss über sie selbst als über ihren Gegenstand gibt. Eine Menschenfreundin war sie wohl nicht. Zu skeptisch ist ihr Blick und zu sehr darauf ausgerichtet, in einer Welt der Verstellung zu erforschen, was hinter verlogenen Umgangsformen zum Vorschein kommt. Nur wenige, darunter ihr Ehemann, blieben davon ausgenommen. Ihn vor allem beschreibt sie im Jargon der Empfindsamkeit:

»Ich liebte ihn leidenschaftlich; die Gleichheit der Gemütsart und der Charaktere ist ein starkes Band; in uns war sie vorhanden, und es war die einzige Linderung« inmitten meiner Leiden« (D, S. 306).

Bayreuth war für Wilhelmine eine Enttäuschung: Statt, wie man ihr vorgegaukelt hatte, einen prunkvollen Hof, fand sie eine recht zerschlissene Markgrafschaft vor. Von Luxus konnte keine Rede sein: Wilhelmine litt unter schlechtem Essen ebenso wie unter ungeheizten Räumen – die oberfränkischen Winter sind rau – und, was das Schlimmste gewesen sein dürfte, unter der Tyrannei des Markgrafen (D, S. 285). Diese Tyrannei korrespondierte trefflich mit der »Sklaverei«, der Wilhelmine bei ihrem Familienbesuch in Berlin ausgesetzt war (D, S. 330): Wieder saß sie in der Zwickmühle.

Die ersten Monate in Bayreuth waren zudem beschwerlich wegen der Schwangerschaft: Wilhelmine berichtet sogar von Erstickungsanfällen, die sie in Todesangst versetzten. Es wird sich dabei um das sogenannte Venacava-Syndrom gehandelt haben, ein Schock-Syndrom, das beim Liegen auftritt. Es entsteht dadurch, dass die Gebärmutter auf die untere Hohlvene drückt und den Blutrückfluss zum Herzen stark reduziert. Kein Wunder, dass Wilhelmine sich, je näher der Entbindungstermin rückte, desto mehr vom Tode bedroht fühlte. Und hier treffen wir wieder auf ein Muster, das sie bereits in ihrer Kindheit herausgebildet hatte. Pathetisch formuliert, heißt es: Versöhnung am Rande des Grabes. Wilhelmine machte ihrem Schwiegervater, mit dem sie seit ihrer Ankunft in Bayreuth Unstimmigkeiten hatte, ein Friedensangebot und gelobte, sollte sie die Entbindung heil überstehen, sich künftig um ein gutes Einvernehmen zu bemühen (D, S. 331).

Der Bericht über die Geburt der Tochter umfasst nur wenige lakonische Zeilen, die allerdings, bedenkt man, was die Schreiberin ausgespart hat, beängstigend wirken:

»Ich erkrankte am 29. abends, war am 30. sehr schlimm daran und schwebte am 31. in großer Gefahr. Um sieben Uhr abends genas ich jedoch einer Tochter, als man an meinem Leben wie an dem meines Kindes verzweifelte. Man sagte mir später, der Erbprinz sei in einer bemitleidenswerten Verfassung gewesen; seine Freude, mich gerettet zu sehen, war grenzenlos; er fragte nicht einmal nach dem Kinde, alle seine Gedanken waren auf mich gerichtet« (D, S. 332).[21]

Auch aus dieser Beschreibung geht hervor, dass Wilhelmine das Verhältnis zu ihrem Mann als etwas Besonderes sah. Es scheint, als sei sie, gewöhnt daran, sich selbst und andere zu entwerten und sich entwertet zu fühlen, zum ersten Mal in ihrem Leben mit einem Menschen in enge Berührung gekommen, der andere achten und lieben konnte – weil er selbst Achtung und Liebe erfahren hatte. Ohne dass sich dadurch Wilhelmines eigene Probleme hätten lösen lassen, dürfte das ihr Leben doch ein wenig leichter gemacht haben. Allerdings bleibt sie skeptisch und realistisch: Auch wenn sie ihren Ehemann idealisiert und in superlativischen Wendungen von der gegenseitigen Liebe spricht, so erkennt sie doch, dass er sich in einem Beziehungsgeflecht mit sozialen Gepflogenheiten und Zwängen zurecht finden muss. Als der König ihn zu seinem Regiment nach Pasewalk ruft, spricht Wilhelmine von ihren Befürchtungen:

»Ich liebte den Prinzen mit Leidenschaft, unsere Ehe war die glücklichste; eine lange Trennung ließ mich alles befürchten. Ich fürchtete, dass er bei seiner Jugend in Ausschweifungen verfallen könne, denn die preußischen Offiziere waren, von ihrem Berufe abgesehen, ausgelassen und ungeschlacht; ich wusste es wohl. Ich hatte mehrere sehr liebenswürdige Prinzen gekannt, die im Dienste des Königs ihre Manieren einbüßten und ganz brutal geworden waren« (D, S. 335). Hier ist er wieder, der Mangel an Vertrauen gegenüber den engsten Bezugspersonen. Es ist vielleicht zu weit gegriffen, im Hinblick auf die Liaison des späteren Markgrafen Friedrich mit der Hofdame Wilhelmine von Marwitz von einer selffulfilling prophecy zu reden. Ganz aus der Luft gegriffen scheint der Gedanke indes nicht: Niemand wird daran zweifeln, dass latentes Misstrauen Beziehungen irritiert.

Für solches Misstrauen ist Skepsis eine zu schwache Vokabel, denn an der Geschichte der Prinzessin von Kulmbach, die Wilhelmine ausführlich erzählt, kann man sehen, dass die Schreiberin im Grunde allen alles zutraut. Diese Geschichte liest sich in der Darstellung der Markgräfin wie eine schaurige Moritat:

Die Tochter des Markgrafen Georg Wilhelm wurde von Wilhelmines Schwiegervater Georg Friedrich Carl umworben, der zu diesem Zeitpunkt schon geschieden war. Doch die Mutter stellte sich gegen die Verbindung: »Ihre [i.e. der Prinzessin] Schönheit, Sittsamkeit, ihr ganzes Wesen flößte der Mutter eine furchtbare Eifersucht ein. Sie nahm sich vor, die arme Prinzessin ins Unglück zu stürzen« (D, S. 391).

Eifersucht als Motiv, das Leben der eigenen Tochter zu ruinieren: So ähnlich könnte man auch die Haltung von Sophie Dorothea gegenüber Wilhelmine pointieren.

Die Mutter der Kulmbacher Prinzessin bezahlt einen gewissenlosen Höfling dafür, das Mädchen zu vergewaltigen: »Trotz ihrer Hilferufe und Tränen wurde er ihrer Herr und tat ihr Gewalt an« (D, S. 391). Und jetzt schlägt Wilhelmines Bericht eine Volte, die jeder psychologischen Wahrscheinlichkeit entbehrt: »Aber seine [i.e. des Kammerherrn] Unterwürfigkeit, seine Ehrfurcht und seine Tränen rührten die Prinzessin. Er machte ihr weis, dass es dem Markgrafen freistünde, ihn zum Grafen und später zum Reichsfürsten zu erheben, so dass er sie heiraten könnte [...]. Durch derartige Erwägungen wie durch ihre Liebe fühlte sich die Prinzessin bewogen, eine Intrige mit ihrem Liebhaber zu spinnen und ihm Zusammenkünfte zu gewähren. Diese wurden endlich so häufig, dass sie schließlich guter Hoffnung wurde« (D, S. 391f.).

Kein Wort verliert die Schreiberin über den Skandal, dass das Mädchen einer infamen Intrige ausgeliefert wird. Dagegen unterstellt Wilhelmine – und ob sie das selbst glaubt oder die Erzählungen darüber kommentarlos übernimmt, kommt letztlich auf dasselbe heraus –, dass die »Beziehung» mit dem Einverständnis des Mädchens fortgesetzt wurde. Zum Abschluss der Schauergeschichte, auf deren traurigem Höhepunkt Zwillinge geboren werden und kurz darauf sterben, resümiert Wilhelmine: Die Prinzessin habe sich geläutert. »Ihre schönen Eigenschaften tilgen den Fehltritt, dem sie durch Unglück verfiel« (D, S. 393). Diese merkwürdige Konstruktion, in der die Frage der Verantwortlichkeit in der Schwebe zwischen »Fehltritt« und »Unglück« gehalten wird, legt ein Muster frei, mit dessen Hilfe Wilhelmine sich nicht zum ersten Mal die Welt (und damit auch ihr eigenes Leben) erklärt – ein Muster, das sich auch bei ihrer Verheiratung gezeigt hatte: »Jede Schuld ist zugleich schicksalhaft« oder aber »Für jedes Unglück gibt es eine(n) Schuldige(n).« So lauten die beiden Botschaften, die sich aus der seltsam janusköpfigen Geschichte ableiten lassen. Wilhelmine dürfte stark der letzteren Schlussfolgerung zugeneigt haben. Dann hätte sie ihr Leben lang ein Schuldgefühl kultiviert – auch für Vorkommnisse, für die sie nicht die geringste Verantwortung trug.

Was an der Geschichte von der Kulmbacher Prinzessin befremdet, ist die völlige Abwesenheit von Empathie mit einer misshandelten Geschlechtsgenossin. Im Gegenteil: Wilhelmine unterstellt der Prinzessin, sie habe – nachdem sie vergewaltigt wurde! – Gefallen an der sexuellen Beziehung zu ihrem Schänder gefunden und sie aus freien Stücken fortgesetzt. Irritieren uns heute diese weißen Flecken der Fühllosigkeit auf Wilhelmines Seele, so lesen wir geradezu getröstet, dass der nahende Tod des Schwiegervaters Wilhelmine doch erweichte: »Wir brachen in Tränen aus. Ich war von seinen Worten so gerührt, dass ich, falls es in meiner Macht gewesen wäre, sein Leben verlängert haben würde« (D, S. 441).

Sie würde sein Leben verlängert haben – das ist eine fast schon generöse Wendung, verglichen mit den herzlosen Briefen, die Wilhelmine in puncto Abtreten der Väter-Generation mit dem Bruder, vielleicht angestiftet durch ihn, wechselte.

Endlich Markgräfin, endlich König (1735–1740)

Diese fünf Jahre sind durch zwei bedeutende Zäsuren in Wilhelmines Leben markiert: Im Mai des Jahres 1735 rückte sie nach dem Tod ihres Schwiegervaters zur Markgräfin von Bayreuth auf; fast genau fünf Jahre später starb ihr Vater, der Preußenkönig Friedrich Wilhelm I., und machte den Thron frei für Kronprinz Friedrich.

Zunächst begann für Wilhelmine und den jungen Markgrafen ein unbeschwertes Leben voller Vergnügungen. Das entsprach nicht ganz den wirtschaftlichen Verhältnissen in der Markgrafschaft; aber Wilhelmines

Ehemann fehlte es zunächst sowohl an Ehrgeiz als auch an tieferen Einblicken in das Handwerk des Regierens. Das mag eine Folge der höfischen Informationspolitik gewesen sein: Ein allzu engagierter und gut informierter Fürst, noch dazu mit einer preußischen Prinzessin verheiratet, hätte einen schwer kontrollierbaren preußischen Einfluss begünstigen und damit ein Sicherheitsrisiko darstellen können. Es scheint also, als sei Herrschaftswissen von denen gehortet worden, die nicht an der Spitze des Ländchens standen. Vorerst regierte die zweite Reihe. Bei Antritt der Regentschaft beließ Friedrich alles beim Alten. Zu einem ernsthaften Streit zwischen den Eheleuten kam es, als Wilhelmine feststellen musste, dass Friedrichs höfische Umgebung in Gestalt der noch vom alten Markgrafen berufenen Minister gegen sie intrigierte, um ihren Einfluss zu begrenzen. In dieser Auseinandersetzung, die wieder einmal mit einer Ohnmacht Wilhelmines endete, bildet sich eine Strukturkonstante des Absolutismus ab, die Wilhelmine bereits als Konfliktherd ihrer Eltern kannte: Das persönliche Vertrauensverhältnis zwischen politischen Repräsentanten – in diesem Falle des Herrscherpaares – wurde stets unterminiert von Einflüssen, die auf die Doppelrolle des Herrschers abzielten, Subjekt und Symbolfigur zugleich zu sein. So konnte (oder musste) jede Aussage des Königs gegenüber der Königin auch als Botschaft der einen Partei an die andere gelesen werden. Unterschiedliche und oft antagonistische Parteien gab es, weil Ehen in der Regel nach dem Kalkül territorialpolitischer Strategien gestiftet wurden. Unter solchen Voraussetzungen war eine störungsfreie Kommunikation zwischen Personen kaum möglich.

Dem Ländchen, in dem Wilhelmine gelandet war, hat der Historiker Rainer Trübsbach[22] eine ausführliche Studie gewidmet, die vor allem die wirtschafts- und sozialpolitischen Aspekte herausarbeitet; Trübsbachs Perspektive bildet das Gegengewicht zu der vor allem die Wilhelmine-Biographik bestimmenden Sichtweise, Bayreuth habe um die Mitte des 18. Jahrhunderts eine Blütezeit in Städtebau, Architektur, Musiktheater und bildender Kunst erlebt. So richtig diese Aussage ist, so wenig spiegelt sie die ganze Wahrheit. Auf der Kehrseite der glänzenden Medaille steht eine Inschrift, die das kleine Fürstentum als ein Fleckchen Erde mit begrenzten wirtschaftlichen Entwicklungsmöglichkeiten und erheblichen Belastungen durch das feudale Staatswesen charakterisiert. Problematisch war vor allem, dass das vorhandene Geld, das von der Bevölkerung durch Steuern aufgebracht wurde, zu einem großen Teil ins Ausland floss: für die Bezahlung von Luxusgütern.

Seit 1603 war Bayreuth (Abb. 2) die Residenzstadt eines etwa 3000 Quadratkilometer großen Fürstentums. Für dessen wirtschaftliche Lage zeichneten die Markgrafen Christian Ernst (1655-1712), Georg Wilhelm (1712-1716) und Georg Friedrich Carl (1726-1735) verantwortlich. Bis zum Regierungsantritt von Wilhelmines Schwiegervater im Jahre 1726 hatte die Residenz sich zwar von den Folgen des Dreißigjährigen Krieges erholt, weil Christian Ernst für städtebauliche, wirtschaftliche, infrastrukturelle und kulturelle Verbesserungen sorgte; der Preis war jedoch eine Schuldenlast, die Christian Ernsts Nachfolger Georg Wilhelm weiter erhöhte. Er entfaltete eine rege Bautätigkeit – die die Wohnqualität verbesserte – und rückte das künstlerische Leben, zum Beispiel in Gestalt eines häufig bespielten Hoftheaters[23], noch mehr in den Vordergrund. Die Schulden reduzierten sich dadurch allerdings nicht.

Ein rigoroser Sparkurs mit der Zielsetzung, die Haushaltslage zu konsolidieren, verband sich erst mit der Regierungszeit Georg Friedrich Carls. Die Fama, die Bayreuth als einen üppigen, den Musen zugeneigten Hof beschrieb, lebte allerdings noch eine Weile fort. So konnte in Wilhelmine der Irrglaube entstehen, sie heirate in eine glänzende, prunkvolle Welt ein, wo Entbehrungen und Kleinlichkeiten der preußischen Lebensart bald vergessen wären.

Hatte der Schwiegervater Hofhaltung und kulturelles Leben stark beschnitten, dafür aber ein Waisenhaus errichtet und die Hofbibliothek erweitert, so schlug das Pendel in die andere Richtung aus, sobald Friedrich an die Macht kam. Das lässt sich schon daran ablesen, dass das Hofpersonal, welches aus 150 Personen bestand, sich rasch vervierfachte. Markgraf Friedrich und Wilhelmine verlegten sich mehr aufs repräsentative Bauen: Sie führten mit dem Neuen Schloss, dem Opernhaus und der Eremitage große öffentliche Projekte durch, die aus dem Landeshaushalt nur um den Preis noch höherer Schulden zu finanzieren waren.

Eine Schlüsselstellung erhielt der bald nach dem Regierungswechsel ernannte Geheimsekretär des Markgrafen, Philipp Andreas Ellrodt, der sich mit Engagement daran machte, die 7000 Einwohner zählende Residenzstadt fürstlich auszustatten. Das führte freilich zu einer immer höheren Verschuldung: Im Jahre 1763 belief sich der aufgetürmte Schuldenberg des Landes auf 3.855.375 Gulden. Diese Summe wird für uns greifbar, wenn wir sie mit den Gesamtausgaben für den Hofstaat im Jahre 1748 vergleichen. Sie lagen bei 153.370 Talern.[24] Man muss sich vor Augen halten, dass Handwerker ein Jahreseinkommen von etwa 200 Gulden hatten und dass ein Einkommen von 500 Gulden pro Jahr ein Spitzenverdienst war.[25]

»Ich bin mehr als zu gewiss überzeugt, dass eine wohleingerichtete menage der Grund einer glücklichen Regierung sei«, hatte Markgraf Friedrich kurz nach der Regierungsübernahme dem Schwiegervater in Berlin geschrieben (Pöhlau 1934, S. 59). Von diesen guten Vorsätzen, wenn sie denn je aufrichtig gemeint waren und der frischgebackene Regent die Reichweite seiner Aussage tatsächlich überblickte, ist jedenfalls nicht viel übrig geblieben.

Neues Personal scharte sich um Wilhelmine: Nach Wilhelmine von Marwitz, der inzwischen achtzehnjährigen Hofdame, kamen auch die beiden jüngeren Marwitz-Schwestern Albertine und Caroline an den Bayreuther Hof. Der Pietismus, der bis zum Tode des alten Markgrafen das geistige und gesellschaftliche Klima bestimmt hatte, erlebte einen raschen Autoritätsverlust: Feste wurden gefeiert wie sie fielen, und Wilhelmine konnte hier schon ihrem ganz vom barocken Hoftheater geprägten Gestaltungswillen freien Lauf lassen. In ohnmächtigem Zorn stöhnte Hofprediger Johann Christoph Silchmüller auf: »Die alten sündlichen Eitelkeiten werden von den Fetten der Erde wieder hervorgesuchet. Und weil wir denen, welche solche veranlassen, mit dem Zeugnis der Wahrheit entgegenstehen: So fällt aller Hass auf uns. Und es ist gewiss, dass man daran arbeitet, uns mit einem honetten Consilio abeundi vom Hof zu entfernen, und Leute, welche den lüsternen alten Adam in mehrerer Ruhe lassen möchten, an unsere Stelle zu bringen« (Sayn-Wittgenstein 1971, S. 109). Zu dieser Aufbruchstimmung, die der Hofprediger eher als beschleunigten moralischen Niedergang bezeichnet hätte, passt es auch, dass Wilhelmine Geigenunterricht nahm, weiterhin Laute übte und den Generalbass studierte.

Für die Etablierung des nun weniger weltabgewandten Hoflebens bewährte Graf Ellrodt sich als Geldbeschaffer. Dadurch entstand eine realitätsfremde Situation, die Wilhelmine und Friedrich glauben machte, sie könnten aus dem Vollen wirtschaften. Nur allzu bereitwillig ließen sie sich darauf ein. Zum 26. Geburtstag, am 3. Juli 1735, schenkte Friedrich seiner Gemahlin die Eremitage, und dieses Geschenk gab Wilhelmine bis an ihr Lebensende den Raum, den sie für sich brauchte. Hier prägte sie ihren eigenen Lebensstil, hier konnte sie ihren architektonischen Neigungen nachgehen, hier schrieb sie, im selbst entworfenen Spiegelkabinett, ihre *Denkwürdigkeiten* nieder.

Wilhelmine begann zu planen und zu bauen; sie beschäftigte sich außerdem mit Philosophie, mit Musik und Tanz. Eine Kur in Bad Ems, die sie auf Anraten der Ärzte im Jahre 1737 unternahm, weil sie dem Land noch einen Thronfolger schuldete, erledigte sie als lästige Pflichtübung. Von jetzt an galt ihre ganze Energie dem Gestalten der Landschaft, daneben künstlerischen und wissenschaftlichen Interessen.

Im Dezember des Jahres 1737 ließ sie sich vom Markgrafen die Leitung des Hoftheaters übertragen. Damit begann ihre Zeit als Dramaturgin, Impresaria, Textdichterin und Komponistin, das Herzstück ihrer künstlerischen Biographie. In das Jahr 1737 fällt auch ihr Gesangsunterricht bei Giuseppe Antonio Paganelli.

Vielleicht hat Wilhelmine sich mit all dem übernommen: In den Jahren 1738 und 1739 war ihre Gesundheit so fragil – sie berichtet über tagelange Migräneanfälle –, dass der König ihr, für ein »Entgelt« von einem Soldaten, seinen Leibarzt Daniel de Superville sandte.[26] Supervilles Anwesenheit – er blieb neun Jahre in Bayreuth – tat Wilhelmine gut. Sie fasste wieder Mut zu größeren Projekten und begann damit, eine Oper zu komponieren, die zum Geburtstag des Markgrafen am 10. Mai 1740 aufgeführt werden sollte. Zu dieser Aufführung scheint es aber nicht gekommen zu sein.[27] Den Text zu *Argenore* hatte sie selbst entworfen und von dem italienischen Sänger Andrea Galletti, der daran zum Librettisten wurde, in die Sprache der Hofoper übersetzen lassen.

Das Jahr 1740 brachte einen Einschnitt in Wilhelmines Leben: Am 31. Mai starb ihr Vater. Jetzt war sie die Schwester des preußischen Königs und zugleich Markgräfin auf einem geographisch heiklen, weil vom Fränkischen Kreis ebenso abhängigen wie vom preußischen König begehrten Terrain. Damit veränderte sich Wilhelmines Rolle, und diese Veränderung brachte ihr nur neue Schwierigkeiten.

Die Zeit von 1735 bis 1740 in den Memoiren

Trotz häufiger und schwerer gesundheitlicher Krisen muss Wilhelmine diese Jahre als glückliche Zeit empfunden haben. Die Badekur in Bad Ems 1737 war allerdings noch einmal eine bittere Pille für sie. Aus dieser Zeit berichtet sie eine Anekdote, bei der uns heutigen Leserinnen und Lesern der Atem stockt: Die heißen Bäder, die der Markgräfin zur Steigerung der Fruchtbarkeit verordnet wurden, bekamen ihr schlecht; so schlecht, dass die Sache mit ihrem Leibarzt erörtert wurde. Dessen Reaktion allerdings war eindeutig. Wilhelmine referiert, wie er zu ihr sagte: »Die Hauptsache wäre doch, dass ich einen Prinzen bekäme, und wenn ich stürbe, wäre eben eine Frau weniger da« (D, S. 478).

Über ihren Ehemann schreibt Wilhelmine nur Gutes, und dies ist deshalb bemerkenswert, weil sie, als sie die *Denkwürdigkeiten* verfasste, bereits in einer schweren Ehekrise steckte: »Er hatte ein so gutes Herz, dass er niemandem weh tun noch eine erbetene Gnade verweigern konnte« (D, S. 447). Tatsächlich war der Markgraf beim Volk außerordentlich beliebt; vielleicht verbirgt sich hinter diesem Gattenlob aber auch ein Bedürfnis nach Selbststilisierung: Das Bild, das Wilhelmine von sich selbst entwerfen wollte, wäre beschädigt worden, hätte die Schreiberin eingestanden, einen Unwürdigen zu lieben. Und um Liebe ging es. Konsequent äußert Wilhelmine sich im empfindsamen Register: »Aber kann man froh leben, wenn man von dem getrennt ist, den man liebt? Denn ich konnte in Wahrheit nur glücklich sein, wenn er mir nahe war…« (D, S. 467). Als Friedrich im Jahre 1738 einen leichten Schlaganfall erleidet, bemüht Wilhelmine, sonst um Worte nicht verlegen, sogar den Unsagbarkeitstopos: »Was habe ich nicht während seiner Krankheit gelitten! Meine Angst und Sorge läßt sich nicht schildern. Als er sich erholte, lebte ich wieder auf« (D, S. 483).

Zwei große Themen, die nichts miteinander zu tun haben, ja die sich schlecht miteinander vertragen, bestimmen Wilhelmines Erinnerungen an jene Jahre: Das eine ist die Beschreibung ihrer Interessen – das »Studium der Wissenschaften«, die Musik, das Theater, das Projekt Eremitage –, das andere, merkwürdig genug, ist das minutiöse, manchmal selbstquälerische Rekapitulieren von Standesfragen, wie sie sich etwa anlässlich eines Besuches beim Bischof von Bamberg stellten. Aber vielleicht gibt es doch eine geheime Klammer zwischen dem Wunsch nach Anerkennung als preußische Prinzessin und den vielfältigen kreativen Betätigungen Wilhelmines: die Kunst als Kompensation. Bei der Anlage ihrer Eremitage konnte Wilhelmine ebenso uneingeschränkt regieren wie über die erdachten Gestalten ihrer Operntexte: alles fürstliche Personen. Wie dem auch sei – der Bruch zwischen der auf Etikette bedachten, ja von ihr abhängigen Markgräfin und der Künstlerin, die ihrer Phantasie frei gebietet, bleibt unversöhnt bestehen. Leichtigkeit und Eleganz, mit denen Wilhelmine diesen Bruch schreibend überspielt, stehen oft im Missverhältnis zu den Ereignissen, über die sie berichtet. So verwundert die ausgewogene Distanziertheit, wenn Wilhelmine den verehrten Gatten und die treulose Hofdame Marwitz beschreibt, die seit Ende der 1730er Jahre die Mätresse des Fürsten war.

Doch alle Selbstdisziplin half nichts: Als Wilhelmine begreifen musste, dass die Jüngere ihre Freundschaft verraten hatte, erkrankte sie wiederum schwer, ohne den Grund für ihren Kummer irgendjemand eingestehen zu können. Um das Gesicht zu wahren, musste Wilhelmine sich wieder einmal verstellen; offensichtlich ging das über ihre Kräfte.

Es ist für uns heute schwer nachvollziehbar, dass Gefühlsäußerungen prinzipiell unter dem Verdacht von Heuchelei und Intrige standen. Damit wurde authentische Emotionalität unmöglich, und zu der Demütigung, die Wilhelmine als betrogene Ehefrau erlitt, kam die Aussichtslosigkeit hinzu, für ihre gekränkten Gefühle Verständnis und Trost zu finden.

Vielleicht ist aus dieser Konstellation heraus der befremdliche Kommentar zu verstehen, den Wilhelmine nach dem Tod des Königs abgibt: »Seine Schwäche nahm immer mehr zu, er verschied endlich um die Mittagsstunden. Der neue König [i.e. Friedrich II.] führte alsbald die Königin in ihr Gemach zurück, wo viele Tränen vergossen wurden. Ich weiß nicht, ob sie echt oder erheuchelt waren. Ein Kurier, den der König, mein Bruder, zu mir geschickt hatte, brachte mir die traurige Kunde. Ich musste darauf gefasst sein, dennoch blieb ich aufs tiefste davon betroffen. *Ich bin unfähig, mich zu verstellen,* und obwohl mir andere Verluste seitdem weit mehr zu Herzen gingen, so war ich doch über diesen sehr betrübt und ergriffen«(D, S. 500; Hervorhebung: RML). Nehmen wir einmal an, Wilhelmine habe von sich selbst tatsächlich geglaubt, sich nicht verstellen zu können, so tritt eine partielle Deformation ihrer Persönlichkeit deutlich hervor.

Konflikte ohne Ende (1740-1747)

Dieser Zeitabschnitt ist überwiegend von der Entzweiung zwischen der Markgräfin und dem Preußenkönig geprägt. Der Konflikt hatte weitreichende politische Auswirkungen – wenn man nicht umgekehrt annehmen will, dass die politische Konstellation für den Streit ursächlich war: Auch hierfür gäbe es gute Begründungen.[28]

Wie kam es überhaupt zum Streit?

Die Beziehung zwischen den beiden ältesten Königskindern war bereits in der Jugendzeit nicht ausschließlich von Harmonie gekennzeichnet. Reibereien gab es auch damals schon. Die Ambivalenzen in der Geschwisterbeziehung erhielten gewissermaßen ein staatspolitisches Fundament, nachdem Wilhelmine Markgräfin in Bayreuth geworden war und Friedrich den preußischen Thron bestiegen hatte. Konflikte zeigten sich nun im Gewand von Dominanzansprüchen, die von Friedrichs Seite unbedingt durchzusetzen und von Wilhelmines Seite, zur Verteidigung ihrer Position als Fürstin eines kleinen, auf den Ausgleich zwischen Preußen und Österreich angewiesenen Landes, unbedingt abzuwehren waren.

Zum Ausbruch kamen die Spannungen auf mehreren Ebenen: Ein Stein des Anstoßes war und blieb die Tatsache, dass Wilhelmine sich nicht für die politischen Ziele des Bruders vereinnahmen ließ, sondern dafür sorgte, dass ihr kleines angeheiratetes Fürstentum in der Balance zwischen Kaiser und preußischem König gehalten wurde. Das war sie ihrem Gemahl schuldig. Friedrich II. musste, möglicherweise zu seinem Erstaunen, akzeptieren, dass die Bayreuther Schwester sich seinen Interessen nicht fügte – es sei denn sie deckten sich mit den ihren. Ein Ventil fand dieser Konflikt erst in der Affäre um die Marwitz-Schwestern, dann in den Auseinandersetzungen um den Erlanger Journalisten Johann Gottfried Groß. Da Friedrich seiner Schwester für ihr (verdecktes) politisches Handeln keinen Vorwurf machen konnte, entlud sich sein Zorn gegen die Widerspenstige um so heftiger in Angelegenheiten, die auf den ersten Blick eines so heftigen Zerwürfnisses gar nicht würdig schienen.

Im Falle der preußenkritischen bis –feindlichen Artikel, die Groß ab 1744 in Erlangen veröffentlichte, übte Wilhelmine sich dem Bruder gegenüber in geschicktem Taktieren, das alle Register von unschuldiger Ahnungslosigkeit bis zum verlogenen Dementi zog. Den König reizte dies bis aufs Blut.

In der anderen Sache zeigte sich die Markgräfin, selbst emotional verstrickt, weniger souverän: Gegen den Willen des Bruders, der das Kapital von Landeskindern möglichst im Lande halten wollte, hatte sie ihre Hofdame Wilhelmine von Marwitz an den österreichischen Grafen Burghauß verheiratet. Sie hoffte sich auf diese Weise die Rivalin vom Halse zu schaffen. Doch zu Wilhelmines Erstaunen (das wir kaum zu teilen vermögen) entpuppte die Hofdame sich als gewiefte Intrigantin, nicht gewillt, ihren Einfluss auf den Markgrafen aufzugeben. Für Friedrich II. war das doppelt ärgerlich: Er musste tatenlos zusehen, wie proösterreichischer Einfluss sich am Bayreuther Hof breit machte. Seine Rache bestand darin, der Gräfin Burghauß ihr Erbe vorzuenthalten.

Durch die von Wilhelmine 1744 gestiftete Ehe war die Burghauß allerdings enterbt und damit auf eine Versorgung durch den Bayreuther Hof angewiesen, denn ihr Mann hatte keine eigenen Einkünfte. Nun saß die Markgräfin in der Zwickmühle: Nur um den Preis, das Gesicht zu verlieren, konnte sie die Burghauß entfernen; behielt sie sie bei sich, so war ein Ende ihrer Demütigungen nicht abzusehen. Die Freundschaft zu der Vertrauten, die Wilhelmine selbst erzogen hatte, endete zwischen den Mahlsteinen dieses doppelten Konflikts.

Angesichts dessen ist es um so weniger verständlich, dass Wilhelmine so lange dem Druck des Königs standhielt, der forderte, die Gräfin solle Bayreuth verlassen. Von 1746 an, dem Jahr, in dem das Zerwürfnis mit dem Bruder seinen Höhepunkt erreichte, dauerte es noch zwei Jahre, bis Wilhelmine kapitulierte: Schon Ende 1747 musste sie erkennen, dass die Freundschaft mit der Hofdame nicht zu retten war; doch erst im Februar des darauffolgenden Jahres vollzog sie gegenüber dem König die Unterwerfungsgeste: Sie räumte ihren Fehler ein und bat den Bruder, sie aus der Zwangslage zu befreien. Bereitwillig ging Friedrich darauf ein: Die Burghauß verließ den Bayreuther Hof, ausgestattet mit den Zinsen ihres Vermögens, auf dem der König immer noch die Hand hielt. Damit war der Einfluss der österreichischen Partei gebannt. Die Geschwister konnten sich einander wieder zuwenden. Seit 1745 war auch Johann Gottfried Groß außer Landes: geflohen nach Wien, um der drohenden Verhaftung zu entgehen.

Diese jahrelang schwelenden Konflikte hinderten die Beteiligten jedoch nicht daran, sich in Berlin und Bayreuth gegenseitig zu besuchen und regen Austausch in künstlerischen Fragen zu pflegen. So reiste das Bayreuther Markgrafenpaar im Oktober des Jahres 1740 nach Berlin, wo Wilhelmine die Bekanntschaft Voltaires und des Grafen Francesco Algarotti, eines vielseitig gebildeten Venezianers machte, der am preußischen Hof als Spezialist in Opernfragen wirkte. Außerdem kam sie mit den preußischen Hofmusikern Franz Benda und Carl Heinrich Graun zusammen.

Im September 1743 folgte der Gegenbesuch: Der König brachte neben Voltaire auch den Kastraten Porporino mit. Es wurde musiziert und Theater gespielt – und dies ohne den Widerstand der Geistlichkeit, denn Hofprediger Johann Christoph Silchmüller war bereits 1741 nach Kulmbach versetzt worden.

Der von der Aufklärung geprägte Daniel de Superville wurde zu einem engen Berater für Markgraf Friedrich und Wilhelmine. Auf sein Betreiben hin machte Friedrich aus der im vorhergehenden Jahr gegründeten »Friedrichs-Akademie« 1743 die Universität in Erlangen, der Superville als erster Kanzler vorstand.

In diese Jahre fielen auch die Gestaltung der Eremitage, des Schlosses und Naturparks Sanspareil, außerdem Planung und Bau des 1748 eingeweihten Opernhauses.

Es muss in jener bitteren, von persönlichen Enttäuschungen und gesundheitlichen Krisen gezeichneten Phase gewesen sein, als Wilhelmine das Kleid der weltabgewandten, nur den Künsten zugetanen Philosophin anlegte. Im Jahre 1750 entstand ein Gemälde von Hofmaler Antoine Pesne, das diese Haltung emblematisch verdichtete: Wilhelmine im Pilgerkleid, in der Hand eine Schrift über die Freundschaft, Bücher, Noten und Malutensilien um sie herum.[29]

So konnte die vielerorts geäußerte Verzweiflung über den Bayreuther »ennui« einer abgeklärteren Haltung Platz machen. Im Frühjahr 1747 scheint es mit der Langeweile in Oberfranken besonders schlimm gewesen zu sein. Wilhelmine schreibt tapfer nach Berlin, es sei manchmal gut, sich zu langweilen; die Vergnügungen kämen einem danach um so lebendiger vor.[30]

Im Fegefeuer der Ereignislosigkeit nahm Wilhelmine ihre Zuflucht zum Musiktheater. »Nichts macht mir mehr Vergnügen als eine schöne Oper, meine Ohren leiten die holden Töne *der Stimme* bis in mein tiefstes Herz.«[31]

In diese Jahre der Umorientierung fiel ein wichtiges, für Wilhelmine nicht unbedingt positives Ereignis: Bereits 1742 hatte der König für seine zehnjährige Bayreuther Nichte ein Heiratsprojekt entworfen, das auch gegenüber den Württembergern preußischen Einfluss sichern sollte. Er schlug Wilhelmine vor, die Tochter Friederike mit dem Herzog Karl II. Eugen von Württemberg zu vermählen; er würde auch für ihre Ausstattung sorgen, lautete das Angebot. Wilhelmine äußerte sich zunächst zurückhaltend, und dies ist nur zu verständlich: Als Gattin eines nur mäßig bedeutenden Landesfürsten und ohne männlichen Erben, konnte Wilhelmine auf der politischen Bühne nur mit dem Pfund des »Alliancen-Machens« wuchern: Friederike an einen Hof zu verheiraten, der ihrer königlichen Abstammung würdig war, das hätte auch Wilhelmine aufgewertet. Nun war der König ihr zuvorgekommen, und sie wusste nur allzu genau, dass sie sich in dieser Sache zu fügen hatte, sollte sie ihr nicht zum Schaden ausschlagen.

Dabei ging es der Markgräfin wohl nicht in erster Linie um das Lebensglück der Tochter. Für solche Gedanken finden sich keinerlei Belege. Vielmehr war Wilhelmines Handlungsrepertoire im Bezug auf politische Gestaltungsmöglichkeiten eng begrenzt. Eine günstige Verheiratung der Tochter hätte eine der wenigen Möglichkeiten eröffnet, an vergangene Größe anzuknüpfen, und wie sehr Wilhelmine auf ihren Status bedacht war, beweisen zahlreiche Zeugnisse.

Das Jahr 1748 sollte indes in mehrfacher Hinsicht eine Wende zum Guten bringen, und es brachte ein rauschendes Fest ganz nach Wilhelmines Geschmack.

Das Ende der Memoiren

Nach dem Tode ihres Vaters – und mit Beginn der Komplikationen in der Beziehung zum Bruder – verliert Wilhelmine den erzählerischen Elan. Sie berichtet noch von der Reise nach Berlin und von den Kunstgenüssen, die ihr am Hof des Bruders zuteil wurden. Vergegenwärtigt man sich die Situation insgesamt, so wird der eskapistische Charakter dieser Vergnügungen – und ihrer Darstellung in den Memoiren – deutlich. Doch der »ennui« lässt sich nicht mehr unterdrücken, so als würden die bedrückenden Erfahrungen übermächtig, je näher sie der Gegenwart der Memoirenschreiberin rückten. Anlässlich der Heimreise nach Bayreuth im Januar 1741 gibt Wilhelmine ein wörtliches Zitat der Wilhelmine von Marwitz wieder:

»So müssen wir denn, klagte die Marwitz, in das verwünschte Nest zurück, wo man sich hundemäßig langweilt, nachdem man die Freuden Berlins genossen hat« (D, S. 507).

Auf der Kehrseite des beschaulichen Eremitendaseins gähnt die Langeweile. Über 1741 sinniert Wilhelmine: »Dieses Jahr ging für mich sehr friedlich vorüber. Es war zugleich das letzte, in dem mir einige Ruhe vergönnt war. Ich trete jetzt in einen neuen Abschnitt, der weit schwieriger und härter ist als alle die, die man mich im Laufe dieser Memoiren siegreich überstehen sah« (D, S. 509).

Es folgen nur noch wenige Seiten: Wilhelmine schildert eine Begegnung mit Kaiserin Amalie in Frankfurt und berichtet, dass ihr Bruder ungehalten war, weil der Markgraf hinter seinem Rücken mit der kaiserlichen Seite verhandelte. Dann schreibt sie: »Von nun an war es mit dem Frieden vorbei«, um mit einer schlechtgelaunten Bemerkung über den Stuttgarter Hof abrupt zu schließen: »Ich will mich bei einer Schilderung dieses Hofes nicht länger aufhalten; er war höchst unerfreulich, umständlich und steif« (D, S. 523).

Die Feder sträubt sich, die schlechte Gegenwart hat die Oberhand gewonnen. Vielleicht brach Wilhelmine ihre *Denkwürdigkeiten* an diesem Punkt ab, weil sie ein glückliches Ende der um sie aufgetürmten Konflikte nicht absehen konnte.

Auf dem fränkischen Parnass (1748–1758)

Am 26. September des Jahres 1748 fand in Bayreuth die Vermählung der sechzehnjährigen Prinzessin Elisabeth Friederike Sophie mit Herzog Karl II. Eugen von Württemberg statt. Dieses Ereignis warf seine Schatten voraus und ließ Wilhelmine wohl leichter verschmerzen, dass Daniel de Superville Bayreuth verließ: Das wiederhergestellte Einvernehmen der Markgräfin mit dem König machte ein Bleiben des preußenkritischen Gelehrten in der fränkischen Residenz unmöglich. Wilhelmine musste Superville ziehen lassen: Zu teuer war der Friede mit dem Bruder erkauft worden (und zu sehr war ihr seelisches Gleichgewicht auf diesen Frieden angewiesen), als dass sie diese neue Harmonie hätte gefährden können.

Wilhelmine wird sich darüber getröstet haben, indem sie sich in die Vorbereitungen auf das Großereignis des Jahres stürzte.

Auch der Markgraf tat das Seine, um die Hochzeit der Tochter angemessen zu begehen: Er machte Schulden, um sich Kanonen auszuleihen, damit er ordentlich Salut schießen lassen konnte. Eine Hauptrolle kam bei den mehrtägigen Feierlichkeiten den festlichen Opernaufführungen im neuerbauten Opernhaus zu, das zu diesem Anlass eingeweiht wurde: Es gab Johann Adolf Hasses Opern *Ezio* und *Artaserse*. Wilhelmine kümmerte sich um das Engagement der Sänger und sogar um Einzelheiten der Inszenierung. Zu ihrer Enttäuschung reiste der König zu der Vermählung, die er selbst angestiftet hatte, nicht an.[32] Sicher hätte Wilhelmine gerne an die alten Bande gemeinsamer Interessen angeknüpft und ihm das neue Theater mit den von ihr organisierten Aufführungen präsentiert, um ihm zu zeigen: Auch in Bayreuth konnte auf hohem Niveau Oper gemacht werden.

Nach dem Ende der Feierlichkeiten verließ das junge Paar Bayreuth, und Wilhelmine tat es leid um die Tochter: »Die Trennung wird mir sehr schwer werden; denn sie war meine einzige Gesellschaft, und wir begannen uns näher zu kommen«, kommentierte sie am 27. September 1748 (B II, S. 153). Als erwachsene Frau – und nach damaligen Begriffen war sie das mit sechzehn Jahren – hätte Friederike für Wilhelmine vielleicht doch eine Gesprächspartnerin auf Augenhöhe werden können. Das »Alliancenmachen« stand freilich dazwischen.

In Bayreuth ging das Leben weiter: Für Superville kam der Marquis de Montperny an den Hof, so dass Wilhelmine in einem erlesenen wenn auch kleinen Zirkel ein Hofleben aus französischem Geiste führen konnte. Auch dies verband sie mit dem Bruder.

Wie muss man sich Wilhelmines Hofgesellschaft vorstellen? Nach den Klagen zu urteilen, die sie schon bei der Ankunft in ihrer neuen Heimat anstimmte, fehlte es ihr, sieht man von den aus Berlin mitgekommenen oder nachgeholten Hofdamen ab, an anregenden Gesprächspartnern, mit denen sie sich über die ihr wichtigen Themen, zum Beispiel über Fragen der Künste und über Philosophie austauschen konnte. Wilhelmine begegnete diesem Mangel – in entschiedener Gegenbewegung zu den vom Vater oktroyierten Erziehungsmaximen und -inhalten –, indem sie sich sprachlich und konzeptionell ganz aufs Französische ausrichtete. Sie unternahm große Anstrengungen, um Personal nach Bayreuth zu ziehen, das ihr ein Hofleben aus dem Geiste Frankreichs zu gestalten half. Man kann und muss dies unter dem Aspekt der fürstlichen Repräsentation sehen, sollte dabei jedoch auch bedenken, was es bedeutet, wenn jemand den Ort, an dem er lebt (genauer: an dem er zu leben verurteilt ist), bis zur Unkenntlichkeit in einen anderen verwandeln möchte. Wilhelmine hat genau das versucht, ja sie schuf sich sogar die Umgebung neu, wie das Beispiel der Eremitage zeigt. Ihre künstlichen Paradiese sollten Zufluchtsorte sein, um der Wirklichkeit zu entfliehen. Die Wirklichkeit, das war das abgelegene Fürstentum Bayreuth, bevölkert von einem Menschenschlag, dem Wilhelmine sich fremd fühlte. So seufzt sie in einem Brief an Voltaire darüber, dass die fränkischen Herzen »den Felsen gleichen, die auf sie herniederschauen« (20. April 1752; Horn 1865, S. 94).

Voltaire, den sie 1740 beim Bruder in Rheinsberg kennengelernt hatte, diente ihr als eine Art Brücke in die große Welt. Er vermittelte ihr 1752 den Marquis Antoine Honneste d'Adhémar[33] als Kammerherrn, nachdem er sich vergeblich darum bemüht hatte, die Autorin der berühmten *Lettres péruviennes*, Madame de Graffigny, zu einem Engagement nach Bayreuth zu bewegen. Dabei war er in seinen Briefen stets charmant genug, Bayreuth als das Ziel seiner Wünsche zu bezeichnen. Es scheint ein Spiel zwischen ihm und Wilhelmine gewesen zu sein, sich je nach Standpunkt gegenseitig zu überbieten mit Beschreibungen von der Sehnsucht nach Bayreuth beziehungsweise von der Langeweile dort.

Voltaire klagt Wilhelmine, er müsse sich den »Baireuther Roman« aus dem Kopfe vertreiben, denn es sei zu traurig, »von einem Schatze zu träumen und mit leeren Händen zu erwachen« (ebda., S. 52); er bezeichnet Bayreuth als die »Kirche, wohin ich wallfahrten, wo ich meinen Gottesdienst halten und vor der erhabenen Heiligen mich niederwerfen will, um sie in tiefster Ehrerbietung anzurufen« (ebda., S. 108), Bayreuth ist ihm ein Paradies (ebda., S. 99), er gibt Bayreuth, vielleicht aus Zerstreutheit, gleich zweimal den Vorzug vor dem Petersdom in Rom (im Dezember 1750 und im März 1751; ebda., S. 52 bzw. 81). Das wird Wilhelmine ein schmerzliches Behagen bereitet haben.

Dabei hatten die beiden sich 1743 in Bayreuth nur für zehn Tage gesehen, gemeinsam mit dem König und mit dem Grafen Algarotti. Auf diese kurze Zeit kam Voltaire noch Jahre später zurück, sei es aus Schmeichelei oder weil er Wilhelmine tatsächlich gerne noch einmal besucht hätte. Es muss Voltaire in Bayreuth ganz gut gefallen haben, denn in einem Brief an den preußischen Gesandten in Den Haag, Podewils, bezeichnet er die Residenz als »einen Hof, an dem alle Freuden der Geselligkeit und alle guten Geister versammelt« seien, und an Maupertuis schreibt er: »Bayreuth ist ein lieblicher ruhiger Ort. Man kann da alle Annehmlichkeiten eines Hofes genießen, ohne die Unbequemlichkeiten der großen Welt«.[34]

Die Markgräfin jedenfalls stöhnt ohnmächtig auf angesichts der Langeweile, von der sie sich bedroht sieht: In einem Brief aus dem Jahre 1751 wirbt sie wieder einmal um die Unterstützung Voltaires für ihren Plan, d'Adhémar an den Hof zu holen, und sie begründet dies mit den Worten: »..denn es ist unmöglich, dass wir noch länger so leben können, ohne die geringste Gesellschaft und in einer unerträglichen Langeweile.«[35] Das war freilich ziemlich übertrieben (wenn auch solche Übertreibung als Stilmittel den Austausch mit Voltaire bestimmte). Immerhin hatte sie fast ein Jahrzehnt lang Daniel de Superville um sich gehabt, dazu gesellte sich der Marquis du Châtelet, Generalmajor im Heer des Markgrafen, und nach der Italien-Reise des Markgrafenpaares 1754/55 sollte Louis Alexandre de Riquetti, Comte de Mirabeau dazu kommen.

Im Jahre 1750 konnte das Markgrafenpaar endlich einmal wieder nach Berlin und Potsdam reisen. Dort traf man mit Künstlern und Intellektuellen zusammen. Im Vordergrund standen Kunstausübung und geistiger Austausch auf einem Niveau, von dem Wilhelmine in Bayreuth nur träumen konnte. Die Markgräfin hat sich am Hof des Bruders so wohl gefühlt, dass sie sich der Rückkehr zunächst durch Krankheit entzog. Auf dem Krankenbett arbeitete sie fleißig Voltaires Tragédie *Sémiramis* zu einem Operntext um.

In den acht Jahren, die Wilhelmine noch blieben, rückte die Oper, für die sie sich ein so wunderbares Theater hatte bauen lassen, ins Zentrum ihres Interesses. Große Projekte, jeweils zum Geburtstag des Markgrafen am 10. Mai geplant, erforderten monatelange Vorbereitungen, und da Wilhelmine sich als Impresaria, Dramaturgin, Textdichterin, Regisseurin und Komponistin betätigte, gab es für sie immer etwas zu tun.

Für das Jahr 1752 entwarf sie das Libretto zu der Festa teatrale *Deucalion et Pyrrha*, aufzuführen am Ehrentag des Markgrafen.

Da trat im Jahre 1753, als Wilhelmine gerade mit der Einstudierung ihrer Oper *Semiramide* beschäftigt war, ein Ereignis ein, das den Schwerpunkt der Tätigkeiten wieder aufs Bauen verlegte: Das Schloss brannte ab. Trauer über alles, was dabei verloren gegangen war, und Enttäuschung über die Bayreuther, die sich weigerten, beim Löschen zu helfen, wichen bald neuer Betriebsamkeit. Das Markgrafenpaar plante einen Neubau. Dieser entstand übrigens gegen den ausdrücklichen Rat des Königs, der die Finanzen des kleinen Landes besser im Blick hatte als die Verantwortlichen in Bayreuth.

Im selben Jahr reiste Wilhelmine noch einmal allein nach Potsdam. Am 20. November traf sie wieder zuhause ein. Vielleicht wäre sie, hätte es sich nicht um ihren Hochzeitstag gehandelt, gerne noch länger beim Bruder geblieben, wo sie in Kunst und Kultur schwelgen und die Zuwendung des Königs genießen konnte, die ihr so wichtig war.

Es fiel ihr schwer, sich daheim von neuem einzugewöhnen. »Mein Herz ist in Potsdam geblieben«, schrieb sie dem Bruder am 24. November 1753 (B II, S. 260), und dass sie sich eine Katze angeschafft habe (B II, S. 261, 27. November 1753). Dass Wilhelmine allerdings gegen Ende des Jahres 1753 »den ganzen Tag am Feuer [saß] wie die alten Feen«, wie sie den Bruder glauben machen wollte, das können wir nicht für die ganze Wahrheit nehmen angesichts der Baugeschichte des Neuen Schlosses. Freilich mag es Wilhelmine opportun erschienen sein, gegenüber dem König, der auf Sparsamkeit drängte, von dem Neubau lieber nichts verlauten zu lassen.

Künstlerische Pläne traten wieder in den Vordergrund, so als wollte Wilhelmine die Zeit am preußischen Hof im Geiste verlängern, indem sie sich mit Dingen beschäftigte, die auch dem Bruder viel bedeuteten. Für den Besuch des Königs im Juni 1754 schrieb sie das Libretto zu *L'Uomo*, einer allegorischen Handlung, die von dem Münchner Hofkapellmeister Andrea Bernasconi vertont wurde. Wilhelmine selbst steuerte die Komposition zweier Cavatinen bei. *L'Uomo* war ein großes Unternehmen für sie, und es wird sie im ersten Halbjahr 1754 sehr in Anspruch genommen haben. Aber für den Bruder war ihr keine Anstrengung zu groß. Es sollte die letzte Begegnung der Geschwister werden.

Wilhelmines Gesundheit verschlechterte sich in dieser Zeit so sehr, dass der Markgraf eine Reise in den Süden vorschlug. Obwohl die Ansbacher

Verwandtschaft – Markgraf Carl Wilhelm Friedrich und Wilhelmines Schwester Friederike – die Reise zu hintertreiben suchte, indem sie auf den desaströsen Zustand der Finanzen hinwies, brachen Wilhelmine und Markgraf Friedrich am 18. Oktober 1754 inkognito nach Südfrankreich auf. Zehn Monate waren sie insgesamt unterwegs: über Dijon nach Süden in die Provence, dann entlang der Küste östlich über Marseille, Toulon und Cannes nach Genua, von dort nach Florenz, Siena und Rom, weiter nach Neapel, auf dem Rückweg über Rimini und Bologna nach Venedig, schließlich von Verona aus geradewegs über die Alpen in Richtung Norden.

Diese Reise, eine Art weiblicher Kavalierstour, brachte Wilhelmine eine Fülle von beglückenden Eindrücken und Erfahrungen. Dabei konnte das Markgrafenpaar sich durch das Inkognito schützen, andererseits aber doch nach Bedarf die Maske lüften und Privilegien genießen, die für normale Reisende nicht ganz so leicht zugänglich waren.

So vermittelte die Bekanntschaft mit Anton Raphael Mengs Atelierbesuche und Möglichkeiten, Kunstwerke unter kundiger Beratung anzukaufen. Auch antike Stücke waren darunter. Wilhelmine vermachte sie später testamentarisch ihrem Bruder; sie bildeten den Grundstock der Berliner Antikensammlung.

Wilhelmine selbst hat ihre *Voyage d'Italie* ausführlich beschrieben und sich damit in die Schar schriftstellernder Reisender eingereiht, die im 18. Jahrhundert Südeuropa bevölkerten. Ihre Beschreibungen sind voll von Details zu Fragen der Kunst. Aber auch Sittenbilder und Anekdoten kommen nicht zu kurz; außerdem hat Wilhelmine einiges gezeichnet und gemalt, wie wir aus ihrem Nachlass ersehen können. Sie genoss ihre Bildungsreise, und für ihre Gesundheit war das abwechslungsreiche Leben zumindest nicht abträglicher als die winterliche Melancholie, die über dem Bayreuther Dasein lag.

Dass es noch eine weitere Verbindung nach Italien gab, die ins Jahr 1751 zurückreichte, darauf hat erstmals Irene Hegen hingewiesen (Hegen 2002, S. 54ff): Im Geheimen Staatsarchiv Preußischer Kulturbesitz zu Berlin fand sie an entlegener Stelle ein Diplom aus dem Jahre 1751. Es bezeugt die Aufnahme Wilhelmines in die Arkadische Gesellschaft (Abb. 3), einen seit der Wende zum 18. Jahrhundert bestehenden Gelehrten- und Künstlerbund mit Sitz in Rom, der sich um eine Erneuerung der Dichtkunst bemühte und später auch Goethe zu seinen Mitgliedern zählte.

Nach der italienischen Reise nahm Wilhelmine wieder ein großes Opernprojekt in Angriff: Sie schrieb das Textbuch zu *Amaltea* und arrangierte, wie üblich zum Geburtstag des Markgrafen am 10. Mai, eine Festaufführung.

In das Jahr 1756 fiel auch die Gründung der Akademie der freien Künste und Wissenschaften in Bayreuth, ein Reflex auf die italienische Reise des Markgrafenpaares.[36] Untergebracht war die Kunstakademie, die ihren Betrieb mit etwa 150 Schülern aufnahm, im Meyernschen Palais in der Friedrichstraße, und ihr Protektor war Louis Alexandre Riquetti Comte de Mirabeau. Ihm unterstand der Akademie-Direktor Friedrich Wilhelm de la Chevallerie. Der Zeitgenosse Georg Seiler schrieb über den Unterricht, dass neben Malerei und Bildhauerei auch die Tonkunst gelehrt wurde. Hegen hat Genaueres über die Musikabteilung der Akademie mitgeteilt (Hegen 2002, S. 47-52): Das Engagement von Johann Stefan Kleinknecht, des jüngsten der drei Brüder, die als Musiker am Bayreuther Hofe wirkten, gehe auf ein Vorspiel in der Akademie zurück. Auch Anna Bon di Venezia gehörte zum musikalischen Kreis um die Akademie. Zeitweise hielt Anton Schweitzer sich in Bayreuth auf, so dass man daraus schließen kann, es habe eine enge Verbindung zur Akademie bestanden.

Wenn wir davon ausgehen, dass Wilhelmine ihre besonderen Interessen in das Akademie-Konzept einbrachte, dann dürfte die Pflege des Musiktheaters dort eine wichtige Rolle gespielt haben.

Allerdings traten Musik und Theater in den Jahren ab 1756 in Wilhelmines Leben in den Hintergrund, denn es erreichte sie die Bitte des Bruders, ihn bei seinen Vorbereitungen zu dem Krieg zu unterstützen, der als der Siebenjährige in die Geschichtsbücher eingehen sollte. Sie ließ sich darauf ein, wohl wissend, dass sie den Bayreuther Markgrafen nicht mit hineinziehen durfte. Die Sache war aufregend für sie und strapazierte ihre sich weiter verschlechternde Gesundheit. Jetzt waren Sehschwierigkeiten zu ihren chronischen Krankheiten – Gelenkrheumatismus und wahrscheinlich auch eine Lungentuberkulose – hinzugekommen. Doch sie kettete sich auf Gedeih und Verderb an das Schicksal des Bruders, so als sei der Liebesbeweis nur gültig, wenn er alle Anzeichen von Selbstzerstörung trug.

Der Tod der Mutter am 28. Juni 1757 gab Wilhelmine wieder einmal einen unverdächtigen Anlass, ihrer eigenen Todessehnsucht Ausdruck zu verleihen. »Ich ersehne ihr Los«, schrieb Wilhelmine an ihre jüngere Schwester Amalie. Wenig später erhielt Voltaire von Wilhelmine einen Brief, in dem er lesen musste: »Ich bin in einem erbarmungswürdigen Zustande, ich werde den Untergang meines Hauses und meiner Familie nicht überleben, das ist der einzige Trost, der mir bleibt« (Horn 1865, S. 164).

Das Kriegsgeschehen hatte sich 1758 in einer Weise zugespitzt, die Wilhelmines Verzweiflung rechtfertigte: Der Bayreuther Markgraf musste unter dem Druck des Reiches und des Fränkischen Kreises sein Truppenkontingent gegen Preußen zusagen. In diesen letzten Monaten ihres Lebens erfuhr Wilhelmine ein Auf und Ab ihres Gesundheitszustandes, das unmittelbar vom Kriegsglück oder –unglück des Bruders beeinflusst zu sein schien. Sie war eine schwerkranke Frau geworden. Wilhelmine versuchte dem König ihren Zustand zu verbergen, um ihn nicht zu beunruhigen. Doch als sie ihm, schon fast erblindet, einen Brief schrieb, den er kaum entziffern konnte (Abb. 5), da fuhr dem König der Schreck in die Glieder. Die Briefe Friedrichs aus jenen Monaten lassen die Angst um die Schwester fast in jeder Zeile spüren. Am 9. August schrieb er ihr aus Grüssau:»Liebste Schwester! Ich war mehr tot als lebendig, als ich Deinen Brief erhielt. Bei Gott, welche Schrift! Du musst aus dem Grabe zurückkehren; denn sicherlich warst du hundertmal kränker, als man mir gesagt hat. Ich segne den Himmel, dass ich es nicht wusste, aber ich flehe Dich an, schreib mir durch einen anderen und meide jede Anstrengung, um Deine Krankheit nicht zu verschlimmern [...] Denke vielmehr daran [...], dass es ohne Dich für mich kein Lebensglück mehr gibt, dass mein Leben von dem Deinen abhängt, und dass es in Deiner Hand liegt, meinen Erdenlauf abzukürzen oder zu verlängern« (B II, S. 439). Da mochte er noch an eine Genesung glauben. Im September schien er sich von dieser Hoffnung verabschiedet zu haben. An den Bruder Heinrich, der Wilhelmine im Juli in Bayreuth aufgesucht hatte, schrieb er:»Rauben Sie mir nicht, ich flehe Sie an, die Hoffnung, die das einzige Hilfsmittel der Unglücklichen ist. Bedenken Sie, dass ich mit meiner Schwester von Bayreuth geboren und erzogen bin, dass diese frühesten Bande unauflöslich sind, dass zwischen uns die lebhafteste Zärtlichkeit niemals die geringste Beunruhigung erfahren hat, dass wir getrennte Körper, aber nur eine Seele haben. Bedenken Sie, dass, nachdem ich so viele Arten des Unglücks ertragen habe, die geeignet wären, mir das Leben zu verleiden, mir nur noch das eine bleibt, das ich befürchte, um es mir unerträglich zu machen« (Thiel 1981, S. 320).

Wilhelmine blieb nicht mehr viel Zeit. Sie wusste, dass sie am Ende ihres Weges angelangt war. Und so beauftragte sie heimlich einen Vertrauten, ihr einen Sarg zu bestellen, weil sie Mann und Tochter schonen wollte. Dieses Detail lässt vielleicht tiefer in Wilhelmines Wesen blicken als vieles, was sie gesagt und aufgeschrieben hat.

In ihrem Testament verfügte sie, man möge den Hofdamen, die nach Berlin zurückzukehren wünschten, die Reise bezahlen und im übrigen dafür sorgen, dass für diejenigen, die am Sarg Totenwache halten würden, Betten bereitstünden, damit sie es bequemer hätten.

Am 14. Oktober 1758 starb sie in Bayreuth.

KUNSTGESCHICHTEN, WERKGESCHICHTEN

Wilhelmine war keine professionelle Komponistin. Sie betrieb die Musik wie die Malerei, das Schreiben, Bauen, Philosophieren: als Zeitvertreib, dessen sie als Fürstin eines langweiligen Ländchens dringend bedurfte. Da die meisten dieser Aktivitäten repräsentativen Charakter hatten, passten sie sich gut ins feudale System ein.

Diese Leben-Werk-Skizze ist so einfach und stimmig, dass sie ein zweites Hinschauen zu erübrigen scheint. Doch offenbar war bei Wilhelmines künstlerischen Aktivitäten noch etwas anderes im Spiel. Betrachten wir noch einmal die Biographie: Da gab es von Anfang an Leid, Krankheit, seelische Misshandlung, enttäuschte Erwartungen an das Leben. Können wir uns Wilhelmine wirklich vorstellen als die entspannte Markgräfin, die sich ihren künstlerischen Interessen hingibt, so wie man ein Diner arrangiert? Müssen wir nicht auch nach anderen Motiven fahnden, nach Motiven, die etwas mit den dunklen Seiten von Wilhelmines Leben zu tun haben? Fragen wir sie selbst: Wie immer, ist auch hier das Bild nicht eindeutig. Am 15. Oktober 1743 schreibt Wilhelmine dem Bruder:

»Ich lerne vier Tragödienrollen, bestelle Kostüme, komponiere für die Oper und treibe den ganzen Tag nichts als Kindereien. Das sind so meine Staatsgeschäfte« (B II, S. 63).

Das Zitat verrät mindestens zweierlei: Die Beschäftigung mit der Kunst ist eine »Kinderei« und Wilhelmines »Staatsgeschäfte« sind es auch. Wüssten wir nicht um Wilhelmines gekränktes Selbstwertgefühl nach dem Scheitern des englischen Heiratsplanes, so wären diese Zeilen uns unverdächtig. So aber müssen wir vermuten, dass die Kunst für Wilhelmine kompensatorischen Charakter hatte: Sie half ihr dabei, die unverschuldete staatspolitische Bedeutungslosigkeit zu bewältigen oder wenigstens zu verdrängen.

Noch tiefer lässt die Tatsache blicken, dass Wilhelmine ihre Lebens-Traumata im Werk thematisiert hat. Das gilt in der auffälligsten Weise für die Operntexte und für die Komposition des Dramma per musica *Argenore*, es gilt aber auch, wie wir sehen werden, für die Landschaftsgestaltung, für Entwürfe von Interieurs, für die Malerei und natürlich für die Memoiren.

Die Traumata von Wilhelmines Leben, das waren: die familiäre Konstellation, die einen unaufhörlichen und existenzgefährdenden Loyalitätskonflikt geschaffen hatte; die Ohnmachtserfahrung gegenüber körperlichen und seelischen Misshandlungen und Demütigungen; der Vertrauensbruch, den die beste Freundin und der Ehemann begingen; das Zerwürfnis mit dem Bruder.

Blicken wir noch einmal auf die Memoiren: Obwohl sie in einer Zeit schwerer Verunsicherung geschrieben wurden, sind sie alles andere als larmoyant. Sie stecken voller *esprit* und *médisance*. In den Porträts, vor allem in denen der angeheirateten Bayreuther Verwandtschaft, bietet Wilhelmine Witz und Scharfblick auf, sie streut Anekdoten in die Darstellung ein, beschreibt Schlösser und Gärten, Feste und Zeremonien mit leichter Feder. Nur wer sich von dieser eleganten Kühle nicht abschrecken lässt und zwischen den Zeilen liest, ahnt hinter souveräner Prosa das Nachbeben von Katastrophen, die die Schreiberin durchlitten haben muss: geprügelt, beschimpft, belogen, verschachert, betrogen und immer wieder von schwerer Krankheit gezeichnet.[37]

Wie mit den Memoiren, so verhält es sich auch mit allen anderen Kunstwerken Wilhelmines: Sie thematisieren die Lebenskonflikte und sie überformen sie zugleich. Sie heben sie auf in der Kunst.

Wenn dies die geheime Klammer ist, die Wilhelmines »Leben und Werk« zusammenhält, dann haben alle Künste, denen die Markgräfin sich zuwandte, gleichen Rang. Sie wiegen gleich schwer auf der Waage, die die Balance zwischen Leben und Kunst herstellt. Diese Balance konnte Wilhelmine wohl nur halten, indem sie in der Kunst verklausuliert aussprach, was an ihrem Leben im Wortsinne »unsäglich« war.

Auf diese Weise mag auch das ikonologische Programm des Ruinen-Theaters von Sanspareil bei Bayreuth entstanden sein.

Im Jahre 1744 – die Marwitz-Affäre war in vollem Gange – wandten Wilhelmine und der Markgraf sich der Ausgestaltung des Landschaftsgartens um die Burg Zwernitz und dem Bau des Schlösschens Sanspareil zu. Dieses Areal liegt etwa 25 Kilometer westlich von Bayreuth. Als der Markgraf, der bei einer Jagdpartie auf das reizvolle Fleckchen Erde aufmerksam geworden war – »ah! C'est sans pareil!«, soll die Oberhofmeisterin Sonsfeld ausgerufen haben –, beschloss, dort eine Eremitage zu schaffen, da ergriff Wilhelmine die Gelegenheit, die Landschaft umzuformen: Sie ließ von ihrem Hofarchitekten Joseph Saint-Pierre ein Ruinentheater errichten, ganz ähnlich demjenigen, das kurz vorher in der Bayreuther Eremitage entstanden war. Von seiner geographischen Position her – es befindet sich am Rande der Anlage – markiert das Theater den Endpunkt eines Parcours durch die gewaltigen Felsbrocken, die den eigentümlichen Reiz des Ortes ausmachen. Und wie die letzten Worte eines Gedichtes, die letzten Sätze eines Romans, die letzten Takte eines Musikstücks einen besonders nachhaltigen Eindruck hinterlassen, so kann man auch bei Wilhelmines Ruinentheater, dem Schlussstein ihrer Konzeption, fragen, was es uns denn zu sagen habe.

Von einem Kupferstich aus dem Jahr 1749 (Abb. 6) wissen wir, dass sich auf beiden Seiten des Theaters Satyrn befanden.[38] Ein Medusenhaupt krönt den Proszeniumsrahmen, außerdem finden wir als Figurenschmuck die Plastik einer Eidechse, eine Theatermaske und eine Herme. Die Satyrn stehen für sinnliche Begierde, Medusa verweist auf Pallas Athene als Beschützerin, die Eidechse schillert zwischen arglistigem Betrug und Beständigkeit in der Liebe – ein brisantes Emblem –, und die Herme stellt den römischen Gott Terminus dar, der an die Endlichkeit von Leben und Glück gemahnt. Hier konnte der Markgraf, wenn er das denn wollte, die Geschichte seiner Ehe und den von Wilhelmine erhofften Ausgang dieser Geschichte »lesen«.

Der Gedanke, es habe zwischen den Ehegatten eine Art nonverbaler Kommunikation durch semantisch verwendete Landschaftsarchitektur und Figurenschmuck gegeben, mag heute abwegig erscheinen. Hält man sich vor Augen, dass im 18. Jahrhundert vieles allegorisch dargestellt werden musste, weil es aus den erlaubten Diskursen verbannt war, so gewinnt dieser Gedanke jedoch an Plausibilität. Ob der Markgraf die Botschaft verstanden hat, wissen wir nicht. Vielleicht war das für Wilhelmine auch gar nicht das Wichtigste; vielleicht ging es ihr um den Vorgang des Gestaltens als Mittel zur Selbstheilung.

Werfen wir einen Blick auf die Ausgestaltung von Innenräumen in den markgräflichen Schlössern: Peter O. Krückmann hat, ausgehend von einem Gemälde von Anton Raphael Mengs, das ikonologische Programm des Alten Schlosses in der Eremitage interpretiert (Krückmann 1995), und er ist dabei von Wilhelmines Lebensgeschichte ausgegangen: Das Leben der preußischen Prinzessin sei von Anfang an vom Opfermotiv gekennzeichnet. So – als Opfer – habe sie selbst die Verheiratung an den Bayreuther Erbprinzen beschrieben und so sei das auch von ihrer Umgebung gesehen worden.

Die Gemälde in den Räumen des Markgräfinnen-Flügels stellen einen idealisierend-allegorischen Bezug zur Fürstin her. Da gibt es im Vorzimmer ein Deckengemälde mit römischen Frauen, die die Stadt vor feindlichen Belagerern retten wollen, indem sie ihnen ihren Schmuck anbieten. Offenbar wollte Wilhelmine genauso gesehen werden: selbstlos, opferbereit.

Im Audienzzimmer wird die Analogie zwischen Hektors Gemahlin Andromache und der Römerin Lucretia auf der einen Seite und Wilhelmine auf der anderen Seite nahegelegt: Die antiken Frauenfiguren stehen für Tugendhaftigkeit, und die Tugend liege darin, dass sie »ihr Glück einem höheren Sinn opfern« (Krückmann 1995, S. 51). In dieser Weise sei auch das Deckengemälde im selben Raum zu verstehen, das Chilonis, die Tochter, und Kleombrotos, den Schwiegersohn des spartanischen Königs Leonidas II. beim Gang ins Exil zeigt (Abb. 7). Nicht anders habe Wilhelmine ihre Verheiratung in das kleine fränkische Fürstentum deuten können, nachdem die hochfliegenden Hoffnungen auf eine Heirat nach England fehlgeschlagen waren.

Betrachten wir jedoch die dargestellten Figuren etwas genauer, so finden wir sie eher am Sockel des Kothurns, auf dem die fürstliche Repräsentation steht: Lucretia gibt sich ja den Tod, weil sie vergewaltigt wurde. Auch der Gang ins Exil hat in der gezeigten Variante eine Dimension, die tiefer reicht als die mustergültige Gattentreue der Chilonis zu ihrem Gemahl Kleombrotos: Leonidas seinerseits war vom Schwiegersohn ins Exil getrieben, dann aber von seinen Anhängern zurückgeholt worden. Die Tochter geriet also in einen schweren Loyalitätskonflikt und sagte sich aus Solidarität mit dem Vater zunächst vom Gatten los. Als der alte König jedoch wieder in seine Rechte eingesetzt wurde, schlug sie sich auf die Seite des Kleombrotos und folgte ihm in die Verbannung.

Sich diese wechselnden Konstellationen zu verdeutlichen, liegt vor allem deshalb nahe, weil das Gemälde die beiden Exilanten eindeutig mit Wilhelmine und Friedrich von Bayreuth identifiziert: Um Wilhelmine zu bezeichnen, ist ein Zwergspaniel ins Bild gebracht, wie sie einen besaß. Er befindet sich etwa auf der Hälfte einer auf Chilonis weisenden Achse. Kleombrotos trägt einen Drachenhelm, von dem der informierte Betrachter wissen konnte, dass er zu den Hoheitszeichen des Markgrafen Friedrich gehörte (Krückmann 1998 a, S. 41f.).

Wie bei Lucretia, wo das Tugendmotiv von einer Grausamkeit ausgelöst wird, erscheint in Chilonis' Fall die Tugend der Gattentreue in fahler Beleuchtung: Der Gatte selbst hatte den Vater ja entmachtet.

»Kleombrotos und Chilonis«: Auch wer in der antiken Geschichte bewandert ist, runzelt ratlos die Stirn. Den Hintergrund der gemalten Szene hatten wohl auch die Zeitgenossen nicht unbedingt parat. Aber das gehörte dazu: Indem hochgestellte Damen die Innenräume fürstlicher Gebäude mit gesuchten Sujets ausschmücken ließen – denn das war Frauensache –, dokumentierten sie ihre Bildung und gaben zugleich Anlass zu einem Gesellschaftsspiel. Wilhelmine schrieb denn auch in ihren Memoiren: »Vielleicht wird man es seltsam finden, dass ich all diese geschichtlichen Sujets zur Zierde meiner Plafonds gewählt habe, allein, ich liebe alles Spekulative.«[39] Es durfte spekuliert werden über die Bedeutung von

Deckenfresken und Supraporten. Dieses Spiel dauert bis in die Gegenwart an. Cordula Bischoff hat ein Bild im Vorzimmer des Eremitage-Schlosses neu gedeutet (Bischoff 2000): In Plutarchs Lebensgeschichte von Alexander dem Großen fand Bischoff eine Episode, die offensichtlich besser auf das über dem Kamin angebrachte Bild passt als bisher vorgelegte Deutungen. Eine vornehme Thebanerin, die von einem Soldaten vergewaltigt worden war, rächte sich an ihm, indem sie ihn zu einem Brunnen lockte, hineinstieß und mit Steinwürfen tötete. Alexander der Große, so Plutarch, sprach die Frau frei.

Diese Anekdote eröffnet, wie vieles in Wilhelmines künstlerischem Werk, zwei Perspektiven: In der Biographie des Alexander gab sie ein Exempel für dessen Großmut. Doch die Fresken in der Eremitage legen den Akzent, im Kontext ähnlicher Frauenschicksale, auf die Heldin. Und sie wurde vergewaltigt, wie Lucretia.

Wilhelmine schafft also gewissermaßen eine Oberfläche politisch korrekter Aussagen. Hinter den Kulissen dieser Selbstinszenierung kommen jedoch Strukturen zum Vorschein, die auf wunde Punkte in Wilhelmines Biographie deuten: auf die verletzte Weiblichkeit und auf den Loyalitätskonflikt gegenüber dem Vater, einen Konflikt mit einer stark ausgeprägten ödipalen Komponente.

Wenn es zutrifft, dass Wilhelmine ihre Eremitage als eine Art idealen Hof konzipiert hat und wenn der Schlüssel zum Verständnis der Interieurs in der Deutung von Tugendbeispielen lag, die mit dem Markgrafenpaar identifiziert werden sollten, so ist das nicht die einzige hermeneutische Wahrheit über die Arrangements. Im Untergrund läuft der Faden einer anderen Geschichte mit: der Geschichte von Wilhelmines Leben als Frau, vielfältig angegriffen und in Frage gestellt durch die ihr am nächsten stehenden männlichen Bezugspersonen.

Stärker noch treten diese Motive in ihrer eigenen Malerei hervor. Das Neue Schloss zu Bayreuth bewahrt drei Gemälde von Wilhelmines Hand auf, die durch ihre auffällige Sujetwahl befremden: Lucretia, wie sie sich mit dem Dolch den Tod gibt; Kleopatra, die sich die Schlange an den Busen hält, und Cimon und Pero, eine Szene, die den Athener Bürger Cimon zeigt, wie er von seiner Tochter Pero genährt wird (Abb. 8–10).

Stolze Frauen, die sich umbringen, malt Wilhelmine. Lucretia erträgt die Schande ihrer Vergewaltigung nicht, Kleopatra tötet sich, nachdem sie eine vernichtende Niederlage gegen Octavian, den späteren Kaiser Augustus erlitten hat; Pero nimmt sich nicht das Leben, aber sie opfert sich für den Vater, indem sie ihm ihre Weiblichkeit hingibt.

Warum hat Wilhelmine aus der Fülle möglicher Motive gerade diejenigen ausgewählt, die in so schmerzlicher Weise das Frausein thematisieren: Lucretia, die zu schwach war, um sich gegen ihren Vergewaltiger zu wehren; die Ägypterin Kleopatra, die sich mit einem Römer verbunden hatte und von einem Römer geschlagen wurde; die Athenerin Pero, die herhalten musste, damit ihr eigener Vater nicht verhungerte?

Ein Kommentar aus dem Jahre 1959 erklärte die Bildnisse von Lucretia und Kleopatra so: »Die Themen dieser zwei eigenhändigen Pastelle der Markgräfin sind charakteristisch für die zeitweilig schwermütige Gemütsverfassung der Fürstin. Wenn auch ihr künstlerischer Wert problematisch ist, als Selbstzeugnisse werden sie immer denkwürdig bleiben« (Bachmann 1959, S. 86).

Freilich darf man sich den Zusammenhang von Leben und Werk nicht so eindeutig vorstellen, dass etwa Schwermütige nur Selbstmörder malen. Ob jemand im Zustand der Depression überhaupt in der Lage ist, sich kreativ mit der Depression selbst auseinanderzusetzen, bleibt zweifelhaft. Albrecht Dürer jedenfalls glaubte nicht daran; sonst hätte er seine »Melencolia I« nicht in bleierner Untätigkeit dargestellt.

Eines aber ist für Wilhelmines Fall klar: In der reichen Motivtradition weiblichen Suizids konnte sie das Motiv der Todessehnsucht unverdächtig unterbringen, ein Motiv, das in ihrem Leben eine bedrängend prominente Rolle spielte. Die Analogie geht noch einen Schritt weiter: Der Grund für den Wunsch zu sterben war für Lucretia, für Wilhelmine und Kleopatra die verletzte, ja die im Wortsinne körperlich verletzte Weiblichkeit.

Wilhelmine äußerte immer dann den Wunsch zu sterben, wenn sie sich in scheinbar ausweglose Konflikte verstrickt sah. Solche Konflikte aber hatten, wie wir an den Memoiren sehen konnten, zumindest in Wilhelmines Selbstwahrnehmung etwas damit zu tun, dass die Prinzessin kein Prinz geworden war, und sie hatten etwas zu tun mit den Eltern. In dieser Hinsicht ist es interessant, dass nicht nur das Motiv des Gemäldes von Cimon und Pero einen Bezug zum Vater aufweist; auch Kleopatra deutet indirekt darauf hin. Sie trug den Beinamen »philopator«, die Vaterliebende.

Die Szene zwischen Cimon und Pero war ein bekanntes Motiv: Es geht zurück auf den römischen Schriftsteller Valerius Maximus, der im Jahre 30 n. Chr. Beispiele von Eltern- und Kindesliebe und von Vaterlandstreue beschrieben hatte, darunter auch die Geschichte des zum Hungertod im

Gefängnis verurteilten Atheners Cimon. Seine Tochter Pero besucht ihn täglich und reicht ihm die Brust; auf diese Weise rettet sie ihm das Leben. Rubens hat drei Fassungen dieser Szene gemalt, die durch Boccaccio überliefert wurde und als *Caritas romana* in die Motivgeschichte der Malerei einging.

Wer Wilhelmines Gemälde heute betrachtet, kann sich einer gewissen Peinlichkeit kaum erwehren: Rubens hatte den eigentlichen Vorgang, das Säugen des Vaters, eingebunden in eine größer angelegte Konfiguration mit drei Personen. Neben Cimon und Pero war auch deren kleiner Sohn auf dem Bild, so dass die Szene den Charakter eines Familienbildes erhielt. Wilhelmine stellt jedoch nur Vater und Tochter dar, und zwar aus einer Nähe, die auf den Betrachter fast schon unangenehm wirkt und die erotisch-ödipale Komponente des Motivs besonders betont.

Auch hier kann man fragen, weshalb Wilhelmine sich aus zahlreichen möglichen Varianten für eine allegorische Tugendillustration ausgerechnet dieses Sujet ausgewählt hat, das nicht nur die Vater-Tochter-Beziehung in etwas zweifelhafter Weise artikuliert, sondern auch die Körperlichkeit der Tochter in einem merkwürdigen Licht darstellt.

Ein interessantes Detail, das einen weiteren Anlass für die Motivwahl von *Cimon und Pero* geboten haben könnte, hat Karl Müssel an entlegener Stelle publiziert (Müssel 1988): Aus einem Archivale des Staatsarchivs Bamberg geht hervor, dass Wilhelmines Schwiegervater, Markgraf Georg Friedrich Carl, während einer schweren Erkrankung im Jahre 1734 von seinem Arzt Muttermilch verschrieben bekam. Die Akten wissen von drei Frauen, die beim Geheimen Rat um ihre Entlohnung für diese Dienste einkamen. Muttermilch, und zwar die von Frauen, die einen Knaben geboren hatten, galt für alle, die eine Portion Aberglauben mitbrachten, als Heilmittel gegen die Schwindsucht. Wilhelmine dürfte das bekannt gewesen sein, und die Angelegenheit verliert den Reiz des Kuriosen, wenn man ergänzt, dass eine der drei Spenderinnen »dabei ihr Kind eingebüßet hat«, wie die Quelle vermerkt. Freilich liegen zwischen der Milchkur des Markgrafen und der Entstehung des Pastellbildes fast fünfzehn Jahre. Es gibt jedoch zwei Elemente an der Geschichte, die dafür gesorgt haben könnten, dass sie sich in Wilhelmines Gedächtnis festhakte und auf den geeigneten Augenblick wartete, um ans Tageslicht zu treten: Das eine ist das Opfermotiv, verbunden mit der Weiblichkeit, das andere ist die ödipale Komponente, denn auch ein Schwiegervater ist ein Vater. Vielleicht erklärt diese Konstellation den schwer zu deutenden Gesichtsausdruck der töchterlichen Amme Pero, einen Blick, der resigniert und anklagend zugleich wirkt, jedenfalls nicht an die Tugend der *caritas* denken lässt.

Mit der Milch einer Sohnesmutter konnte Wilhelmine freilich nicht aufwarten, und der Markgraf starb trotz dieser Behandlung.

Die Hofmusik

Wie mit der Malerei und der Schlösserarchitektur und -ausgestaltung, so ist es auch mit Wilhelmines Hoftheater: Es hat eine glänzende Außenseite, die mehr oder weniger deutlich das spiegelt, was an anderen, bedeutenderen Höfen geschah; es ist aber auch von Wilhelmines ureigensten persönlichen Erfahrungen geprägt.

In den 1730er Jahren, noch ehe sie die Regierung übernahmen, begannen Wilhelmine und Erbprinz Friedrich damit, das Musikleben am Bayreuther Hof konsequent auszubauen. Wilhelmine holte 1734 den Lautenisten Adam Falckenhagen, einen Schüler von Silvius Leopold Weiss, als Kammermusiker in die Residenz und ließ sich von ihm unterrichten. Nach und nach vergrößerte sie die Zahl der Instrumentalisten an ihrem Hofe. Darunter war auch ein Geiger, über den wir außer dem Nachnamen – Hoffmann hieß er – nur wissen, dass Wilhelmine ihn schätzte. 1734 ließ sie sich von Johann Pfeiffer in der Komposition unterrichten. Über diesen Musiker sind wir, gemessen an seiner Bedeutung, sehr gut unterrichtet.[40] Die Geschichte Pfeiffers ist paradigmatisch für das Bayreuther Musikleben:

Johann Pfeiffer, geboren am 1. Januar 1697 als Sohn eines vornehmen Bürgers in Nürnberg, studierte zunächst Jura in Leipzig und Halle-Wittenberg. Schon als Jugendlicher hatte er in Nürnberg Geige gelernt. 1720 trat er als Violinist in den Dienst des Herzogs Ernst August von Weimar. Dort kam er übrigens in den Genuss der herzoglichen Instrumentensammlung, die dreizehn Cremoneser und vierzehn Stainer Geigen enthielt. 1726 wurde Pfeiffer zum Konzertmeister der Weimarer Hofkapelle ernannt. 1732 befand er sich in Berlin und musizierte mit dem preußischen Kronprinzen. Friedrichs Bericht über Pfeiffer an Wilhelmine gab den Ausschlag dafür, dass sie ihn nach Bayreuth zu holen versuchte. Die Verhandlungen scheinen nicht einfach gewesen zu sein: Erst im November 1734 kam es zu einem dauerhaften Engagement Pfeiffers als Kapellmeister in Bayreuth. Dort blieb er bis zum Jahr 1761; da war Wilhelmine schon seit drei Jahren tot. Im Jahre 1750 durfte er mit dem Markgrafenpaar nach Berlin reisen und am Hofe des Preußenkönigs musizieren. Zuhause hatte er die Aufgabe, Werke für Feste und Feierlichkeiten des Hofes zu komponieren und aufzuführen, etwa bei der Einweihung der Universität zu Erlangen 1743 oder der Schlosskirche zu Bayreuth im Jahre 1748. Pfeiffers Schaffen bestand aus Kantaten, einer Oper (*Das Unterthänigste Freudenfest*, 1739), einem Huldigungsstück auf den Markgrafen, und zahlreichen Instrumentalwerken: Sonaten, Konzerten, Ouvertüren.

Stilistisch vollzog Pfeifer, soweit sich das an überlieferten Werken aus seiner Feder feststellen lässt, den allmählichen Wechsel von einer eher strengen, dem Kontrapunkt verpflichteten Schreibweise hin zum zugleich empfindsamen und schwungvollen »galanten« Stil, der um die Mitte des Jahrhunderts das Musikleben der europäischen Höfe beherrschte. Für diese leichtere, kleinteilige und gefällige Schreibart konnte er auf das zurückgreifen, was die berühmte Mannheimer Hofkapelle des Kurfürsten Karl Theodor an Neuigkeiten aufgebracht und mit sensationellem Erfolg in Paris bekannt gemacht hatte: Seufzerfiguren, schmeichlerische Punktierungen in lombardischem Rhythmus, Tonumspielungen, chromatische Wendungen in der Melodik, weitläufiges Verzierungswerk.

Solide für den Hausgebrauch, aber den Moden der Zeit gegenüber aufgeschlossen: So könnte man Pfeiffers künstlerische Linie nach dem Wenigen, was überliefert ist, beschreiben. Wilhelmine und der Markgraf schätzten ihn so sehr, dass sie ihm 1752 den Titel eines Hofrats verliehen.

Wenn Pfeiffer von Friedrich nicht uneingeschränkt positiv beurteilt wurde, so war er wohl gerade deshalb für den Bayreuther Hof der richtige Mann. Wilhelmine sprach sich lobend über ihren Kapellmeister aus, nachdem er sich die Spielweise von Franz Benda, der 1734 insgesamt viereinhalb Monate in Bayreuth zubrachte, zum Vorbild genommen hatte. Sie wusste wohl, was Bayreuth als Standort wert war, und richtete ihre Personalpolitik daran aus. Pfeiffer jedenfalls blieb bis über ihren Tod hinaus in Bayreuth.

Es konnte nicht die allererste Riege nach Bayreuth geholt werden. Aber es kamen gediegene Musiker, die wie Pfeiffer an anderen Höfen schon Erfahrungen gesammelt hatten und aufgeweckt genug waren, sich das anzueignen, was man in den großen Residenzen spielte und sang. Charakteristisch ist auch, dass die Anstellung Pfeiffers auf eine Empfehlung Friedrichs zurückging. Der Bruder, der – jedenfalls was die Instrumentalmusik anging – einen besseren Überblick über die zeitgenössische Musikszene hatte als Wilhelmine, schickte ihr Künstler der zweiten Kategorie, die sich jedoch als lernfähig erwiesen und jedenfalls Bayreuth treu blieben – sei es weil sie ihr Talent realistisch einschätzten, sei es weil niemand anders sie von dort wegengagierte.

1735 schreibt Wilhelmine dem Bruder, dass sie nunmehr das Geigenspiel erlerne und schon ganz lustig mit ihren Hofdamen herumkratze: »Auch ich sitze bis über die Ohren in der Musik. Seit acht Tagen lerne ich Violine spielen und extemporiere schon. Die Marwitz spielt die zweite Violine, und die Grumbkow lernt die Bassgeige, die Base das Cello des Herrn von Brandt.[41] Es ist der reine Hexensabbath! Wir machen unsere Sache bereits so gut, dass alles entflieht, wenn wir unser Konzert beginnen.« (B I, S. 276f., 15. Februar 1735). Angeleitet wurde sie dabei wohl von Johann Pfeiffer oder dem Violinisten Hoffmann.

Im Januar 1736 schreibt sie: »Ohne mich rühmen zu wollen, kann ich sehr gut die Laute schlagen und beginne mit dem Generalbass, der mich fast den ganzen Tag beschäftigt.« (B I, S. 308, 14. Januar 1736).

Das Musikleben am Bayreuther Hof war geprägt durch den Austausch zwischen Wilhelmine und ihrem Bruder: Musikalien wurden ebenso wie Komponisten und Virtuosen zwischen Berlin und Bayreuth hin und hergeschickt. Gelegentlich kam auch Konkurrenz auf. So schreibt Wilhelmine dem Bruder: »Ich habe mit dieser Post einen Brief unseres Sängers aus Italien bekommen, der mir mitteilt, dass Graun ihn in deine Dienste nehmen wollte, mein liebster Bruder, obwohl doch die Musik das einzige Vergnügen ist, das ich hier habe. Jedoch hängt alles, was wir haben, von deinen Befehlen ab».[42]

Johann Joachim Quantz, der Flötenlehrer Friedrichs, gab 1735 Konzerte in der fränkischen Residenz und unterrichtete den Markgrafen im Flötenspiel. Dominante Figuren in Fragen des musikalischen Stils waren Carl Heinrich Graun und Johann Adolf Hasse, der europaweit renommierte Dresdner Hofkomponist, dessen Opernstil die europäischen Residenzen prägte. Beide haben sich wiederholt in Bayreuth aufgehalten. So war Hasse 1748 zur Vorbereitung der Fürstenhochzeit in Bayreuth anwesend, wo sein *Ezio* und sein *Artaserse* gespielt wurden.

Gegen Ende des Jahres 1737 hatte die Markgräfin sich von ihrem Mann die Leitung des Hoftheaters übertragen lassen. Im März 1738 engagierte sie eine Truppe italienischer Sängerinnen und Sänger aus Italien – sie nennt das die »caravane italienne«. In diesem Jahr umfasste ihr kleines Hoforchester bereits siebzehn Instrumentalisten. In der Operntruppe befanden sich auch der Kastrat Giacomo Zaghini und die Primadonna Margherita Furiosa. Damit machte die Bayreuther Hofmusik einen gewaltigen Qualitätssprung. Zwar wurde die »italienische Karawane« 1739 wegen anhaltender Streitigkeiten aufgelöst, doch Zaghini, der auch in Venedig und

Hamburg sehr gefragt war, kehrte 1740 nach Bayreuth zurück und trat dort bis zum Jahr 1744 immer wieder auf.

1737 war aber auch das Jahr, in dem der italienische Sänger und Komponist Giuseppe Antonio Paganelli zusammen mit seiner Frau Johanna nach Bayreuth kam. Bei ihm nahm Wilhelmine Gesangsstunden, wie sie dem Bruder berichtet. Auch hier ist es bezeichnend, dass ihr Urteil über den Italiener nicht uneingeschränkt positiv ausfiel – »seine Stimme ist nicht sehr schön, aber seine Methode reizend und seine Kompositionen höchst geschmackvoll« (B I, S. 352) –, dass sie ihn jedoch an ihren Hof zog und als »markgräflich bayreuthischen Kammermusikmeister« anstellte, wo er bis 1738 wirkte.[43]

1738 wurde der Violinist und Komponist Johann Daniel Leuthard als Kammermusiker engagiert; er blieb bis zur Auflösung der Hofkapelle im Jahre 1763 in Bayreuth. 1740 stieß Johann Wolfgang Kleinknecht (1715 – 1786) vom Eisenacher Hof als Konzertmeister dazu; Wilhelmine hatte sich um ihn schon im Jahr zuvor bemüht, weil er sich bei der Leitung eines Singspiels zum Geburtstag des Markgrafen hervorgetan hatte. Doch Kleinknecht durfte den Dienst in Eisenach erst quittieren, als der Herzog verstorben war. 1743 kam sein Bruder Jakob Friedrich als Kammermusiker nach Bayreuth, und 1750 war mit Johann Stephan als Flötist das Trio der Kleinknecht-Brüder in Bayreuth komplett.[44]

Bei alledem muss Wilhelmine manchmal Tantalus-Qualen ausgestanden haben: Sie wusste ja, was gut war, aber sie konnte es sich nicht leisten. Natürlich hatte sie ein sicheres Gespür für exzellente musikalische Qualität, und natürlich hätte sie die Künstler, die sie von den Höfen Berlins und Dresdens kannte, liebend gerne selbst angestellt. Doch das hätte die Hofkasse, die durch die Musikliebhaberei des Markgrafenpaares schon über Gebühr strapaziert war, vollends gesprengt. Denn im Hinblick auf die Musik und das Theater lebten Wilhelmine und Friedrich deutlich über ihre Verhältnisse, und ein Kommentator merkte im Jahre 1740, als das Ländchen von einer Hungersnot geplagt wurde, mit kritischem Unterton an, der Hof habe sich weiterhin mit Theater und Tanz, Oper und Kammermusik vergnügt.[45]

Wie sah das Instrumental-Ensemble des Hofes aus?

Irene Hegen (Hegen 2002) hat anhand von Archivstudien die Besetzung der Hofkapelle rekonstruiert und folgende Musiker für das Jahr 1734 aufgelistet: einen Kapellmeister, einen Konzertmeister, einen Violinisten, der zugleich Hoftanzmeister war, einen Lautenisten, einen Hoforganisten, einen Hofkantor, vier bis sechs Geiger, ein bis zwei Oboisten, vier Hornisten, einen Bratschisten und einen Cellisten. Dazu konnten als Verstärkung vier Stadtmusiker herangezogen werden, außerdem der Stadtorganist und der Stadtkantor.[46] Der *Hochfürstlich Brandenburgisch-Culmbachische Addreß- und Schreibkalender* für 1739 listet 25 Musiker auf, im Jahre 1740 sind es ebenso viele (Hegen 2003, S. 331 und 341).

1746 wurde aus der Hofkapelle heraus die sogenannte »Hofmusique oder Hofbande« (in französischer Aussprache) gebildet. Das waren drei Geiger, zwei Cellisten, zwei Bassisten, vier Oboisten und zwei Hornisten. Vermutlich wirkte diese Gruppe bei nichtöffentlichen Hauskonzerten Wilhelmines mit.[47] 1754 wurden beide Kapellen wieder vereinigt, ohne dass wir nähere Hinweise dazu hätten, warum das geschah. Die »Hofkapell- und Cammermusik« war wohl für größere Veranstaltungen wie Opern, Serenaden, Pastoralen und Konzerte zuständig, das kleinere Ensemble für die Kammermusik.[48] Die Instrumentalmusik dürfte ihre Hochzeit zwischen 1732 und 1740 gehabt haben, bis die Oper ihr den Rang ablief.

Über das Repertoire wissen wir nur bruchstückhaft Bescheid. So geht aus einer in Augsburg befindlichen Handschrift hervor, dass das Lautenspiel in Bayreuth ausgiebig gepflegt wurde.

Das Cembalokonzert

Eine einzige größere Instrumentalkomposition von Wilhelmine ist überliefert; der Brand des Alten Schlosses zu Bayreuth im Jahre 1753 dürfte nicht nur das Notenarchiv der Markgräfin, sondern auch deren eigene Kompositionen vernichtet haben. Die Überlieferungsgeschichte des Werkes und dessen, was gerade nicht das Werk war, hat Hegen in ihrer Ausgabe des Konzerts aufgezeichnet.[49]

Im Jahre 1890 wies Emil Vogel das Konzert erstmals im Katalog der Herzog-August-Bibliothek zu Wolfenbüttel nach. Ein Bayreuther Kopist hatte Wilhelmines Autorschaft bezeugt, indem er »di Wilhelmine« daraufschrieb. Allerdings enthielt die Quelle nicht die originale Cembalostimme. Das hinderte Willy Spilling nicht daran, es 1938 im Münchner Rundfunk einzuspielen – mit dem rekonstruierten Cembalo-Part und einer hinzukomponierten (!) Flötenstimme.

Das Original musste noch hundert Jahre schlummern, ehe Hegen es in der Herzogin Anna Amalia Bibliothek in Weimar entdeckte. Diese Fassung enthält neben den Streicherpartien das Herzstück des Werkes, die

Cembalo-Stimme. Ein Vergleich mit der 1890 aufgefundenen Abschrift zeigt, dass es hier auch Teile gibt, die der Wolfenbütteler Quelle fehlen: »ein weiteres Tuttiritornell, lange Solopassagen sowie Dialoge von Solo und Streichern im 1. Satz. Der zweite Satz ist um melodische und bemerkenswerte harmonische Wendungen bereichert. Im Vergleich zu den Wolfenbütteler Stimmen sind neben der Cembalopartie die Takte 35-84 des ersten und 12-30 des zweiten Satzes völlig neu. Auch der letzte Satz bringt mit Gavotte 2 für unbegleitetes Cembalo ein bisher gänzlich unbekanntes Stück, von dem nicht einmal die Anzahl der Takte bekannt war» (Hegen 2000, S. 29).

Wir wissen nicht genau, wann und warum Wilhelmine sich mit der Komposition des Werkes beschäftigte. Wie vieles in der künstlerischen Biographie der Markgräfin ist das Cembalokonzert ein Teil des Dialogs mit dem Bruder – des tatsächlich geführten Dialogs und des imaginären, mit dessen Hilfe Wilhelmine seit ihrem Umzug nach Bayreuth die Distanz zu Berlin zu überbrücken suchte. Nach der bislang einzigen Theorie über die Datierung des Werkes und über den Anlass zu seiner Komposition ist als Entstehungsjahr 1734 anzunehmen (Hegen 2000, S. 31f.). Vorausgegangen war Wilhelmines Reise nach Berlin von 1732/33, eine Zeit, in der sie sich mit der Concerto-Form auseinandersetzte. Dieses Formkonzept hatte sich in den Violinkonzerten von Antonio Vivaldi zum Muster verdichtet. Es beruhte auf dem Kontrastprinzip und reihte thematisch gleich oder ähnlich gebaute Tutti-Passagen, die sogenannten Ritornelle, und thematisch selbstständige Soli aneinander. Die Solo-Teile zeichneten sich durch eine virtuose Schreibweise aus, gaben dem Solisten also Raum, seine Kunst vorzuführen, und dem Fürsten Gelegenheit zu zeigen, welch begabte Künstler er sich an seinem Hofe leisten konnte.

Vivaldis Modell war über ganz Europa verbreitet, vielleicht weil es so gut ins Konzept der Hofmusik hineinpasste, und auch der Flötenlehrer des preußischen Kronprinzen, Johann Joachim Quantz, fand bei der Komposition von mehreren Hundert Flötenkonzerten keinen Grund, von dem abzuweichen, was sich einmal bewährt hatte und gut ankam.

Es mag heute erstaunen, dass die Komponisten des 18. Jahrhunderts nicht müde wurden, diese Art von musikalischer Meterware zu produzieren. Wir müssen uns aber vor Augen führen, dass Originalität keine wirklich wichtige Kategorie des höfischen Musiklebens war. Das hatte mit der Rolle der Musik zu tun, die sich der Repräsentation unterzuordnen hatte. Rituale – und die Repräsentation an den Fürstenhöfen des Absolutismus bestand aus Ritualen – müssen konservative Züge tragen; sonst erkennt man sie nicht wieder. Das wirkte sich auf die ästhetische Gestalt der bei Hofe betriebenen Künste, also auch der Musik aus.

Erst Johann Sebastian Bach goss neuen Wein in die alten Schläuche von Vivaldis Solo-Konzerten, indem er für kontrapunktische Verdichtung und Konzentration sorgte. Er bändigte das Virtuosen-Geklingel in den Solo-Partien und hauchte der manchmal geistlos wirkenden Motorik der Ritornelle, deren Sinn sich in purer Bewegung erschöpfte, Leben ein, indem er harmonische Beziehungen zwischen den Formteilen stiftete und der Sequenzenwut Einhalt gebot: Musikalische Bewegung durch nicht endenwollende Sequenzenketten zu erzeugen und aufrecht zu erhalten, ist zwar verführerisch, gerät aber leicht an die Grenzen der Parodie, dorthin, wo die Musik nur noch »klappert« anstatt zu klingen. Bach stemmte sich dagegen mit der Kraft des Kontrapunktes und mit der Macht der Melodie.

So weit war Wilhelmine allerdings noch nicht, als sie darüber nachdachte, wie sie der Hochzeit ihrer Schwägerin Sophie Charlotte Albertine mit dem Herzog Ernst August von Weimar besonderen Glanz verleihen könne. Das Brautpaar, das am 7. April 1734 in Bayreuth die Ringe tauschen sollte, war musikalisch gut ausgebildet: die Schwester des Bayreuther Erbprinzen ebenso wie der Weimarer Herzog, ein Geiger und Trompeter, der persönliche Beziehungen zu Johann Sebastian Bach und Georg Philipp Telemann unterhielt.

Vor allem aber erwartete Wilhelmine einen hohen Gast aus Berlin zu den Feierlichkeiten. Dass Kronprinz Friedrich nach langem Hin und Her seinen Besuch ganz absagte, muss für sie eine bittere Enttäuschung gewesen sein. Gewiss wollte sie vor dem Bruder brillieren und selbst als Solistin auftreten. Wilhelmine war eine versierte Cembalistin. Bei den Musikveranstaltungen, die auch noch um 1730 herum regelmäßig in Schloss Monbijou, dem Wohnsitz der Königin, stattfanden, begleitete Wilhelmine stundenlang auf dem Cembalo, wie ein Chronist anerkennend notierte (Hegen 2002, S. 33).

Zurück ins Jahr 1734: Das Thema »Komponieren für Tasteninstrumente« lag in Bayreuth in der Luft: Kurz vor der Hochzeit bekam Wilhelmine Besuch von Franz Benda. Dieser hatte unterwegs in Leipzig Station gemacht und dort den alten Bach und dessen Söhne besucht. Im Gepäck führte er zwei Clavier-Konzerte mit sich. Wir kennen den Komponisten nicht, aber wir können vermuten, dass Benda die Noten von seinem Besuch in Leipzig mitgebracht hatte und dass sie von Carl Philipp Emanuel Bach stammten, der eben in dieser Zeit seine ersten Clavier-Konzerte schrieb (Hegen 2000, S. 31).

Kunstgeschichten, Werkgeschichten

Vor der Hochzeit schaffte Wilhelmine für ihre Hofmusik zwei neue Tasteninstrumente an: ein Pantalon-Klavier (eine Frühform des Fortepianos) und ein zweimanualiges, mit Schildpatt und Perlmutt verziertes Cembalo, das mit acht Registern besonders reich ausgestattet war. Unter diesen Registern wird sich auch ein Lautenzug befunden haben.[50]

Es sprechen also einige Indizien dafür, dass Wilhelmine ihr Konzert für Cembalo und Streicher im Jahre 1734 komponiert hat. Dann wäre das Werk tatsächlich ein Beispiel für die Zeit, in der die Gattung Klavierkonzert noch in den Kinderschuhen steckte.

Am 2. Mai 1734 – da ist die Hochzeit schon vorbei, Wilhelmine aber wartet immer noch auf den Bruder – schreibt die angehende Komponistin an Friedrich in Berlin: »Ich sehne mich unbeschreiblich nach Dir und langweile mich zu Tode. Die Musik macht mir gar keine Freude mehr, seit Benda fort ist; denn ich höre nichts Gutes mehr. Pfeiffer spielt jetzt mehr nach meinem Geschmack, er gibt mir Unterricht im Komponieren, und ich werde nicht verfehlen, meinen ersten Versuch dem Apoll unseres Jahrhunderts zu widmen, auf die Gefahr hin, mit den schlechten Poeten vom Parnass herabgestürzt zu werden und in mein Nichts zurückzusinken« (B I, S. 213). Nehmen wir an, bei diesem ersten Versuch[51] handle es sich um unser Konzert, und betrachten wir es genauer: Der erste Satz, mit *Allegro* überschrieben, hält sich am Gerüst der Konzertform fest. Es gibt vier Ritornelle; davon stehen das erste und das letzte, die Rahmenteile, in der Grundtonart g-Moll, während die beiden Binnen-Ritornelle die Dominante D-Dur und die Tonika-Parallele B-Dur ausprägen. Die Thematik des Ritornells vertraut dem Bewährten: Es beginnt mit dem aufwärts geführten, gebrochenen Tonika-Dreiklang.

Notenbeispiel 1: Cembalokonzert, I. Satz Allegro, T. 1-4

Die Motorik speist sich aus Sequenzierungen; Oktavsprünge im Unisono, die wie leichte Zäsuren wirken, verleihen dem Laufwerk so etwas wie Dignität. Wenn das Cembalo nach elf Takten mit dem ersten Solo einsetzt, so greift es im Wesentlichen die bereits etablierte Bewegung auf: nicht übermäßig virtuos, aber effektvoll mit einer in beiden Händen durchlaufenden Sechzehntel-Bewegung, die für einen rauschenden Klang sorgt.

Notenbeispiel 2: Cembalokonzert, I. Satz Allegro, T. 14-15

Die Melodik weicht nicht vom Duktus des Ritornells ab. Wilhelmine hält sich an Sequenzen und an die rastlosen, eher klanglich-harmonisch als melodisch wirkenden kleinen Notenwerte. Auch von Alberti-Bässen macht sie Gebrauch und von raschen, auf- und abwärts geführten Dreiklangsbrechungen über einem Orgelpunkt. Da hat der linear gedachte Kontrapunkt, die angestrebte Gleichberechtigung der Einzelstimmen in horizontaler Dimension, keinen Raum mehr.

Ein interessantes Detail ist das lautenistische Figurenwerk im Solo ab T. 94. Die Streicher begleiten hier *piano* bzw. *pianissimo*. Das legt den

Kunstgeschichten, Werkgeschichten

Schluss nahe, dass die sechstaktige Episode mit dem Lautenzug des Cembalos registriert werden sollte. Inmitten eines Meeres von genuin klavieristischen Gestalten hebt dieser kurze Einschub sich als apartes Intermezzo hervor, in dem das Cembalo für ein paar Augenblicke eine andere Identität anzunehmen scheint.

Bei genauerem Hinsehen und -hören kann man erkennen, dass Wilhelmine über den gängigen Zeitstil verfügte. Die letzte Sicherheit im Notensetzen fehlt freilich hier und da noch, wie man an kleinen satztechnischen Schnitzern ablesen kann. Das fällt allerdings auch auf Wilhelmines Kompositionslehrer Pfeiffer zurück.

Diese Beobachtungen sollen dabei helfen, Wilhelmines Standort in der zeitgenössischen Komposition näher zu bestimmen. Denn unser Ohr ist geschult an herausragenden Werken, vor allem an denjenigen Johann Sebastian Bachs. Diese Werke sind im Musikleben ebenso gegenwärtig wie in den Medien; wir haben sie »im Ohr». Den Kontext von Bachs Zeitgenossen hingegen kennen wir gar nicht oder nur sehr ungenau.

Die höfische Gebrauchsmusik des 18. Jahrhunderts genügte bei weitem nicht den Perfektionsansprüchen, die wir ex post aus der Analyse von Bachs Werken abgeleitet haben. Sie wäre vielleicht sogar auf Unverständnis gestoßen, hätte sie die Dichte und Komplexität besessen, die das Œuvre Bachs auszeichnet. Ein »hartes« Kriterium können wir freilich auch heute heranziehen: handwerkliche Gediegenheit. Über »Originalität«, zu Wilhelmines Zeiten eine ästhetische Kategorie von nachrangiger Bedeutung, kann vor dem Hintergrund jahrhundertelanger Hörerfahrung ohnehin kein triftiges Urteil gefällt werden. Was aber das »Handwerkliche« angeht, so war Wilhelmine eine versierte Komponistin, und man muss es bedauern, dass uns nicht noch mehr Konzerte aus ihrer Feder bekannt sind.

Der zweite Satz, ein *Andante cantabile* von 40 Takten, beginnt mit einer sechstaktigen Melodie, die schon vom Geist der Empfindsamkeit lebt: Die Bassstimme hat mit ihren klopfenden Tonwiederholungen rein harmonisch-rhythmische Funktion und verzichtet ganz auf eine eigene kontrapunktische Identität. Die Oberstimme schwingt im Ambitus einer Undezime auf und ab, umspielt ihre Zieltöne und gefällt sich in Sextsprüngen. Der Charme dieser Melodie tröstet darüber hinweg, dass das Gebilde, das sich in vier Einzeltakte und eine Zweitaktgruppe zerlegen lässt, etwas kurzatmig ist.

Notenbeispiel 3: Cembalokonzert, II. Satz Andante cantabile, T. 1-3

Wenn der Solopart die Melodie aufnimmt, dann tut er dies mit den üblichen »galanten« Triolierungen und Diminutionen. Einen Schönheitsfehler hat die Passage aber: Es fehlt ein Takt. Aus sechs Takten des Eingangsthemas werden jetzt fünf, die ohne Ganzschluss einen längeren Formteil einleiten, und diese leichte Asymmetrie tut dem Gebilde Abbruch. Neun Takte lang imitiert das Cembalo nun die Laute, indem es typische Figuren intoniert. Harmonisch ausgefallen ist besonders die folgende Passage mit dem unerwarteten Cis-Dur-Akkord in der zweiten Hälfte von Takt 18:

Notenbeispiel 4: Cembalokonzert, II. Satz Andante cantabile, T. 18-19

Hier dürfte der Lautenzug von Wilhelmines Prachtinstrument seine volle Wirkung entfaltet haben. Nach dieser Episode kehrt der Solopart zum Satztypus des Ritornells zurück und trägt eine Variante davon vor, die sich, von F-Dur ausgehend, nach g-Moll wendet. Im folgenden, siebentaktigen Solo etabliert das Cembalo wieder einen neuen Satztypus: die komplementärrhythmische, gleichberechtigte Bewegung beider Hände, wie wir sie etwa aus dem Es-Dur-Präludium von Johann Sebastian Bachs *Wohltemperiertem Clavier I* kennen. Übergebundene Viertelnoten in der Oberstimme schreiten die Skala von g'' zu b' ab, so dass sich latente Mehrstimmigkeit entwickelt: zwischen einer Melodie in langen Notenwerten und einer grundierenden Sechzehntelbewegung. Die zweite Solo-Episode ist in ihrer klanglichen Wirkung ebenfalls genau berechnet, wenn auch in ganz anderer Weise als die Lauten-Imitation: Während diese filigran und »durchhörbar« wirkt, erzeugen die mit Sechzehnteln unterlegten Haltetöne dort einen massiven Klang, der in Kontrast zur voraufgehenden Ritornell-Variante tritt. Es folgt eine Solo-Kadenz; sie mündet in das abschließende Tutti-Ritornell, das nunmehr eine Generalbass-Begleitung durch das Cembalo erhält.

So kurz der Satz, so klug seine Disposition: Das Ritornell hat eine Tutti-Gestalt und eine klavieristische Ausformung. Es bildet Rahmen und Gerüst für zwei Solo-Episoden, die ganz unterschiedliche kompositionstechnische »Themen« haben und das Solo-Instrument auf unterschiedliche Weise zur Geltung bringen. Der Satz verrät ideenreichen Gestaltungswillen. Dabei entgeht Wilhelmine der Gefahr, prätentiös zu wirken.

Die nachfolgenden *Gavotte*-Sätze sind von gesunder Bodenständigkeit.

Notenbeispiel 5: Cembalokonzert, III. Satz Gavotte I, T. 1-5

Der erste Teil der *Gavotte I* in g-Moll hat zwölf Takte; erwarten würde man freilich acht. Die vier Takte, die Wilhelmine als Solo-Episode vorsieht, leuchten nicht so recht ein, weil auf eine Abwärts-Sequenz eine harmonisch planlos wirkende Aufwärtsbewegung folgt.

Vom Hörgefühl wäre es denkbar, die Takte 9 und 10 ganz wegzulassen; dann schlösse der Satz mit einem kompakten Viertakter. Das ginge freilich zu Lasten der Solo-Episode.

Die »Symmetrie« des Tanzsatzes mit den Erfordernissen eines Tutti-Solo-Wechsels in Einklang zu bringen, das war die Aufgabe, vor der Wilhelmine stand, und sie hat respektable Lösungen gefunden. Wir dürfen nicht vergessen, dass das Klavierkonzert damals eine Gattung war, bei der man sich noch nicht auf einen Fundus zahlreicher Vorbilder beziehen konnte. Wilhelmine hat auf diesem Feld gewissermaßen Pionierarbeit geleistet. Und kritische Kommentare zu kompositionstechnischen Entscheidungen, die man auch anders hätte treffen können, dienen hier dazu, Probleme zu rekonstruieren. Ein Werturteil begründen sie nicht. Die ausgewogene Vermittlung von Solo- und Tutti-Partien im strengen Formkonzept eines Tanzsatzes ist eines dieser Probleme. Es mag ungerecht erscheinen, diese »zum Vergnügen« und »nebenher« geschriebene Musik, die bei einer Feierlichkeit kurz und effektvoll aufrauschen sollte, unter strenge kompositionstechnische und ästhetische Kriterien zu stellen. Jedoch wird Wilhelmines Musik nur auf diese Weise über ihre Epoche hinaus gewürdigt. Das sind wir ihr allemal schuldig.

Die Flötensonate

Vor kurzem hat Nikolaus Delius über einen Fund berichtet, den man eine kleine Sensation nennen kann.[52] In der Musiksammlung der Bibliotheca Fürstenbergiana auf Schloss Herdringen schlummert seit 250 Jahren das Manuskript einer Flötensonate in a-Moll von Wilhelmines eigener Hand. Durch Handschriftenvergleich ließ sich die Angabe des Komponistennamens auf dem ersten Blatt des Autographs eindeutig Wilhelmine zuordnen. Als Entstehungszeit nimmt Delius die Zeit kurz vor der Heirat mit dem Bayreuther Erbprinzen an, also die Jahre vor 1731.

Die Sonate ist dreisätzig. Sie beginnt mit einem *Affettuoso* von 24 Takten im Alla breve-Takt. Es folgen ein *Presto* (2/4-Takt, 75 Takte) und ein *Allegro* (6/8-Takt, 38 Takte). Aus den Incipits, die Delius mitteilt, kann man erkennen, dass jeder der Sätze einen besonderen Satztypus ausprägt: Im *Affettuoso* ist es die Kombination aus melodisch beweglicher Oberstimme und einem im Achtelrhythmus fortschreitenden Bass. Das *Presto* hat dagegen eine in Sechzehnteln durchlaufende Bassbewegung mit ausgreifenden Figuren, der eine stufenweise und synkopisch abwärts geführte Melodie aus Viertelnoten im Flötenpart gegenübersteht. Das *Allegro* ist bestimmt von halbtaktigem Harmoniewechsel und vom Rhythmus punktierte Achtel – Sechzehntel – Achtel in der Oberstimme. Mehr lässt sich einstweilen über das kleine Werk nicht sagen, bis es publiziert ist. Die Entdeckung weckt aber die Hoffnung, dass weitere Werke Wilhelmines den Staub der Archive abschütteln und ans Tageslicht gelangen werden.

Die Vorgeschichte von Wilhelmines Hofoper

Die Geschichte der Bayreuther Hofoper begann nicht erst mit Wilhelmine.[53] Schon zur Regierungszeit des Markgrafen Christian Ernst (1662-1712) wurden in der oberfränkischen Residenz deutsche Singspiele und italienische Drammi per musica aufgeführt. 1671 entstand im Alten Schloss ein Theater, an das Künstler von außerhalb, zum Beispiel aus Italien, engagiert wurden und dem Musikleben beachtliche Qualität verliehen. Dabei vernetzte Christian Ernst sich mit anderen Höfen, um das Repertoire auf ein Niveau zu heben, welches im überregionalen Vergleich mithalten konnte: Stücke wurden dabei ebenso ausgetauscht wie ganze Ausstattungen von Aufführungen. Der Bayreuther Hof war also keine kulturlose Wüste, als Wilhelmine damit begann, ihre ambitionierten Projekte zu verwirklichen.

Der Nachfolger von Christian Ernst, sein Sohn Georg Wilhelm, schätzte wie dieser das Musiktheater, wenn er auch weniger dem italienischen und französischen anhing, sondern sich auf das deutsche Singspiel konzentrierte. Georg Wilhelm setzte den Brauch des Vaters fort, enge Verbindungen zu anderen Residenzen zu pflegen, um das zu erreichen, was man heute einen »Synergie-Effekt« nennt. Nur ein regional übergreifendes Netz von Kooperationsbeziehungen konnte das Musikleben im 18. Jahrhundert qualitativ und quantitativ auf einem vergleichsweise hohen Leistungsstand halten, wobei man sich als Vergleichsgröße die jeweilige Finanzkraft denken muss.

So hatte Georg Wilhelm im Jahre 1718 den angesehenen Komponisten Gottfried Heinrich Stoelzel zu Gast. Stoelzel leitete eine Aufführung seiner Oper *Diomedes.* Auch Georg Philipp Telemann erhielt Aufträge vom Bayreuther Hof: 1723 kam dort seine Oper *Alarich oder Die Straff-Ruthe des verfallenen Roms* heraus, 1724 die Oper *Adelheid.*

Gespielt wurde, wie schon in Christian Ernsts Zeiten, zum Karneval und anlässlich von Feierlichkeiten zum Geburtstag oder Namenstag der fürstlichen Persönlichkeiten. In die Regierungszeit von Georg Wilhelm fiel die Eröffnung des Theaters in Erlangen im Jahre 1719, einer weiteren Spielstätte für Oper und Sprechtheater neben dem Theater im Schloss von St. Georgen bei Bayreuth, das schon zu Beginn des Jahrhunderts entstanden war. Es lag so zum Brandenburger Weiher hin, dass es sogar effektvolle Freilichtaufführungen ermöglichte.

Mit dem Tode Georg Wilhelms wurde alles anders. Georg Friedrich Carl, der 1726 die Nachfolge antrat, hatte keine Neigung für die Schönen Künste. Er machte sich zunächst daran, die Finanzen wieder in Ordnung zu bringen, und führte mit seiner pietistischen Grundhaltung eine Art »geistig-moralischer Wende« herbei. Die Hofmusik brachte er nicht zum Erliegen, aber er reduzierte sie stark. Seine Prioritäten kann man daran ablesen, dass er überwiegend nebenberufliche Musiker anstellte: Kanzlisten, die, wenn alles getan war, zu den Instrumenten griffen und musikalische Aufführungen bestritten.

Lässt man die Musiktheater-Geschichte Bayreuths von dem Augenblick an Revue passieren, als dort die erste Oper aufgeführt wurde – Sigmund von Birkens Singspiel *Sophia* am 22. November 1662 –, so macht die
weitgehend ereignislose Epoche des bigotten Markgrafen Georg Friedrich
Carl ein kurzes Intervall aus: Nur neun Jahre lang lag die Opernpflege Bayreuths wirklich im Dornröschenschlaf. Und doch kam es Wilhelmine bei
ihrer Ankunft dort vor, als habe es sie in kulturelles Niemandsland ver-
schlagen.

Das Hoftheater unter Wilhelmines Leitung

Die »wilhelminische« Epoche des Bayreuther Hoftheaters umspannt 19
Jahre: Ende 1737 übertrug Markgraf Friedrich seiner Gemahlin die Ver-
antwortung für die Theaterangelegenheiten, und bis 1756, dem Beginn des
Siebenjährigen Krieges, blieb das kleine Fürstentum Schauplatz eines
regen Theaterlebens, von dem wir freilich nur jenen schriftlich dokumentierten Zufallsausschnitt wahrnehmen können, auf den die Geschichte ihr
Licht geworfen hat. Wir werden nie erfahren, wie er sich zum Ganzen verhält. Drei Arten von Dokumenten geben uns heute Auskunft: Briefe und
Aufzeichnungen Wilhelmines, zeitgenössische Berichte und gedruckte
Textbücher, aus denen wir, wenn sie präzise Angaben enthalten, mit ziemlicher Sicherheit schließen können, dass die Werke tatsächlich aufgeführt
wurden.

Wilhelmines eigene Handschrift zeigt sich in der Entwicklung des
Repertoires ab 1735. Bis 1737 gab es spärliche Aufführungen von Pastoralen und Kantaten, anlassbezogen präsentiert zu Wilhelmines oder des
Markgrafen Geburtstagsfeier. Sobald Wilhelmine das Heft in die Hand
bekam, orientierte sich das Profil der Hofoper wie eine nach Süden aus-
gerichtete Kompassnadel am italienischsprachigen Dramma per musica.
Wir werden jedoch sehen, dass diese Nadel auch nach Westen ausschlug:
in Richtung der französischen Tragédie. Vor allem bereicherte Wilhelmine den Spielplan durch eigene Werke: Soweit sie sich datieren lassen, fallen alle Operntexte der Markgräfin in die Zeit, in der sie das Hoftheater
leitete. Das – wahrscheinlich zu ihren Lebzeiten nicht uraufgeführte –
Hauptwerk *Argenore* stellt in mancher Hinsicht das Herzstück von Wilhelmines Schaffen dar.

Die Konzentration auf Dokumente unterschätzt leicht das, was sich
nicht mehr erschließen lässt. Gerade beim Theater ist diese Gefahr beson-

Kunstgeschichten, Werkgeschichten

ders groß, denn es hat ephemeren Charakter: Im Augenblick, in dem der Vorhang fällt und der Applaus verrauscht, entzieht sie sich uns, die eindrucksvollste und zugleich flüchtigste der Künste. Zurück bleiben irdische Reste: Textbücher, Partituren, Bühnendekorationen, Gebäude mit hölzernen Brettern.

Von der Apollo-Kantate, die 1736 zum 25. Geburtstag des Markgrafen aufgeführt wurde, kennen wir weder den Text noch den Komponisten oder gar die Partitur – vielleicht stammte sie von Carl Heinrich Graun, vielleicht auch nicht. Aber wir besitzen eine Beschreibung, die deutlich macht, in welch hohem Maße wir der Imagination bedürfen, wollen wir heute etwas von der Bühnenkunst des Absolutismus erfassen:

»Der Parnaß war oben mit dem Pegasus besetzt, darunter der Apoll, nebst den 9 Musen, einige von diesen engagirten ein Ballet. An einer vor dem Berg befindlichen Quadrattafel wurde gespeißt. In dem innern Raum derselben glänzte der Name Friedrich, aus ringsumher befindlichen Fontainen sprang Wasser. Dem Parnaß gegenüber stand eine Ehrenpforte, in ihrem Hintergrunde ein Obelisk, an welchem des Fürsten Brustbild mit einem Kranz von 25 Sternen, seiner Jahre Zahl, angebracht war, solches bekrönte auf der einen Seite das Bild der Ehre mit einem Lorbeerkranz, an der anderen posaunte die Fama ihr Vivat; alles dieses bestralte ganz oben eine Glorie. Unten am Obelisk lag das Bild der Zeit; die Hoffnung brachte dem Merkur eine gute Botschaft. In ovalen Rahmen waren Sinnbilder angebracht. Illuminirte Statuen sollten des Fürsten Vorzüge zu erkennen geben. Die ganze Gesellschaft war masquirt. Dabei fanden viele Standes-Erhöhungen am Hofe statt.«[54]

Verliert bei solcher Überwältigung durch visuelle Eindrücke nicht einerseits die Musik, andererseits die allegorische Dimension des Spektakels an Gewicht? Denen, die den Feierlichkeiten beiwohnten, war klar, worum es hier ging: einzig und allein um Markgraf Friedrich. Wir heutigen suchen dagegen nach Spuren für den Sinn solcher Veranstaltungen in den Textbüchern, in den dramaturgischen Konzepten, in den Noten. Wir suchen eine ästhetische *raison d'être*, und es bleibt uns, da wir die sinnliche Erfahrung von Hoffesten nicht mehr machen können, auch gar nichts anderes übrig. Damit aber erfassen wir nicht das Telos der Hofkunst. Dafür nehmen wir mit Hilfe der Hermeneutik etwas anderes wahr. Die Überwältigung ist das eine; sie ist nicht rekonstruierbar. Das andere ist die Machart des Kunstwerks, die man erst erkennt, wenn man es von seinen Zwecken befreit. »Wie es gemacht ist«: Dafür waren wahrscheinlich diejenigen blind und taub, deren Sinne vom unmittelbaren Eindruck gefangen genommen waren. Uns fehlt die Präsenz dieser üppigen Kunst. Gerade das versetzt uns aber in die Lage, einen nüchternen Blick auf ihre Konstruktionsprinzipien zu werfen.

Mag den Bayreuthern auch Hören und Sehen vergangen sein – die folgende Beschreibung, die Friedrich II. 1755 in einem Brief an die Schwester über eine Aufführung von Hasses *Ezio* in Dresden gibt, überbietet das Arrangement zum Geburtstag des Markgrafen um ein Vielfaches:

»In Dresden wurde in diesem Jahr die Oper Ezio mit ungeheurem Aufwand aufgeführt. Die Statisten bestanden aus 620 Personen, zu Ezios Triumphzug allein waren zwei Grenadierkompanien vom Brühlschen Regiment mit ihren Offizieren in römischer Tracht und zwei Schwadronen Chevaulegers vom Regiment Rutowski in gleichem Aufzug aufgeboten, dazu zwanzig Dromedare, vier Maultiere und vier Wagen, die mit der den Feinden Sachsens geraubten Beute beladen waren, sowie der Wagen des Triumphators, den ein Viergespann von Schimmeln zog. Diese Oper macht in ganz Deutschland Aufsehen; man erzählt sich Wunderdinge von ihr. Ich muß gestehen, daß ich ein richtiges Heer auf der Bühne nicht liebe und trotz gewisser Ähnlichkeiten der Maultiere mit den Herren Sopransängern ihre Stimme zu mißtönig finde, um sie bei ein und derselben Aufführung zusammenwirken zu lassen. An diesen sächsischen Schauspielen zeigt sich das Verlangen der Leute, daß man zu ihren Augen, nicht zu ihren Herzen spricht; eine einzige rührende Szene verdient den Vorzug vor der ganzen Buntscheckigkeit ihrer Triumphzüge« (B II, S. 287f.).

Auch hier vermischen sich Realität und Fiktion: Echte Soldaten mimen Soldaten auf der Bühne. Friedrichs Unbehagen ist nur zu verständlich, denn der Nimbus realer Macht bleibt nicht unversehrt, wenn sich das Militär mit Theaterhelden verwechseln lässt. Freilich gehörte diese Grenzverwischung zwischen Kunst und Leben zum politischen Kalkül, das zugleich ein ästhetisches war. Vor diesem Hintergrund ist es bezeichnend, dass das Hoftheater aufs Superlativische ausgerichtet war – so wie Sponsoring-Strategen sich heute ästhetische Felder für ihr Engagement wählen, die möglichst viele herausragende Eigenschaften mit dem zu vermarktenden Produkt oder dem Corporate Design des Unternehmens teilen. Für die Hofkunst des 18. Jahrhunderts bedeutete das, dass sie in jeder Hinsicht exzeptionell zu sein hatte – wie das Objekt der Verherrlichung.

Aus Friedrichs Beschreibung hört man den Aufklärer und zugleich den sparsamen Fürsten heraus, der vielleicht im Stillen darüber nachdenkt, was man mit dem Geld an Nützlichem hätte bezahlen können. Dass er auf das

Rührende verweist, zeigt seine Vorbehalte gegenüber der Darstellbarkeit von Macht im Medium der Kunst. Friedrich musste dieser megalomanen, auftrumpfenden Geste skeptisch begegnen, und Wilhelmine dürfte die Bedenken gegenüber einer auf Äußerlichkeiten ausgerichteten Theaterkunst geteilt haben.

An ihrer Repertoire-Gestaltung in Bayreuth lässt sich ablesen, dass sie sich konsequent vom lärmenden Fürstenlob abwandte und den Ausstattungsaufwand in die fiktionale Wirklichkeit der Werke hineinzog, wo er seine plump panegyrische Funktion nach dem Muster »Seht her, was wir uns leisten können« verlor: als Bestandteil des Dramas und seiner Vergegenwärtigung, nicht als Demonstration dessen, was Maschinenkunst und bildnerische Fantasie zur Apotheose des Herrschers beitrugen. Nach allem, was Wilhelmine schon als Kind von Herrscherpersönlichkeiten erlebt und erlitten hatte, kann diese Wendung ins Ästhetische niemanden erstaunen.

Der Spielplan – die aufgeführten Werke – muss dennoch in den Kontext der höfischen Feste gestellt werden. Auch hierzu ist eine Beschreibung überliefert. Im August des Jahres 1751 kam Wilhelmines jüngerer Bruder Prinz Heinrich nach Bayreuth. Ihm zu Ehren fand in der Eremitage ein Fest statt, das acht Tage dauerte:

»Als Prinz Heinrich – Bruder der Fürstin – am 6. Aug. 1751 auf der Eremitage ankam, wechselten 8 Tage die Lustbarkeiten ab. Den 7n im Comödienhause zu Baireuth das Trauerspiel Mahomed II. Nachspiel: Crispin, rival de son maitre mit 2 Balleten. Den 8n offene Tafel in der Menagerie, Nachmittags Spazierfahrt nach Baireuth in Cariolen, deren sich die Fürstin gar zu gerne bediente und wobei die bei ihr sitzende Hofdame das Pferd dirigirte, Abends auf dem Saal der Eremitage eine Comödie: la Serenade betitelt. Den 9n im hiesigen Comödienhaus die Tragödie: Maximien, auf der Eremitage Abendmusik; den 10n Mittagstafel in der Menagerie, nach deren Endigung 36 verkleidete mit Reißig umwundene Gärtner dem Prinzen eine Blumenkrone unter begleitender Musik überbrachten, Abends hier die Comödie: le Prejugé à la mode, auf der Eremitage eine Serenade, den 11n große Tafel im hiesigen Schloß, Abends Opera. La Caduta di Alcida; das künstliche Maschinenwerk bei dieser Oper erregte allgemeine Bewunderung, Nachts Feuerwerk auf der Eremitage. Den 12n Cammer-Musik allda, hier die Tragödie: Semiramis; den 13n Mittagtafel im hiesigen Schloß, Abends im Opernhaus ein figurirtes Ballet, dann die Comödie: le legat juré, hierauf verwandelte sich das Theater binnen wenigen Minuten in einen Saal, in welchem man an einer Tafel von 52

Gedecken masquirt speißte, ein Tanz machte den Beschluß.«[55] Tragödien, Komödien, Ballette, Diners, Lustpartien, Serenaden, Verkleidungsspiele, Kammermusik, Feuerwerk, Tanzvergnügen: Man muss sich immer wieder vor Augen halten, dass dies der Aufführungs- und Rezeptionskontext der Hofoper war, eine Überfülle von sinnlichen Eindrücken, in atemloser Folge arrangiert.

Hier wäre auch von der Bayreuther Fürstenhochzeit im Jahre 1748 zu reden, als Wilhelmines Tochter Friederike dem Herzog von Württemberg für eine glücklose Ehe die Hand reichte. Die Beschreibung der Feierlichkeiten überliefert uns ein Detail, das gewissermaßen am unteren Rand fürstlicher Selbstdarstellung angesiedelt ist: die Stelle, an der deutlich wird, dass das Amüsement nicht nur mittelbar auf dem Rücken der Untertanen stattfand, sondern dass man das Volk in die Dramaturgie der Belustigungen einbaute – in der zweifelhaften Rolle eines Verlach-Objekts:

»Nachmittags wurde ein ganzer Ochs, zwei ganze Hirschen und acht Schöpfe, die seit mehrern Tagen auf der Herrenwiese bei der Kaserne gebraten wurden, mit Blumenkränzen umhängt, von 25 als Janitscharen und Pierrots verkleideten Personen und eben so gekleideten Musikanten angeführt auf Stangen durch die Stadt getragen, dann wieder auf die Herrenwiese gebracht.

Hier nun gab man dem Volke die Braten Preis, unter der Bedingung, daß die Teilnehmer bei ihrer Zerstückelung kein Messer gebrauchen durften. Dieser Spaß, dem die Herrschaft vom Schloss aus zusah, erregte gewaltiges Gelächter, aber auch bei dem hie und da sichtbaren Streben nach größern Portionen einen blutigen Kopf.«[56]

Mit großem Pomp präsentierte man die Gaben fürs Volk; den Bayreuthern wäre es wohl lieber gewesen, man hätte ihnen den Aufwand für Janitscharen- und Pierrot-Kostüme in Naturalien ausgezahlt. Die Herrschaft warf Brocken unter die Menge, um sich über Verteilungskämpfe zu amüsieren, die umso entwürdigender waren, als man den Untertanen die Auflage gemacht hatte, wie Steinzeitmenschen zu essen: ein Menschen verachtendes, zynisches Schauspiel – gleichwohl ein Schauspiel. Und darauf schien es anzukommen, sei es auch um den Preis, dass die Untertanen noch tiefer erniedrigt wurden, als sie es ohnehin schon waren.

Wilhelmine jedenfalls wählte das höfische Musiktheater als Genre aus und machte es sich zum Gefäß für bestimmte Themen, die sie bearbeiten, vielleicht auch verarbeiten wollte.

Ein Vorbild dafür, wie die Inhalte der bei Hofe aufgeführten Opern akzentuiert werden konnten, so dass ein außerästhetischer Diskurs in Gang kam, hatte Wilhelmine im Bruder. Sie legte ihre Hofoper geradezu als einen »Satelliten«[57] des preußischen Hofes an. Was dies bedeutete, zeigt ein Blick auf die Spielplanpolitik Friedrichs II.

Wie war das Musikleben am Hofe des Preußenkönigs beschaffen und wie hing es mit dem Bayreuther Hoftheater zusammen? In geschwisterlichem Gleichschritt begannen Wilhelmine und Friedrich fast gleichzeitig damit, ihre Residenzen im Hinblick auf das Musiktheater wieder urbar zu machen. Wilhelmine tat dies seit Ende des Jahres 1737, Friedrich musste damit noch bis zu seiner Thronbesteigung am 31. Mai 1740 warten. An beiden Orten endete das kulturelle Leben mit dem Ausbruch des Siebenjährigen Krieges 1756, und so kann man Bayreuth und Berlin als gleichzeitig bespielte Schauplätze begreifen, auf denen die königlichen Geschwister ihre Beziehung immer wieder neu absicherten, indem sie, jeder an seinem Ort, das verwirklichten, was auch dem andern wichtig war. Das wird ihnen geholfen haben, die räumliche Distanz zu überbrücken.

Will man nicht unbedingt die Beziehungsebene für eine Interpretation der musikkulturellen Entwicklungen bemühen – obwohl gerade im Absolutismus das Persönliche in vielen Dingen den Ausschlag gab –, so kann man das Florieren des Bayreuther Musenhofes auch aus dem Ehrgeiz einer kleinen Residenz heraus verstehen, dem königlichen Hof nachzueifern.

Der König aber bezweckte mit seiner Hofoper mehr als nur »Spektakel«.

Ein preußischer »Sonderweg« bestand darin, dass Friedrich II. seine Vorliebe für die französische Dramatik des Grand siècle auf die Opernbühne übertrug.[58] Damit wich er vom Zeitstil der Librettistik ab, die entweder Dramen von Pietro Metastasio aufgriff oder Operntexte konzipierte, die ganz und gar im Geiste Metastasios gehalten waren.

Pietro Metastasio, eigentlich Trapassi (1698-1782), hatte 1730 in Wien das Amt eines kaiserlichen Hofpoeten angetreten, das er über fünf Jahrzehnte bis zu seinem Tod innehielt. Mit seinen Drammi per musica, die er auch als gültige Sprechdramen verstanden wissen wollte, war es ihm gelungen, dem höfischen Musiktheater ein verbindliches Muster vorzugeben. Stofflich in der griechischen oder römischen Geschichte angesiedelt, entfaltete das Dramma per musica eine Handlung, die im Wesentlichen von sechs Protagonisten getragen wurde: von zwei Paaren, die sich auf die Stimm- und Rollenfachvertreter von *prima donna* und *primo uomo* sowie *seconda donna* und *secondo uomo* verteilten, von einer Herrscherfigur und von deren Vertrautem, dem sogenannten *confidente*. Im Zentrum des Geschehens stand ein Konflikt zwischen Liebe und Ehre oder Liebe und Pflicht, der den Liebenden den Weg zueinander verstellte. Die Lösung des Konflikts, letztlich der Opposition von Vernunft und Leidenschaft, kam in der Regel dadurch zustande, dass ein milder und nachsichtiger Herrscher ihn zugunsten der Vernunft entschied, oft unter Verzicht auf seine eigenen Interessen. Zwingend für die Hofoper war das glückliche Ende, der *lieto fine*. Das wird niemanden verwundern, der sich den Aufführungskontext vergegenwärtigt.

Ein Beispiel für ein solches Dramma ist Metastasios *Artaserse*. Dieses Libretto gehört zu den am häufigsten vertonten Stücken Metastasios. Es wurde, komponiert von Carl Heinrich Graun, sowohl an der Berliner Hofoper (1743), als auch in Bayreuth aufgeführt, und zwar aus Anlass der Hochzeit von Wilhelmines Tochter im September 1748.

Diejenige Person, die dem Libretto dramatische Schubkraft verleiht, ist der Bösewicht Artabano, Hauptmann der königlichen Leibgarde am Hofe von Perserkönig Xerxes I. Die Handlung setzt damit ein, dass Artabano seinem Sohn Arbace den Mord an Xerxes gesteht und ihn drängt, die Tatwaffe zu beseitigen. Denn er selbst, Artabano, plant einen Putsch. Zu diesem Zweck überzeugt er den Thronfolger Artaserse davon, dass dessen Bruder Darius den König umgebracht habe, und ermordet, scheinbar aus Rache, Darius. Inzwischen hat Arbace sich jedoch verdächtig gemacht. Es sieht so aus, als sei er des Mordes an Xerxes überführt. Artaserse, der mit Arbace befreundet ist, kann es nicht fassen. Er bittet Artabano, das Urteil über seinen Sohn zu sprechen. Zum Entsetzen aller verhängt Artabano über Arbace die Todesstrafe, beschließt jedoch insgeheim, ihn zu retten. Auch Artaserse will verhindern, dass Arbace stirbt, begibt sich zu ihm ins Gefängnis und ermöglicht ihm die Flucht. Etwas hält Arbace jedoch zurück: Er liebt Mandane, die Schwester Artaserses. Heimlich dringt er in ihre Gemächer ein, um ihr das letzte Lebewohl zu sagen. Mandane steht kurz davor, ihrem Leben ein Ende zu machen, weil sie glaubt, Arbace sei tot. Dieser hindert sie am Selbstmord, kann sie von seiner Unschuld jedoch nicht überzeugen. Er flieht.

Das letzte Bild zeigt einen Thron und einen Altar mit dem Bildnis der Sonne. Alles ist für die Krönungszeremonie des Artaserse vorbereitet. Dazu gehört, dass der neue Herrscher durch einen Trank den Bund mit der Sonne erneuert. Artabano hat dafür gesorgt, dass sich im heiligen Becher eine tödliche Mischung befindet. Artaserse ist im Begriff, die kultische Handlung zu begehen, als seine Geliebte Semira, die Schwester Arbaces, von einem Aufstand berichtet, den Arbace niedergeschlagen habe. Arbace erscheint; Artaserse fordert ihn auf, aus dem heiligen Becher zu trinken. Artabano hindert ihn daran und deckt die für seine eigene Person höchst nachteilige Wahrheit auf. Arbace erwirkt bei Artaserse die Begnadigung seines Vaters. Das Stück endet mit einer Doppelhochzeit: Artaserse und Semira kommen zusammen, ebenso Arbace und Mandane.

In diesem Stück wird also vorgeführt, wie der Herrscher gegenüber einem Verräter sogar in mehreren Fällen Gnade vor Recht ergehen lässt. Die Intentionen des Repräsentationsspektakels zeigen sich nicht nur in der Handlungsführung, sondern besonders deutlich auch im Schlussbild: Die Apotheose des Artaserse ist mit dem doppeldeutigen Sonnensymbol ausgestattet, das auf den Roi soleil und damit auf das politisch-ästhetische Profil der französischen Hofoper im Absolutismus verweist. Die Sonne steht aber auch für die Aufklärung, für das Licht der Vernunft. Das war ganz nach dem Gusto des Preußenkönigs.

Um auch den letzten Zweifel darüber auszuräumen, wie sich das Dramma per musica zum wirklichen Leben verhielt, wurde den Stücken eine *licenza* beigegeben, ein Epilog, der die Bezüge zwischen der soeben abgeschlossenen Handlung und dem auftraggebenden Herrscher in panegyrischen Worten beschrieb. Es liegt auf der Hand, dass das Dramma per musica eine eingeschränkte dramaturgische Reichweite hatte – das Telos der Handlung war ja ebenso klar definiert wie seine Referentialität auf denjenigen, der das Spektakel angeordnet und bezahlt hatte.

Das *Artaserse*-Textbuch enthält, das sei hier im Vorgriff auf die Interpretation von Wilhelmines Opernentwürfen festgehalten, einige düstere Elemente, die einen beklemmenden biographischen Bezug zur preußischen Königsfamilie offenbaren: Da gibt es einen Schurken par excellence, der zugleich ein Vater ist und zur Vertuschung seiner Verbrechen das Todesurteil für den eigenen Sohn ausfertigt. Da gibt es zwei Geschwisterpaare – Artaserse/Mandane und Arbace/Semira –, die in unauflöslich scheinende Loyalitätskonflikte geraten. Ursache dieser Konflikte sind Verwicklungen um die Väter: der Mord an Xerxes, die Untat des Artabano. Schließlich enthält das Libretto einen vereitelten Selbstmord. Da die handelnden Personen in der beschriebenen Weise verwandt und verschwistert sind, reicht die Tragizität des Geschehens fast an antike Dramen heran. Das glückliche Ende wirkt erzwungen. Dennoch kann man die Geschichte von Artaserse so erzählen, dass sie sich bruchlos in den Kontext der Huldigungsopern einfügt.

Der Spielplan der Berliner Hofoper[59] stützte sich ganz selbstverständlich auf Metastasios Werke als den Grundbestand der europäischen Hofopern im 18. Jahrhundert schlechthin. So wurden in dem besonders »opernintensiven«, weil nicht von Kriegen überschatteten Zeitabschnitt von der Eröffnung der Oper im Jahr 1741 bis zum Ausbruch des Siebenjährigen Krieges 1756 *La clemenza di Tito, Artaserse, Catone in Utica, Alessandro e Poro, Adriano in Siria, Ezio* und andere Werke gespielt. Neben diese Säule des Repertoires stellte Friedrich jedoch eine zweite, die sein besonderes Engagement erkennen lässt: Er bearbeitete französische Tragödien und beauftragte seine Hofdichter damit, dasselbe zu tun. Das Ergebnis dieser Umarbeitungen wurde ins Italienische übersetzt. Damit kamen, verpackt in die herkömmliche Gestalt eines italienischsprachigen Dramma per musica, neue Gedanken auf die Bühne – Gedanken, an deren Popularisierung Friedrich gelegen sein musste. Als Vehikel dafür dienten Sprechdramen von Pierre Corneille (*Cinna*) und Jean Racine (*Iphigénie en Aulide, Mithridate, Britannicus* und *La Thébaïde ou Les frères ennemis*). Im Laufe des Veränderungsprozesses, den die Werke auf ihrem Weg zur Hofoper durchmachten, kann man als dominantes Motiv eine Verlagerung vom politischen in den privaten Bereich identifizieren.[60] Die Protagonisten werden in den Libretti – anders als in deren Vorlagen – häufig im Zustand der emotionalen Erregung gezeigt: Sie brechen in Tränen aus, sie erfahren Konflikte als persönliche Krisen, sie lassen sich bei deren Bewältigung auch von persönlichen Motiven leiten. Was wiederum einen deutlichen Unterschied zur metastasianischen Tradition ausmacht, ist die Tatsache, dass die Beziehungen zu Müttern und Ehefrauen an Bedeutung gewinnen. Für die Herrscherfiguren bedeutet das einen Zuwachs an Glaubwürdigkeit: Sie werden zu »ganzen Menschen«. Friedrich II. kompilierte also verschiedene Elemente der französischen Tragédie und des italienischen Dramma per musica so, dass eine neue Anthropologie der Hofoper entstand, die sich in den Kontext aufklärerischer Maximen stellen ließ.

Auch in Bayreuth wurden Werke Metastasios aufgeführt, zum Teil dieselben wie in Berlin: *Ezio* und *Artaserse* 1748, 1741 *Alessandro nell'Indie*. Vor allem aber zogen sich von Metastasio entlehnte Arientexte durch viele Werke anderer Autoren. Spätestens ab dem Jahr 1752 spielten eigene Entwürfe der Markgräfin eine wichtige Rolle – wenn man dafür nicht schon das Jahr 1740 ansetzen will, als die Aufführung von *Argenore* geplant war. 1752 wurde in der Karnevalssaison und zum Geburtstag des Markgrafen im Mai Wilhelmines Festa teatrale *Deucalione e Pirra* gegeben, 1753 ebenfalls zu diesen beiden Anlässen das Dramma per musica *Semiramide*. 1754 folgte *L'Uomo*. Dieses Werk, zu dem die Markgräfin die Vertonung von zwei Arien beisteuerte, kam anlässlich des Besuches von Friedrich II. am 19. Juni auf die Bühne. Das Jahr 1756 schließlich sah das Dramma per musica *Amaltea*, musikalisch ein Pasticcio, also ein Werk mit Arien verschiedener Komponisten, textlich wiederum eine Kreation Wilhelmines – ihre letzte, wie es scheint.

Um die Frage nach dem Konzept von Wilhelmines Hofoper beantworten zu können, muss man sich die Bayreuther Rahmenbedingungen vor Augen führen. Man muss sich, kurz gesagt, die »Diskrepanz zwischen Konzeption und Finanzierbarkeit« (Henze-Döhring 2002, S. 99) vergegenwärtigen. Auch die räumlichen Voraussetzungen spielen eine wichtige Rolle. Erst ab 1740 stand ja mit dem umgebauten Redoutenhaus eine brauchbare Bühne zur Verfügung. Von Herbst 1748 an konnte das neuerbaute Opernhaus bespielt werden, was wiederum eine Impulswirkung auf das Repertoire hatte. Und selbstverständlich brauchte Wilhelmine für eine standesgemäße Hofoper auch gute und sehr gute Gesangssolisten, um anspruchsvolle Werke aufführen zu können. Addiert man die genannten notwendigen Voraussetzungen, so ergibt sich daraus,

dass Opernaufführungen vor dem Theaterumbau seltene, nur mit kleiner Besetzung bestrittene Ereignisse waren,

dass auch danach von einem regelmäßigen Spielbetrieb nicht die Rede sein konnte, weil die nachweisbaren Aufführungen sich auf den Karneval und die fürstlichen Geburtstage beschränkten,

dass mangels Verfügbarkeit von Sängern zwischen 1745 und 1748 Opern größeren Zuschnitts nicht gegeben werden konnten,

dass die Fürstenhochzeit des Jahres 1748 einen Höhe- und Wendepunkt zugleich darstellte, weil nach den prunkvollen Aufführungen von *Ezio* und *Artaserse* erst einmal wieder gespart werden musste,

dass nach 1750 ein konzeptioneller Richtungswechsel stattfand, der den Akzent von der italienischen Virtuosenkunst hin zur Ausstattung verlagerte, also gewissermaßen vom Hören zum Sehen, und neuartige Sujets einbezog.[61]

Freilich kann es keinen Zweifel daran geben, dass für Wilhelmine die Gesangskunst an erster Stelle stand. Das zeigt sich allerdings erst, wenn man den Briefwechsel Wilhelmines mit Bruder Friedrich im Original einsieht: Der Herausgeber der deutschen Übersetzung, Gustav Volz, räumte in den Vorworten zu den beiden 1924 und 1926 erschienenen Bänden selber ein, viele Einzelheiten zu Musik und Theater weggelassen zu haben.

So konnte die Rolle, die das vokale Element in Wilhelmines Konzeption spielt, nicht vollständig erkannt werden.

Schon 1738, als Wilhelmine sich mit Streitereien unter ihren italienischen Sängerinnen herumplagen musste, schrieb sie an Friedrich: »Es gibt nicht Schöneres als eine italienische Stimme« (B I, S. 386). Wilhelmine und ihr Markgraf ließen sich, wie wir aus den Gehaltslisten der Kammer- und Hofmusiker wissen, vor allem das Engagement von Vokalisten etwas kosten. So verdiente Mia Turcotti im Jahre 1762 fast doppelt so viel wie Konzertmeister Jakob Friedrich Kleinknecht und dreimal so viel wie der von Wilhelmine sehr geschätzte Flötist Christian Friedrich Döbbert.[62] Allerdings standen finanzielle Mittel nicht in dem Umfang zur Verfügung, wie die Markgräfin sich das gewünscht hätte. Am 9. Februar 1740 berichtete sie dem Bruder, was der Feldmarschall Schulenburg ihr geschrieben hatte: »...dass Farinelli Operndirektor in Madrid geworden ist und dass er bei der spanischen Königin in so hoher Gunst steht, dass sie ihm vor kurzem eine Pension von 50.000 Pistolen ausgesetzt hat, die mehr als überhöht ist. Ich wünschte in derselben Lage zu sein, und ich wüsste einen besseren Gebrauch von dem Geld zu machen.«[63]

Im Jahre 1752 beklagte Wilhelmine, dass sie einen Sänger nicht engagieren könne, weil er zu teuer sei.[64] Sie muss als »Stimmfetischistin« ein ausgezeichnetes Fachwissen besessen haben. Ihr Theater in Erlangen rühmte sie im Januar 1744 als »sehr hübsch und exzellent für die Stimmen, was die Hauptsache ist«.[65] Ihr ästhetisches Credo lautete, dass es bei der Oper auf die Stimmen ankomme. 1754 bot sie Friedrich brieflich ihre Expertise bei der Auswahl von Sängern an mit den Worten: »Denn hier und da gibt es wunderbare Stimmen, was die Hauptsache ist«.[66]

Wilhelmine hat sich in weitaus größerem Umfang als bisher bekannt um die Ausbildung ihrer Sängerinnen und Sänger gekümmert. Es scheint ihr besonderes Vergnügen bereitet zu haben, nach geeignetem »Rohmaterial» Ausschau zu halten, um es zu veredeln. 1743 bat sie den Bruder, ihr zwei junge Sänger zu schicken, von denen sie einen engagieren und in Italien weiter ausbilden lassen wollte.[67] Ihr Urteil ist stets differenziert, wie die Ausführungen über den in Bayreuth engagierten Sänger Stefano (genannt Stefanino) Leonardi exemplarisch zeigen: »Stefanini [!] wird auch hervorragend. Der arme Teufel hat niemals ordentlich studiert, weshalb er nicht zwei gleichmäßige Töne singen kann. Ich hatte die Geduld, ihn ein Jahr lang das Solfeggio üben zu lassen. Jetzt singt er Contra-Alt, und zwar besser als Zaghini, und alle Töne sind rein und gleichmäßig.«[68]

Offensichtlich schickte Wilhelmine ihre Musiker nicht nur in die Lehre, sondern arbeitete auch selber mit ihnen. In einem Brief vom 20. November 1748 schreibt sie: »Ich habe eine Sängerin gewonnen, die die schönste Stimme der Welt hat [...]. Ich arbeite gegenwärtig daran, ihr das Pathetische beizubringen und ihr einen guten Geschmack zu vermitteln.«[69] Wilhelmine studierte also mit ihren Virtuosen die ganze Bandbreite von der Stimmbildung bis zum Ausdruck des Erhabenen. So erklärt sich auch ihre Kennerschaft. Dass die Fürstin selber sich für die Ausbildung ihres Ensembles einsetzte, war die beste Gewähr für ein hohes Qualitätsniveau. Und wozu das gut war, das schrieb Wilhelmine 1754 lakonisch dem Bruder: »Wir haben sehr viele Fremde hier, die die Oper angezogen hat.«[70] Eine berühmte Hofoper bot die Garantie dafür, dass die Langeweile in Bayreuth nicht Überhand nahm und dass der Vergleich mit dem Hof in Berlin/Potsdam für die Franken nicht allzu beschämend ausfiel.

Das neuerbaute Opernhaus

Die lebenslange und nur phasenweise unterbrochene Parallelbewegung zwischen Wilhelmine und ihrem Lieblingsbruder bildet sich auch im Theaterbau ab. 1743 war in Berlin das Opernhaus Unter den Linden eröffnet worden. Dieses Ereignis entfaltete eine Art Sogwirkung: Wilhelmine ließ sich vom Bruder Baupläne des Architekten Georg Wenzeslaus von Knobelsdorff schicken und ging selbst daran, für ihre Residenz in Bayreuth ein neues, prächtiges Opernhaus zu konzipieren. Als Architekten wählte sie Giuseppe Galli Bibiena und ihren Hofbaumeister Joseph Saint-Pierre.[71] Im Sommer 1744 fanden Abrissarbeiten neben dem Redoutenhaus statt (heute: Café an der Oper), um Platz für den Neubau zu schaffen. Im März 1746 begann der Bau, und gegen Ende des Jahres 1747 feierte man das Richtfest. Im September 1748, zur Hochzeit der Tochter, war die Fassade zwar noch nicht ganz fertiggestellt, doch das Theater konnte schon eingeweiht werden.

Es lohnt sich, einen Augenblick beim Theaterbau zu verweilen, denn das Gebäude war ein wichtiger »Mitspieler« im Stück der fürstlichen Selbstinszenierung. Es gab nicht nur den Ermöglichungsort für die Aufführungen ab, sondern trug selbst einige Merkmale jener Kunst, deren Schauplatz es darstellte. Auch jenseits der theaterpraktischen Gegebenheiten hatte es selber theatralische Eigenschaften. Man kann geradezu von einer Inszenierung sprechen, wenn man den Weg von außen ins Innere des

Zuschauerraums (Abb. 9) abschreitet, dessen Ausstattung reich ist an kulissenhaften Elementen.[72] Betritt man vom Haupteingang her das Gebäude, so findet man sich zunächst in einem Vestibül mit gedrungenen Raumproportionen wieder. Der folgende Raum hat die Funktion, Zugang zum Zuschauerraum zu gewähren. Doch dieser Raum, der im Bezug auf die Proportionen das Gegenteil des Vestibüls darstellt, ist selbst schon theaterhaft: Statt eines weit geöffneten Entrées zeigt sich »eine Art Logentheater« in einem Raum, der überproportional hoch ist. Von diesen Logen aus – Balkone über drei Etagen – konnten die Zuschauer dem Einzug des Markgrafenpaares akklamieren.

Man muss einen Augenblick innehalten bei diesem durchaus zweischneidigen Gedanken und noch einmal an Friedrichs II. Bericht über die Dresdner *Ezio*-Aufführung von 1755 erinnern: Die Selbstinszenierung des Absolutismus war eine Gratwanderung. Freilich: In dem Maße, in dem das Spektakel der realen Verherrlichung wirklicher Herrscher diente, fügte es sich ins System ein. Doch wenn die fürstlichen Figuren in den Sog der fiktionalen Handlung gerieten, so konnten sie ebenso gut »nur« als Theaterhelden wahrgenommen werden und liefen Gefahr, ihre reale Würde auf diese Weise selbst zu untergraben. Vielleicht war das ein Grund dafür, weshalb das höfische Repräsentationstheater sich nur in kodifizierten Formen artikulieren konnte – in einer vorherbestimmten Dramaturgie, mit einem klar eingegrenzten Themen- und Konfliktspektrum, einem limitierten Kreis handelnder Personen, einer generell definierten Personenkonstellation.

Einen besonderen Effekt hatte der Architekt für die Zuschauer vorgesehen, die das Parkett betraten. Sie mussten einen niedrigen, engen Gang passieren, ehe sich ihnen in einem grandiosen Coup de théâtre der Innenraum auftat. Krückmann[73] hat die Gestaltung dieses Raumes schlüssig auf den Augenblick bezogen, in dem das Fürstenpaar in seiner Loge erschien. Der festgehaltene Moment evoziert den Trompetenklang, der von den allegorischen Figuren rechts und links des markgräflichen Wappens auszugehen scheint; er soll die Imagination ermöglichen, sämtliche Allegorien richteten beim Eintritt des Markgrafenpaares ihre Bewegung auf sie aus und strahlten auf in Glanz und Bedeutung. Auch das Deckengemälde ist ganz auf die Situation bezogen. Das Motiv der Außenfassade – Apoll und die neun Musen – aufgreifend, erweckt es den Eindruck, Apoll halte im Leierspiel inne, um einen Putto zur Begrüßung in Richtung Fürstenloge zu entsenden. »Hier will ich mich niederlassen«, scheint der Führer der Musen zu verkünden, »hier in diesem friedlichen Lande«. Anspielungen auf den Frieden – und damit auf die gute Herrschaft des Markgrafen *Friedrich* – finden sich zuhauf in den Details der Innenraumgestaltung, und sie geben einen wichtigen Hinweis darauf, in welchen Begründungszusammenhang die Erbauer die Kunst stellen wollten. Es lassen sich sogar ikonologische Hinweise dafür finden, dass Friedrich und Wilhelmine sich als Stifter eines Goldenen Zeitalters sahen. Freilich gab es in diesem Zeitalter keine Egalität. Daran lässt die Architektur keinen Zweifel: Die einen setzten sich in Szene, um gesehen zu werden, und die anderen hatten zu schauen.

Kommen wir zu den theaterpraktischen Möglichkeiten dieses Wunderbaus:[74] Das markgräfliche Opernhaus ist ein Logentheater, wie die Galli Bibiena deren mehrere entworfen hatten. Der Grundriss entspricht dem Längsschnitt einer Glocke. Zuschauerraum (26 Meter) und Bühnenraum (30 Meter) waren ursprünglich fast gleichlang. Die barocke Theaterpraxis, bei der es auf prachtvolle, überwältigende Bühnenbilder und rasche, überraschende Veränderungen der Szene ankam, erforderte solche Dimensionen. Das Bühnenportal war etwa 15 Meter hoch und fast ebenso breit. Als Beleuchtung dienten große, mit Kerzen bestückte Decken- und Wandleuchter, die dem Saal auch während der Vorstellung Licht gaben.

Schwierig war allerdings, wie wir aus einem zeitgenössischen Bericht wissen, das Problem der Heizung zu lösen: »Das Opernhaus ist viel zu weitläufig, als dass es geheizt werden könnte«, kritisierte 1787 Johann Michael Füssel (Schrader 1985, S. 34) und führte aus, dass auch vier Wochen dauerndes Heizen vor einer Aufführung »empfindliche Kälte« nicht verhindern konnte. Bedenkt man die zeitliche Ausdehnung der fürstlichen Spektakel, die sich ja in der Regel nicht mit einem einzigen, für sich bereits mehrstündigen Dramma per musica zufrieden gaben, und nimmt man die zarte Gesundheit der Markgräfin hinzu, so kann man den Enthusiasmus ermessen, der Wilhelmine über solche Unbequemlichkeiten hinwegtrug. Am 24. September 1754 schreibt sie allerdings dem Bruder: »Die Opernsaison ist zu Ende, da meine Gesundheit es mir wegen der großen Kälte nicht mehr erlaubte, das Theater zu besuchen.«[75]

Über die technischen Möglichkeiten wissen wir leider nicht viel. Susanne Schrader bedauerte das schon 1985, konnte aber immerhin die Beschreibung eines Zeitgenossen wiedergeben. Da diese Quelle nach wie vor nur handschriftlich im Archiv des Historischen Vereins Bayreuth existiert, soll hier ausführlich daraus zitiert werden: »Das kunstreichste und von Kennern am meisten bewunderte, war das Maschinen-Werck sowohl über, als besonders unter dem Theater, wodurch bloß durch 4, besonders dazu aufgestellte Zimmerleute und einige wenige Handlanger, nicht nur mit einem Ruck und in einem Augenblick die ganze Vorstellung des Theaters verändert, sondern auch ungeheure Lasten, in gleichen Menschen von der Höhe herab gelaßen, und hinauf gezogen werden konten.« So berichtete der Bayreuther Justizrat Sebastian König, und er wusste auch zu vermelden, dass man Wagen und Pferde über die Hinterbühne auftreten lassen konnte (Schrader 1985, S. 35).

Die Beschreibung der Bühnentechnik macht deutlich, worauf es ankam: auf die Plötzlichkeit einer unerwarteten Verwandlung. Um wenigstens eine schwache Vorstellung davon zu vermitteln, welcher Art die barocken Theaterkünste waren, hat der Bayreuther Theaterkritiker Manfred Eger 1980 in einer kleinen Schrift die *Pratiche di fabricar szene e machine ne' teatri* des Niccolo Sabbattini (Ravenna 1638) ausgewertet, in der gewiss zutreffenden Annahme, die darin enthaltenen Anleitungen zur Bühnenausstattung seien auch im 18. Jahrhundert noch zur Anwendung gekommen. Solche Anleitungen waren unerlässlich, denn bei großen Opernereignissen traten in einem einzigen Akt nicht selten 20 Szenenwechsel ein. Damit kam man in einem dreiaktigen Dramma per musica auf etwa 60 Szenenwechsel (Eger 1980, S. 6).

Wilhelmine war gegenüber solchem »Bühnenzauber» keineswegs immun: Sie engagierte sich einen Fachmann aus Frankreich, über den sie dem Bruder am 8. Januar 1752 schrieb: »Wir haben einen Maschinisten aus Paris, der das Auge mit seinen Maschinen erfreut. Alle Welt hier sagt, es sei ein Wunder; denn dergleichen Dinge habe man in Franken noch nie gesehen« (B II, S. 219).

Schon die Überschriften aus Sabbattinis Lehrbuch für Zauberkünstler auf der Bühne geben einen Eindruck von bestimmten szenischen Topoi, also von Versatzstücken, die mehr oder weniger unabhängig von der jeweiligen Handlung ihren angestammten Platz im Konzept des höfischen Prunk- und Überraschungstheaters behaupteten: »Wie man in einem Augenblick den Himmel sich bewölken lassen kann«, »Wie man eine Wolke sich senken lassen kann, so dass sie vom äußersten Ende des Himmels immer mehr nach vorn bis zur Mitte des Bühne kommt, und zwar mit Personen darauf», »Wie man Berge oder anderes von unterhalb der Bühne hervorkommen lassen kann«, »Wie man es anstellen kann, dass die ganze Szene in einem Augenblick verdunkelt wird«. Es folgen Instruktionen für die Simulation von Blitz und Donner, von Feuer, von bewegten Meeren mit Wasser speienden Ungeheuern darin.

Vor diesem Hintergrund lesen sich die von Wilhelmine erdachten Szenenanweisungen zu eigenen Stücken noch einmal anders: Es manifestiert sich in ihnen die technische Beherrschung des Bühnenillusionismus, der im übrigen außerordentlich aufwändig und teuer war. Die Architektur des Theaters begünstigte die Illusionsbildung noch: An Bühnenbild-Entwürfen von Carlo Galli Bibiena kann man sehen, dass sie darauf ausgerichtet waren, eine vom Zuschauerraum aus »durchgehend sich entwickelnde Palastarchitektur» (Krückmann 1998 a, S. 90) zu schaffen. Damit war die Grenze zwischen Realität und Fiktion aufgehoben. Der Schauplatz des Bühnengeschehens dehnte sich auf das gesamte Theater aus, mit den Zuschauern als Akteuren darin. Auf der anderen Seite wurde das Gebäude unterschiedlich genutzt; es war keineswegs nur dem Theater vorbehalten, sondern öffnete sich auch anderen repräsentativen Veranstaltungen. Vielleicht liegt darin ein Grund dafür, dass die Darbietungen nicht unbedingt mit der ungeteilten Aufmerksamkeit ihres Publikums rechneten. Wie hätte man sonst *während* der Aufführung von *Artaserse* bei den Hochzeitsfeierlichkeiten 1748 in den Logen Speisen und Getränke servieren können?

Eine Zeitspanne von acht Jahren blieb Wilhelmine von der Eröffnung des Opernhauses an, um ihr Theater zu bespielen. Nach 1756 bis zum Tod der Markgräfin im Oktober 1758 sind keine Aufführungen mehr bezeugt.

Argenore – ein Palimpsest

Das Drama

Um das Musiktheater des achtzehnten Jahrhunderts zu verstehen, genügt es nicht, sich auf die ästhetischen Fundamente zu besinnen; man muss sich auch die Wechselbeziehung zwischen den Realisierungsmöglichkeiten und den politisch-ästhetischen Zielsetzungen vor Augen halten. Dass Wilhelmines einzige Oper *Argenore* ein höfisches Dramma per musica ist, erweist sich dann also genauso wichtig wie der Anlass für die Produktion: der Geburtstag des Markgrafen. An diesem Tag sollte auch ein umgebauter Theatersaal im Redoutenhaus feierlich eröffnet werden. Über den Saal ist wenig bekannt; immerhin hat er wohl eine beachtliche Bühnenmaschinerie besessen.[76] Unklar ist ferner, ob die Uraufführung von *Argenore* wirklich im Mai des Jahres 1740 in Bayreuth stattfand. Sehr wahrscheinlich ist das nicht, denn am 31. Mai starb König Friedrich Wilhelm I., und

Wilhelmine befürchtete schon Ende März, dass die Freudengesänge sich in Exequien verwandeln könnten.[77] Gegen eine Aufführung spricht auch, dass das gedruckte Libretto keinerlei Angaben zu den Mitwirkenden und zum Ort der Aufführung machte.

Argenore ist ein düsteres Stück, so düster, dass der Librettist Giovanni Andrea Galletti sich in der Vorrede dafür entschuldigen zu müssen glaubt: Nicht er habe das Sujet erfunden, das für einen fürstlichen Geburtstag wenig passend scheine; es sei ihm aufgegeben worden.

Eine Zuschreibung an Wilhelmine als Ideengeberin lässt sich zwar nicht mit letzter Sicherheit vornehmen, doch wer außer der Markgräfin hätte dem Sänger Galletti, der mit dieser Arbeit im Librettoschreiben debütierte, etwas »aufgeben« dürfen?

Argenore also ist ein düsteres Stück. Schon in der Vorgeschichte greift ein Schurke skrupellos nach der Macht, die in den Händen Argenores, des Königs von Ponto liegt: Acabo (der im Stück nicht auftreten wird) entführt den Prinzen Eumene, nennt ihn Ormondo und zieht ihn gemeinsam mit seiner Tochter Martesia groß, ohne ihn über seine wahre Identität aufzuklären. Acabos Plan, mit Hilfe Ormondos den König zu entmachten, kommt jedoch nicht zur Ausführung, weil er – Acabo – vorher stirbt. Kurz vor seinem Tode übergibt er Martesia ein versiegeltes Dokument, das die Wahrheit über Ormondo enthält, und trägt ihr auf, das Schriftstück dem König Argenore zu eröffnen, allerdings nur für den Fall, dass Ormondo in Not gerate. Ormondo und Martesia kommen irgendwie an Argenores Hof (es kennzeichnet viele Drammi per musica, dass die Librettisten sich mit einer Begründung dafür, warum die Protagonisten sich zu einem bestimmten Zeitpunkt an einem bestimmten Ort begegnen, nicht weiter aufhalten) und werden freundlich aufgenommen. Sie verlieben sich: Martesia in den Prinzen von Geblüt Leonida, Ormondo in die Königstochter Palmide. Heimlich sind die beiden letzteren schon Mann und Frau. So weit die Vorgeschichte.

Die Handlung setzt damit ein, dass Ormondo und Leonida als Sieger von einem Feldzug zurückkehren. Argenore bietet Leonida als Belohnung die Hand der Prinzessin Palmide an, was bei Ormondo und Alcasto, dem Vertrauten des Königs, Bestürzung auslöst. Alcasto, der selbst ein Auge auf Palmide geworfen hat, reagiert geistesgegenwärtig mit einer List: Er berichtet von einem angeblichen Aufstand, in der Hoffnung, der König werde seine beiden erfolgreichen Feldherren in das Krisengebiet entsenden und damit die geplante Hochzeit zumindest verzögern. Tatsächlich beauftragt Argenore Ormondo damit, in Trapezunt nach dem Rechten zu sehen. Dieser ist, ohne darüber sprechen zu können, doppelt verzweifelt, und auch Palmide gerät in Schwierigkeiten, als Leonida sie bedrängt und den Grund für ihr abweisendes Verhalten zu erfahren sucht. Die heimlich Liebenden verabreden sich für den Abend, um Abschied zu nehmen. Alcasto belauscht sie. Jetzt weiß er, dass er zwei Nebenbuhler ausschalten muss. Er denunziert Ormondo beim König, der daraufhin seinem Garde-Hauptmann Italce befiehlt, Ormondo zu bespitzeln und dessen Abreise zu beschleunigen. In der Nacht kommt es zu mehreren folgenschweren Missverständnissen: Alcasto versucht Palmide, die ihn zunächst für Ormondo hält, zu entführen. Ormondo kommt hinzu und schlägt Alcasto in die Flucht. Dabei verliert er seinen Mantel. Die Liebenden glauben, Leonida sei der Angreifer gewesen. Alcasto hat mit Ormondos Mantel nunmehr ein Beweismittel in Händen, mit dessen Hilfe er seinen Verleumdungen gegenüber Argenore Glaubwürdigkeit verleihen kann. Der König konfrontiert Palmide, die nach bestem Wissen und Gewissen Leonida beschuldigt, mit dem Mantel des Ormondo. Als sie sich ein zweites Mal weigert, Leonida zu heiraten, droht der Vater ihr mit dem Tod. Sie flieht entsetzt.

Im Hafen wird Ormondo entwaffnet und verhaftet: Palmide konnte ihn nicht rechtzeitig vor Italce warnen. Sie weist den verzweifelnden Leonida erneut ab.– Im Verhör zeigt Ormondo sich gegenüber Argenore unbeugsam und wird zum Tode verurteilt. Martesia bietet dem König vergeblich ihr Leben für dasjenige des vermeintlichen Bruders an. Palmide gesteht Argenore ihre Liebe zu Ormondo. Der Vater befiehlt ihr, den Geliebten zu töten. Palmide kann nur mit einer Selbstmorddrohung verhindern, dass Argenore Ormondo von den Wachen niederschlagen lässt. – Im Kerker soll Ormondo den Giftbecher trinken. Er kann vorher fliehen, doch ermordet er Italce und einen Gefängniswärter. Dadurch misslingt eine von Argenore eingefädelte Szene: Er hatte Palmide ein Wiedersehen mit Ormondo versprochen, um sie auf desto grausamere Weise mit dem Tod des Geliebten zu konfrontieren. Nur weil die Flucht entdeckt wird, entgeht Palmide dem Zorn ihres Vaters. Abermals weist sie Leonida ab. Da beschließt dieser, Ormondo zu töten, der inzwischen einen Aufstand angezettelt hat. Tatsächlich fällt Ormondo von der Hand des Alcasto, nachdem Leonida ihn schwer verwundet hat. Palmide gerät in Raserei, schändet den Tempel und bringt Leonida um. Argenore will seine Tochter nun zur Ehe mit Alcasto zwingen. Erst jetzt erinnert sich Martesia an den versiegelten Brief und überreicht ihn dem König. Palmide flieht, als sie erfährt, dass sie ihren Bruder als Gatten geliebt hat, und stürzt sich ins Meer. Argenore lässt Alcasto von seinen Wachen umbringen. Er erkennt, dass er selbst den Tod seiner Kinder verschuldet hat, und erdolcht sich auf offener Szene.

Man kann dieses Textbuch vor dem Hintergrund seiner Bezugsgröße, des idealtypischen Dramma per musica, interpretieren, indem man die konventionellen Bestandteile und die Abweichungen von der Konvention herausarbeitet. Bei der Analyse derjenigen Elemente, die sich eindeutig vom Modell Metastasios und seiner Nachahmer entfernen, ist immer wieder auf Parallelen mit traumatischen Erfahrungen aus Wilhelmines Biographie hingewiesen worden.

Susanne Vill, die das Werk 1993 zur Aufführung brachte (möglicherweise war das sogar die Uraufführung), sprach von einer stark autobiographischen Prägung des Stoffes und inszenierte *Argenore* als Familiendrama im preußischen Königshause.[78]

In der Tat fällt am Personal-Tableau auf, dass enge Familienbeziehungen gehäuft auftreten: Palmide und Ormondo sind Geschwister und zugleich Kinder des Argenore. Damit besteht zwischen drei der sieben Protagonisten eine Blutsverwandtschaft ersten Grades. Martesia und Ormondo verbindet eine Art »gefühlter« Verwandtschaft, da die beiden sich für Bruder und Schwester halten.

Eher unüblich ist es ferner, dass Palmide von drei Männern umworben wird, während Martesia unglücklich liebt und keinen Verehrer hat. Da das Stück in der Katastrophe endet, gibt es auch keine Brautpaare. Stattdessen verlieren insgesamt sieben Personen ihr Leben, davon zwei – Palmide und Argenore – durch Selbstmord. Italce und ein Gefängniswärter werden von Ormondo auf der Flucht getötet, während Leonida durch Palmidens Hand, Ormondo durch Alcasto stirbt. Letzteren beseitigt Argenore, nachdem er sich seiner bedient hat, so wie Wotan Hunding mit einer verächtlichen Handbewegung hinwegfegt.

Das Drama enthält zwar eine Reihe geläufiger Situations- und Szenentypen, doch taucht es sie gewissermaßen in schwarze Farbe:

Ein heimliches Treffen zwischen Liebenden, die sich das letzte Lebewohl sagen wollen, gibt es in vielen Stücken. Jedoch stellen diese beiden Personen in der Durchschnitts-Dramaturgie eines der zwei Paare, die am Ende zusammenkommen. Wilhelmines Entwurf kombiniert den Szenentyp mit der noch unaufgedeckten inzestuösen Beziehung zwischen Palmide und Ormondo, die unter keinen Umständen einen glücklichen Ausgang erlaubt.

Auch das Motiv des Aufstandes ist geläufig; wir kennen es bereits aus *Artaserse*. Ein Aufstand dient in der Regel dazu, jemanden zu rehabilitieren, zum Beispiel, weil er zu Unrecht der Illoyalität verdächtigt wurde.

Kunstgeschichten, Werkgeschichten

Ganz das Gegenteil hier: Ormondo lehnt sich gegen Argenore auf und macht alles nur noch schlimmer.

Ausweglosigkeit zeichnet auch die Liebesbeziehungen: Palmide liebt den eigenen Bruder. Leonida, bliebe er am Leben, wäre keinesfalls der Richtige für Palmide nach allem, was er ihrem Geliebten angetan hat. Dasselbe gilt für Alcasto.

Kaum jemand hat ehrenhafte Motive für sein Handeln. Den gattungstypischen Konflikt zwischen Liebe und Ehre oder Liebe und Pflicht können wir auch mit der Lupe hier nicht finden. In diesem Stück sind fast alle Dramatis personae Spielball ihrer Emotionen: Sie handeln aus Wut, gekränkter Ehre, Hochmut, Verzweiflung. Die Wucht dieser Affekte führt unmittelbar in die Katastrophe. Wolfgang Hirschmann hat *Argenore* deshalb einen »negativen Fürstenspiegel« genannt (Hirschmann 1995, S. 131).

Diesen Gedanken – dass man ein Negativ präsentieren könne, weil das Publikum, versiert genug, die intendierte Botschaft entschlüsseln werde – gibt es auch bei Pietro Metastasio. In der Licenza zu *Demofoonte* heißt es: »Jeder von uns kann in dem Übel, das die anderen bedrückt, besser das Gute erkennen, dessen er sich erfreut, und dieses Gute gereicht ganz und gar dir [i.e. dem Herrscher] zum Lobe [...]. Welchen Exzess das Theater auch darstellen mag – in dir zeigt sich das Gegenteil, die Tugend« (Metastasio, S. 334f.). Die Bedingung für solche Negativ-Darstellungen dürfte der *lieto fine* gewesen sein: Durch das »Ende gut – alles gut« konnte die Wirkung von schlechten Beispielen gewissermaßen domestiziert werden.

In Wilhelmines *Argenore* freilich schießen dem Unheil die Zügel, zumal das tragische Ende kaum die Umdeutung des Geschehenen in ein belehrendes Exempel ermöglicht.

Eine Person passt jedoch nicht in dieses Szenario: die opferwillige Martesia, die sich der Katastrophe entgegenzustemmen versucht. Martesia bleibt als einzige am Leben. Allerdings kann man diese Tatsache beim besten Willen nicht als eine Bestätigung der bestehenden Ordnung interpretieren, denn die Ordnung wird ja vernichtet. Der König und seine Nachkommen gehen zugrunde, und der nihilistische Schluss des Stückes gibt keine Antwort auf die Frage, wer künftig in Ponto regieren wird.

Die Figur der Martesia allerdings hat einen gravierenden Makel, und dieser Makel will so gar nicht zur tragischen Fallhöhe der Handlung passen: Es ist Martesias Vergesslichkeit. Sie kostet Ormondo und Leonida, mittelbar auch Italce, den Gefängniswärter und Argenore das Leben. Nur die Geschwisterliebe zwischen Ormondo und Palmide bleibt unberührt davon, zu welchem Zeitpunkt Martesia ihr Dokument offenlegt. Alle anderen Verwicklungen wären vermieden oder zumindest in ihren Folgen stark abgeschwächt worden, hätte Martesia sich beizeiten des Auftrags erinnert, den ihr der sterbende Vater gab. Es entbehrt jeder – auch dramatischen – Wahrscheinlichkeit, dass Martesia, während sie selbst ihr Leben für das des geliebten (Zieh-)Bruders opfern möchte, sich des Briefes nicht erinnern sollte, der ausdrücklich für den Augenblick der Gefahr bestimmt ist.

Dieser offensichtliche Bruch in der Handlungsführung, das Läppische, das darin liegt, dass eine weniger vergessliche Martesia den Untergang des Königshauses hätte verhüten können, macht stutzig. Und wenn es richtig ist, dass solche Bruchstellen – ähnlich wie die Freudschen »Fehlleistungen« – einen Blick auf den tiefsten Grund des Kunstwerks eröffnen, dann sind wir hier auf eine Schlüsselstelle gestoßen: In psychoanalytischer Perspektive ist es gleichgültig, ob Martesia bewusst oder unbewusst gegen das Gebot des Vaters verstößt. Entscheidend ist, *dass* sie es tut und was daraus entsteht. Die Katastrophe ereignet sich, so gesehen, als Konsequenz aus töchterlichem Ungehorsam.

Mit der dramaturgischen Positionierung der Martesia wiederholt Wilhelmine eine Konstellation, in der sie selbst bis zum Tode des Vaters verharrte: Was Martesia auch tut – es ist falsch. Unterschlägt sie den Brief, so begünstigt sie den Inzest zwischen Ormondo und Palmide und beraubt Ormondo seiner Identität als Königssohn. Die Aufdeckung seiner Herkunft hätte immerhin das Todesurteil verhindern können. Indem Martesia das Dokument preisgibt, führt sie jedoch den Selbstmord der Palmide und des Argenore herbei, und Ormondo wird dadurch auch nicht mehr lebendig. Jetzt verstehen wir, wie Argenore Martesia in der vorletzten Szene ein »fiero mostro«, ein stolzes Ungeheuer nennen kann. Wir verstehen auch, dass *beide* Frauenrollen – Martesia und Palmide – Identifikationsfiguren für die Autorin sein konnten.

Bei Palmide sind biographische Parallelen offensichtlicher: Sie ist die Königstochter, schon das lenkt die Aufmerksamkeit auf sie, und sie wird in geradezu grotesker Mechanik von ihrem Vater zunächst dem Leonida und, als sie diesen umgebracht hat, dem Alcasto als Ehefrau angeboten. Das Motiv ist dem Dramma per musica so fremd, dass wir seinen Ursprung in Wilhelmines Lebensgeschichte suchen müssen: in den unwürdigen Heiratsprojekten, die Friedrich Wilhelm I. für seine Älteste ersann und verwarf, verwarf und ersann.

Wenn wir in *Argenore* tatsächlich ein Schlüsseldrama vor uns haben, dann wäre zu fragen, ob die Figur des Ormondo Züge des preußischen Erbprinzen Friedrich trägt. Da fallen vor allem die missglückte Flucht,

Bespitzelung, Verrat und Entwaffnung des Prinzen auf, außerdem das durch den eigenen Vater verhängte Todesurteil. Auch die Szene (II, 12), in der Argenore seinen Wachen befiehlt, Ormondo niederzuschlagen, weckt die beklemmende Erinnerung an gewalttätige Konflikte zwischen Kronprinz und König. Im Streit zwischen Argenore und Ormondo (II, 10) fallen die Worte:

»Ja, wenn die Geburt/ Durch die Vernunft regieret würde, und nur derjenige/ Ein Reich beherrschen sollte, welcher die Last der Herrschaft/ Zu tragen vermögend und also derselben würdig ist,/ So würde Argenor ein Knecht und Ormondo ein König seyn.«[79]

Die nicht auf den ersten Blick sichtbare Pointe dieser Stelle liegt darin, dass Ormondo der rechtmäßige Thronfolger ist, dass er also über die dynastische *und* moralische Legitimation zum Regieren verfügt, während der König seine Macht nur aus der Herkunft ableitet.

Argenore schließlich: Er erscheint wie eine Abspaltung aller negativen Eigenschaften von Wilhelmines Vater. Sein Jähzorn und seine Grausamkeit kennen kein Maß. Nur ein einziges Mal zeigt Argenore väterliche Gefühle: Als er den Verlust seines Sohnes Eumene betrauert und die Götter darum bittet, Palmide wieder zur Vernunft zu bringen (I, 11). Dieser Eindruck wird jedoch restlos getilgt von einer Szene, die eine von Wilhelmine in den Memoiren berichtete Begebenheit zu unerträglichem Sadismus zuspitzt: Wir erinnern uns daran, dass der König nach der Verhaftung von Kronprinz Friedrich gegenüber der Königin, wohl um sich an ihrem Schmerz zu weiden, zunächst behauptet hatte, Friedrich sei tot (vgl. oben S. 29). In der 2. Szene des III. Aktes suchen Argenore und Palmide den Kerker auf. Der Vater hat der Tochter ein Wiedersehen mit dem Geliebten in Aussicht gestellt, jedoch gleichzeitig heimlich den Auftrag gegeben, Ormondo in den Selbstmord zu treiben. Argenore beabsichtigt also, die ahnungslose Palmide zur Leiche ihres Geliebten zu führen. Wer nach der Lektüre der Memoiren dachte, schlimmer könne es nicht mehr kommen, wird durch diese Szene belehrt. Vielleicht versuchte Wilhelmine sich, indem sie diese Szene schrieb, eines erdrückenden Traumas zu erwehren.

Es bleibt die Frage, ob hinter einem der Protagonisten ein (Teil-)Porträt des Markgrafen Friedrich steckt. Nur Leonida kommt dafür in Frage. Er besitzt im Drama kein allzu scharfes Profil. Etwas fragwürdig wirkt er, als er Martesia um Fürsprache bei Palmide bittet und andeutet, er könne sich ersatzweise ihr zuwenden, falls Palmide ihn nicht erhöre.

Die Musik [80]

Die Partitur zu *Argenore* schlummerte lange an versteckter Stelle. Obwohl Günther Schmidt in seinem Artikel *Hohenzollern* im 6. Band der *Musik in Geschichte und Gegenwart* (1957) darauf hinwies, dass die Handschrift sich in der Staatsbibliothek Ansbach befinde, dauerte es 26 Jahre, bis Hans-Joachim Bauer sie aufgrund eines Handschriftenvergleichs Wilhelmine zuschrieb. Unter dem Titel *Rokoko-Oper in Bayreuth* veröffentlichte er das Werk 1983 im Faksimiledruck. Den entscheidenden Impuls für die Aufführungsgeschichte gab diese Edition jedoch noch nicht; das blieb der Ausgabe von Wolfgang Hirschmann im *Erbe deutscher Musik* vorbehalten. Sie erschien 1996. Auf der Basis dieser Ausgabe gab es 2001 zwei Produktionen »auf preußischem Boden«. Die erste war von der Musikwissenschaftlerin Beatrix Borchard als Projekt der Berliner Hochschule der Künste initiiert (Regie: Vroni Kiefer, musikalische Leitung: Hanno Bachus; Premiere am 6. Juli im Saalbau Neukölln), die zweite fand im Schlosstheater im Neuen Palais zu Potsdam-Sanssouci statt (Regie: Jos van Kan, musikalische Leitung: Johan van Slageren, Batzdorfer Hofkapelle und Ensemble des Hans Otto Theaters Potsdam; Premiere: 17. November) und wurde auch – im Herbst 2002 – im Markgräflichen Opernhaus in Bayreuth gespielt.

Die Uraufführung des Werkes dürfte, auf der Grundlage des Faksimiledruckes von 1983, im Jahre 1993 im Markgrafentheater Erlangen stattgefunden haben. Den Anlass für diese Produktion lieferte der 250. Geburtstag der Friedrich-Alexander-Universität. (Regie: Susanne Vill, musikalische Leitung: Walter Opp, Barockorchester Ensemble Aperto).

Freilich wollte keine der genannten Realisierungen von *Argenore* auf Striche verzichten. Die Erlanger Aufführung ließ ebenso wie die Berliner und die Potsdamer die Da capo-Teile der Arien, häufig sogar die Mittelteile weg, was man vor dem Hintergrund berechtigt finden kann, dass das gesamte Werk eine Spieldauer von mehr als vier Stunden haben dürfte. Es ist also keine Übertreibung zu sagen, dass die Uraufführung des ungekürzten Stückes noch aussteht.

Welche Fragen kann uns eine musikalische Analyse beantworten, die sich nicht aufs Deskriptive beschränkt? Das (nur für heutige Hörgewohnheiten ausladende) Werk enthält 25 Arien und ausgedehnte Rezitativ-Partien. Der überwiegende Teil der Rezitative wird nur vom Generalbass begleitet. Im III. Akt setzt die Komponistin dreimal an exponierter Stelle Akkompagnato-Rezitative ein.

Im Zentrum einer musikalisch-dramaturgischen Interpretation müssen die Arien stehen. Dieses Bündel von 25 Sologesangsnummern kann unter verschiedenen Aspekten betrachtet werden. Je nachdem, welches Kriterium man dabei in den Vordergrund rückt, wird es um die Verteilung der Arien auf die Darsteller, um das Tonarten-Szenario des Werkes, um bestimmte Satztypen oder um die Frage gehen, wie die in den Arientexten thematisierten Affekte musikalisch dargestellt sind. In unterschiedlichen Blickwinkeln sortiert das Arienbündel sich jeweils anders und bildet spezifische ästhetische Kraftfelder aus. Diese Kraftfelder zu untersuchen, ist unerlässlich, genügt jedoch nicht, um das Werk im Ganzen zu interpretieren. Wir möchten ja wissen, was die Tragödie *Argenore* uns zu sagen habe. Das ist übrigens eine weiter gefasste Fragestellung als diejenige, was die Autoren uns wohl mit dem Werk sagen wollten. Um die semantische Dimension mit dem Handwerkszeug der musikalischen Analyse zu erschließen, müssen wir alle Erkenntnisse über die Arien in Beziehung zum Drama setzen. Erst dann kann die »Arienstatistik« Deutungsperspektiven eröffnen.

Beginnen wir mit den notwendigen Vorarbeiten: Die folgende Tabelle führt die Dramatis personae in der Reihenfolge auf, in der sie im gedruckten Libretto erscheinen – was einen Hinweis auf ihre Wichtigkeit gibt –, und vermerkt hinter den Namen jeweils die Anzahl der Arien:

Person	Arien
Argenore	4
Ormondo	6
Palmide	4
Leonida	4
Martesia	4
Alcasto	3
Italce	0

Diese Tabelle lässt klar erkennen, dass die Anzahl der Arien, die eine Person singt, mit der dramaturgischen Bedeutung der Person korrespondiert. Demnach ist Ormondo deutlich hervorgehoben. Argenore, Palmide, Leonida und Martesia werden gleichbehandelt als wichtige Personen, während Alcasto etwas abseits von dieser Gruppe steht, jedoch größeres Gewicht hat als Italce.

Im nächsten Schritt kann man das jeweils einer Person zugeteilte Arienbündel daraufhin untersuchen, ob und wie es die Person charakterisiert:

ob die Komponistin beispielsweise bestimmte musikalische Gestaltungs-elemente exklusiv für die Person reserviert oder ob sie gerade das nicht getan hat. Freilich steht ein solcher Ansatz – die Frage nach den Perso-nencharakterisierungen – in Konkurrenz zu der Tatsache, dass das musik-dramaturgische Konzept des höfischen Musiktheaters noch eine Reihe anderer ästhetischer Zielsetzungen hatte:

Wir können nicht einmal mehr erahnen, in welchem Ausmaß sowohl Institution als auch theatralische Form der Hofoper von den Darstellerin-nen und Darstellern abhängig waren. Die Demonstration der Gesangs-kunst, die von artistischen Elementen nicht frei war, bildete das ästhetische Zentrum des Dramma per musica. Die Form der Da capo- oder Dal seg-no-Arie passte sich dieser Zielsetzung an: Ausgehend von einem weitge-hend verbindlichen Textmodell – zwei jeweils vierzeilige Strophen –, präg-te die Da capo-Arie eine Wiederholungsform aus, die in der Sprache der Buchstaben-Analyse

A A' B A A'

heißt. Dabei entfällt auf A und A' der erste, auf B der zweite Vierzeiler. Der A'-Teil, der den zweiten Textvortrag der ersten Strophe bringt, ist vokaler Virtuosität vorbehalten. Das bedeutet nicht, dass der A- und der B-Teil koloraturen- und trillerfrei wären, jedoch heißt es, dass von fünf Teilen (wenn wir die Wiederholung von A und A', das Da capo, als eigene Form-teile werten) zwei sehr deutlich durch eine virtuose Schreibart charakteri-siert sind. Dabei erfasst das Wort »Schreibart«, man könnte auch sagen: Kompositionsweise, nur die halbe Wahrheit. Denn neben den schriftlich fixierten Verzierungen stehen die improvisierten, für die der Komponist lediglich das Startsignal in Gestalt einer Fermate gibt. Es ist für uns heute schwer vorstellbar, dass es sich bei diesen improvisierten Partien um den ästhetischen Kern des Dramma per musica gehandelt habe, aber es muss so gewesen sein. Davon zeugt nicht nur der Starkult um berühmte Prima-donnen und Kastraten, davon zeugt auch die Langlebigkeit der Da capo-Arienform. Für mehrere Jahrzehnte lieferte sie das verbindliche Formmu-ster für die Sologesangsnummern des Dramma per musica, bis sich nach 1760 auch andere Formen etablieren konnten.

Aus der Vormachtstellung der Ausführenden, die sich in vergleichswei-se sehr hohen Gagen niederschlug, ergab sich eine bestimmte Hierarchie im Produktionsprozess. Der im übertragenen Sinne verwendete Begriff von der »Primadonna« weiß auch heute noch etwas davon. Die gutbe-zahlten Publikumslieblinge nahmen auf die Gestalt des aufzuführenden Werkes so viel Einfluss wie möglich, um sich optimal in Szene setzen zu können. Komponist und Librettist mussten sich dem unterordnen. Einerseits schufen sie Auftragswerke bereits mit Blick auf die vorgesehenen Künstler und deren besondere künstlerische Fähigkeiten. »Künstlerisches Profil« würden wir das heute wohl nennen. Andererseits mussten die Autoren erdulden, dass die ausführenden Virtuosen Veränderungen der Werke diktierten. Wahrscheinlich fließt uns erst heute das Wort »erdulden« für diesen Sachverhalt in die Feder, weil wir »das Kunstwerk« seit dem 19. Jahrhundert als etwas Unantastbares begreifen gelernt haben. Für Wilhelmines Zeitgenossen waren die Geschäftsbedingungen der Hofoper gewiss nicht unannehmbar; sonst wäre das System international nicht so verbreitet und ästhetisch wie institutionsgeschichtlich nicht so stabil gewesen. Vor diesem Hintergrund versteht man, dass der Begriff und Brauch der »Koffer-Arie« (aria di baule) sich ausprägen konnte: Das waren Bravourstücke, die berühmte Kastraten und Primadonnen im Gepäck mit sich führten und nach Belieben in die Opern einfügten, in denen aufzutreten sie sich verpflichtet hatten. Man begreift auch, dass es einen stark typisierten Katalog von Arientexten eher allgemeiner Diktion gab, gewissermaßen ein Repertoire, dessen sich die Librettisten bedienten, um es in ebenfalls standardisierte Handlungsentwürfe einzupassen. Dies kann man auch am *Argenore*-Libretto ablesen: Dort sind 12 von 25 Arien mit einem Sternchen versehen und mit dem Hinweis, dass diese Texte anderen Werken entnommen seien.

Dass musikalische Ensemblestücke in einem solchen System nicht Karriere machen konnten, und wenn, dann nur in Form von Duetten mit einem bestimmten Inhalt (»letztes Lebewohl«, italienisch: »l'ultimo/estremo addio« war sehr beliebt), das liegt ebenfalls auf der Hand. Die Arientexte des Dramma per musica, ihrerseits eine systemerhaltende Größe, hatten zu einem großen Teil Affekte wie Wut, Rachedurst, Liebe (meist unglücklich), Eifersucht zum Gegenstand und bedienten sich einer Art von Vergleichen, die der musikalischen Gestaltung Impulse gaben. Ein Beispiel aus *Argenore* kann das illustrieren:

Die (mit Sternchen versehene) Arie des Leonida in der 4. Szene des III. Aktes lautet:

Scorre per l'onde irate
Il passagier dolente,
S'agita, vede, e sente
Qualche conforto almeno,
Che sol non perirà.

Tale nel fier mio duolo

Vò consolando il core,
Che misero in amore
Solo non languirà. [81]

Die »erzürnten Wellen« provozieren die übliche Analogiebildung zum
Text in der Komposition, sei es mit lautmalerischem Auf und Ab, sei es
durch ein mehr allegorisch zu verstehendes wellenförmiges Notenbild.
Auch die Vokabel »agitare« (bewegen) hat eine gewisse Schubkraft für
motorisch bewegte Figuren in der Musik, so wie »duolo« (Schmerz) und
»languire« (seufzen) als Türöffner für mit Schmerz und Seufzern identifi-
zierbare Elemente der Komposition dienen.

Man kann am Text dieser Vergleichs-Arie auch ein häufig verwendetes
Prinzip zeigen: Während der erste Vierzeiler, also derjenige Text, der in
den A-Teilen vertont wird, sich ausschließlich auf der Ebene des Vergleichs
bewegt, bewirkt der zweite, dem B-Teil vorbehaltene Vierzeiler mit dem
Anschlusswort »tale« (so) den Umschwung auf die emotional-affektive
Ebene: Jetzt geht es um Gefühle, jetzt wird um den Affekt nicht mehr her-
umgeredet.

In dieser Perspektive könnte man eigentlich erwarten, dass die Handlung des Dramma per musica um eine Anzahl möglichst verschiedener
Affekt-Szenen herum arrangiert ist: Das Secco-Rezitativ hat eine Affekt-
station nach der anderen zu erreichen, indem es die Handlung vorantreibt.
Dieser prinzipielle Unterschied zwischen Rezitativ und Arie lässt sich ver-
anschaulichen, indem man das jeweilige Sprechtempo untersucht:
Während im Rezitativ annähernd die natürliche Sprechgeschwindigkeit
erreicht wird, kann eine aus acht Versen bestehende Arie mit ihren improvisierten Passagen gut und gerne länger als zehn Minuten dauern.

Um ein Dramma per musica zu verstehen, ist es hilfreich, jede einzelne
Arie für sich zu betrachten, die Arien miteinander zu vergleichen und zu
untersuchen, ob sie »sinnvoll« angeordnet sind. Dabei muss man sich ein
Bild über Tonarten, Taktarten, Tempi, Besetzung, Satztypen und Vor-
tragsbezeichnungen machen.

Um mit den Tonarten zu beginnen: In der ersten Hälfte des 18. Jahrhunderts hatte sich die gleichschwebende Stimmung – die Unterteilung
der Oktave in 12 identische Halbtöne – noch nicht durchgesetzt. Nicht
gleichschwebende Stimmungen aber brachten es mit sich, dass die einzelnen Tonarten tatsächlich ihren eigenen Charakter entfalten konnten. Es
galt: je mehr Vorzeichen, desto mehr auffällige (wir würden heute sagen:
unsaubere), charakteristische Zusammenklänge aufgrund von Uneben-

heiten bei der Unterteilung der Oktave. Diese kritischen Intervalle waren Träger des spezifischen Tonartencharakters. Man kann das als eine Art Reichtum des Stimmsystems begreifen, der mit der Einführung der »wohltemperierten« Stimmung verloren ging (was freilich dadurch kompensiert wurde, dass nunmehr alle Tonarten, auch die mit vielen Vorzeichen, in gleicher Weise verwendbar waren).

Es gab noch andere Determinanten. Sie hingen mit der Instrumentalpraxis und mit Konventionen zusammen. Bei bestimmten feierlichen oder triumphalen Szenen hatte sich D-Dur eingebürgert. Ähnliches gilt für die Jagdthematik und B-Tonarten mit wenigen Vorzeichen, was wiederum auf die Bauweise der Waldhörner zurückging.

Das Tonartenspektrum der einzelnen Rolle sagt etwas über die Bedeutung im Drama aus. Vereinfacht heißt das: Je mehr Vorzeichen die Arien einer handelnden Person haben, desto wichtiger ist diese Person. Die Hauptpersonen aber sind diejenigen, denen nicht nur extreme Tonartern, sondern auch extreme Affekte zugestanden werden.[82] Die folgende Auflistung gibt in Spalte 1 und 2 die Verhältnisse in *Argenore* wieder:

Person	Arien-Tonarten	Schritte im Quintenzirkel
Ormondo	e, Es, H, D, g, F	8 Schritte
Argenore	F, C, d, e	2 Schritte
Palmide	a C, G, E, Es	7 Schritte
Martesia	E, e, c, F	7 Schritte
Leonida	a, Es, A, D	6 Schritte
Alcasto	C, d, G	2 Schritte

Nur Ormondo hat eine Arie in H-Dur, Palmida und Martesia folgen mit je einer E-Dur-Nummer. Fünf bzw. vier vorgezeichnete Kreuze: Das sind die Extremwerte für *Argenore*. Auf dieser Ebene ist Ormondo die eigentliche Hauptperson des Stückes. Man kann das noch schärfer herausarbeiten, indem man mit Reinhard Wiesend die Schritte zählt, die im Quintenzirkel zurückgelegt werden müssen, um von der Arie mit den meisten b-Vorzeichen bis zu derjenigen mit den meisten #-Vorzeichen zu gelangen (Spalte 3 der Tabelle). Hier ist einerseits die paritätische Behandlung von Palmide und Martesia hervorzuheben, andererseits wirft das Arienprofil des Titelhelden Fragen auf: War Argenore schon quantitativ bei den Arien schlecht weggekommen, so beschränkt sich sein Tonartenspektrum auf nicht mehr als zwei Schritte im Quintenzirkel. »Königlich« ist diese Ausstattung nicht; sie passt allenfalls auf einen sehr sparsamen König, wie Wilhelmines Vater es war.

Die Tatsache, dass Palmide und Martesia durch ihre Arien in gleicher Weise hervorgehoben sind und als irgendwie zusammengehörig erscheinen, obwohl man das im Verhältnis zwischen *prima* und *seconda donna* nicht unbedingt erwartet, legt es nahe, nach den tonartlichen Querverbindungen zwischen den Arien der Dramatis personae zu fragen. Wenn wir die Tabelle vornehmen und bei den Arien-Tonarten jeweils die Dur- bzw. Mollparallele hinzudenken, so ergibt sich folgendes Bild: Ormondo hat mit seinem Vater nur e und F gemeinsam, mit Palmide G/e und Es. Mit Martesia teilt er G/e, Es/c und F. Palmide und Martesia haben mit G/e, E und Es/c ein weitgehend überlappendes Tonartenprofil.

Besondere Aufmerksamkeit verdient die Tonart c-Moll: Mit ihr wird, in Argenores abschließendem Akkompagnato-Rezitativ, die Katastrophe besiegelt. Auffälligerweise singt nur Martesia, außer Alcasto die einzige, die mit Argenore weder verwandt noch verschwägert ist, eine c-Moll-Arie, und zwar als Finalstück des II. Aktes. Dieses Detail zeigt, dass, gewissermaßen *sub specie finis*, auch auf die Position einzelner Tonarten in der Chronologie des Werkes geachtet werden muss.

Ob die Komponistin dem Werk einen tonartlichen Rahmen geben wollte, darüber kann man nur spekulieren; Hinweise darauf sind nicht sehr deutlich. Zwar stehen die erste und die letzte Arie in F-Dur, die zweite und die vorletzte in e-Moll; damit erschöpfen die Bezüge sich aber auch schon. Außerdem kann man gegen diese auf die Arien fixierte Betrachtungsweise einwenden, dass am Beginn von *Argenore* der D-Dur-Triumph-Chor steht, während den Beschluss ein Akkompagnato-Rezitativ in c-Moll bildet. Es erscheint willkürlich, die beiden Stücke für weniger wichtig als die Arien zu nehmen. Andererseits gab Wilhelmine bei der letzten Arie des III. Aktes zu erkennen, dass ihr die Tonart nicht gleichgültig war: Für diese Arie der Martesia schrieb sie eine Variante, die ebenfalls in F-Dur steht.

Übrigens bedürfte es für eine im Hinblick auf die Tonarten umfassende und in sich stimmige Organisation der Partitur einer ausgefeilten Kombinatorik: Wir haben gesehen, dass es zumindest die Tendenz gab, bestimmte Affekte mit bestimmten Tonarten zu identifizieren. Außerdem hatte der Komponist die Arienkomposition auf die Sängerinnen und Sänger zuzuschneiden, und dies umfasste natürlich auch die Wahl derjenigen Tonart, in der der Stimmambitus der Virtuosen am besten zur Geltung kam. So betrachtet, erscheint es schwierig (und für das Gelingen der

Kunstgeschichten, Werkgeschichten

Komposition eher nachrangig), alle diese Bedingungen zu erfüllen und das Ergebnis zugleich in einen werkspezifischen Tonartenplan einzupassen.

Immerhin hebt die Tonart c-Moll sich nicht nur deshalb hervor, weil sie gewissermaßen das letzte Wort hat: Sie dominiert den III. Akt der Oper. Schon das Ende des II. Aktes, Martesias Arie (II, 14), steht in c-Moll. Der III. Akt beginnt im Kerker mit einem Akkompagnato Ormondos in dieser Tonart und schließt, wie erwähnt, mit Argenores Selbstmord in c-Moll. Indem die Komponistin den III. Akt unter das Zeichen der Tonart stellt, hebt sie ihr Werk aus den Angeln der Tradition. Das gilt auch für das Profil des gesamten Arien-Tableaus. Unüblicherweise nimmt das Moll-Geschlecht breiten Raum ein. Von 25 Arien artikulieren nur 17 sich in Dur, eine Verteilung, die für die Entstehungszeit des Werkes ungewöhnlich war. Dasselbe gilt für die Häufigkeit von langsamen Tempi: *Argenore* enthält 10 Adagio- und zwei Andante-Arien; Martesias Arie im III. Akt, die in zwei Varianten vorliegt, wechselt in beiden Versionen zwischen Presto und Adagio. Man kann also sagen, das Werk habe eine besondere – dunkle – Farbe und einen über mehr als die Hälfte sich erstreckenden langsamen Duktus. Diese Besonderheiten kompensieren die Gleichförmigkeit der Besetzung: Nur zweimal tritt eine obligate Flötenstimme zum vierstimmigen Streichersatz hinzu, in der Arie des Leonida (I, 6) und in Ormondos Arie (I, 14). In Wilhelmines Umgebung gab es zwei Flöte spielende Männer: den Bruder und den Ehemann. Die Flöte in Ormondos Arie kann als Hinweis auf den Berliner, die in Leonidas Arie als Anspielung auf den Bayreuther Friedrich verstanden werden.

Dass *Argenore* die ausgetretenen Pfade der Konvention vermeidet, gibt auch die Affekt-»Mischung« der Arien zu erkennen. Doch zunächst ist mit einem Vorurteil aufzuräumen, das das Bild des Dramma per musica seit je bestimmt: dass die Arien Affekte und nichts anderes zum Gegenstand hätten. Wenn man die Arientexte genau betrachtet, so kristallisieren sich mehrere Typen heraus, die sich beim besten Willen nicht alle unter »Affekt-Ausdruck« subsummieren lassen.

Auffälligstes Beispiel dafür sind die Vergleichs-Arien: Sie bestehen, wie schon erläutert, in der Regel aus einem beschreibenden Vierzeiler und einer zweiten Strophe, in der die Merkmale des Vergleichsgegenstandes aus dem ersten Teil qua Analogieschluss auf die Situation der handelnden Person bezogen werden. In diesen Arien haben deskriptive Elemente eindeutig mehr Gewicht als expressive. Dem Gefühlsausdruck noch ferner stehen räsonierende Arientexte, die allgemein Bekanntes verkünden, etwa nach Art von Palmides Arie in der 15. Szene des I. Aktes: Im Unglück wächst die Hoffnung.

Schließlich gibt es in *Argenore* eine Reihe von Arientexten, die keiner der genannten Kategorien angehören. Es sind Texte, die Mitteilungen machen und die man deshalb »dialogisch« nennen könnte. In solchen Texten *ereignet* sich ein Stück Handlung, statt unter einem bestimmten Blickwinkel beleuchtet oder kommentiert zu werden. Beispiele dafür wären die an Leonida gerichtete Arie der Palmide (I, 4), in der sie ihm deutlich zu verstehen gibt, dass er sich keine Hoffnungen auf ihre Gunst zu machen brauche; oder die Arie des Leonida (I, 6), in der er um Alcastos Vertrauen wirbt.

Akzeptiert man gewisse Unschärfen und Überschneidungen zwischen den vier Kategorien – das ist die Bedingung, um mit ihnen arbeiten zu können –, dann lässt sich für *Argenore* die folgende Übersicht erstellen:

Arientext-Typ	expressiv	deskriptiv	dialogisch	räsonierend
Ormondo	II,13	I,2; III,1	I,7; I,14; II,7	
Argenore	I,11; III,10		I,1; II,4	
Palmide	II,9; III,5		I,4	II,15
Martesia	II,2; II,14; III,11	I,5		
Leonida	II,5; II,8	III,4	I,6	
Alcasto	II,3	III,8	I,9	

Die im engeren Sinne affektgeprägten Arien stehen an der Spitze; dagegen gibt es so gut wie keine räsonierenden Stücke. Auch beschreibende Arien sind nicht sehr häufig. Schon aus dieser Aufstellung kann man Intensität und Ereignisdichte des *Argenore*-Dramas erahnen. Der weitaus überwiegende Teil der Arien zielt darauf, entweder Gefühle zu vergegenwärtigen oder die Handlung weiterzutreiben. Für die Ausmalung des Geschehens durch Vergleiche nehmen die Autoren sich wenig Zeit, für Gemeinplätze fast gar keine.

In der Liste der zur Darstellung kommenden Affekte drückt sich die ganze Hoffnungslosigkeit des *Argenore*-Dramas aus:

Person	Szene	Affekt
Argenore	I,11	Trauer um den verlorenen Sohn
	III,10	Schmerz
Ormondo	II,13	letzter Abschied vor dem Tod
Palmide	II,9 und III,5	Verzweiflung, Todeswunsch
Leonida	II,5	Unglückliche Liebe
	II,8	Unglückliche Liebe mit Todeswunsch
Martesia	II,2	Angst um Ormondo
	II,14	Verzweiflung, Todeswunsch
	III,11	Verzweiflung, Todeswunsch
Alcasto	II,3	Rache, Zorn

Keine einzige expressive Arie behandelt einen positiven Affekt. Im Gegenteil macht die Zusammenstellung deutlich, wie häufig in den Arien der
Wunsch zu sterben artikuliert wird. Wer jedoch die Arientexte im gedruckten Libretto nachliest, wird feststellen, dass Palmides Arie in III, 5 von
einem Todeswunsch nichts weiß. Das führt uns in eine tiefere Schicht der
Werk-Ge*schichte* ein: Wilhelmine hat elf von 25 Arientexten des Librettos
in der Partitur verändert. Diese Veränderungen lesen sich wie das Palimp-
sest eines anderen, verschütteten Dramas, für das die Geschichte des
Königs von Ponto nur ein Vorwand war.

Über Zeitpunkt und Zielsetzung der Umtextierung können wir nur spekulieren, zumal wir nicht wissen, wann genau der Librettodruck erfolgte.
Am Ergebnis ist jedoch nicht zu deuten: Die Eingriffe in die ursprüngli-
chen Arientexte legen Fährten zu einer höchst prekären Interpretation des
Werkes, die Wilhelmine vielleicht lieber nicht schwarz auf weiß im
gedruckten Libretto lesen wollte.

Dort vergleicht Ormondo sich in einer Arie (II,7) unmittelbar nach
seiner Entwaffnung mit einer morschen Eiche, die, wenn sie umstürzt, viel
Unheil anrichtet. Der komponierte Text hat allerdings mit dem gedruckten
nur das erste Wort gemein:

Cadrò, ma tu crudel tiranno
Alfin ti pentirai in vano
E dirai che la mia sorte
Desta invidia e non pietà.

Bella prova d'alma forte
D'esser placida e serena

Nel soffrir l'ingiusta pena
D'una colpa che non ha.[83]

Parallelen zum Konflikt zwischen dem preußischen Kronprinzen und dem König sind offenkundig. Fast noch heikler erscheint es, Auge in Auge mit der eigenen familiären Situation von einer ungerechten Strafe zu sprechen und die Schuld zu leugnen. Dass Wilhelmine diese Formulierungen im Notentext versteckte, ist nur zu verständlich.

Mit dem grausamen Tyrannen könnte also der eigene Vater gemeint sein. Das lenkt den Blick auf die Alternativ-Version von Martesias Verzweiflungs-Arie (III, 11). Diese Arie hat folgenden Text:

O Dio mancar mi sento
In quel crudel affanno
Ch'a' Numi io stessa
Del colpo son rea
Giusto Cielo pietà.
Barbaro padre
Nemica sorte
Tutto per me rigore
In così gran dolore.[84]

Dieser Text, der sich auch dann nicht auf ein vernünftiges Versmuster projizieren lässt, wenn man die Wörter anders verteilt, spricht im ersten Teil von Martesias Schuld, im zweiten überraschenderweise vom grausamen Vater. In der Anlage der Intrige lässt sich aber nirgends ein schuldhaftes Verhalten von Martesias Vater Acabo erkennen. Welcher Vater ist also gemeint? Schon im Überblick über die Personenkonstellation des Stückes fanden sich Hinweise darauf, dass Palmide und Martesia eng zusammengehören. Im »verschütteten« Drama wäre auch Martesia eine Argenore-Tochter, so wie Wilhelmine eine Tochter des Königs war, den grausam zu nennen sie im wirklichen Leben nie gewagt hätte.

Indizien dafür, dass Palmide und Martesia Identifikationsfiguren der Autorin sein könnten, verdichten sich beim Blick auf die Affekt-Tabelle. Palmide und Martesia haben zusammen fünf Arientexte, und vier davon enthalten den Todeswunsch. Zweimal ist er erst im vertonten Text nachweisbar: Am Schluss von Martesias Arie (II, 14) kennt nur die Partitur den Vers:

»Chi m'uccide per pietà?« (Wer tötet mich aus Erbarmen?), so wie in Palmides Arie (III, 5) nur dort die Verse stehen:

»Se tu mi sei rapito,
Dolce mio ben, ti seguirò."
(Wenn du mir geraubt wirst, folge ich dir nach.)

Die Deutungsschlinge zieht sich zu, wenn man die zentralen Motive aus Wilhelmines Selbstdarstellung in Briefen und Erinnerungen gegen die Dramatis personae von *Argenore* hält.

Geistern aber Vater, Bruder und sie selbst tatsächlich als Schlüsselfiguren durch das Drama, dann müssen wir uns Leonida etwas genauer daraufhin ansehen, ob er etwas mit Wilhelmines Ehemann gemein hat. Auch hier verraten uns die tatsächlich vertonten Texte von Leonidas Arien mehr als die gedruckten.

Im A-Teil der Arie in II, 8 wird aus der Grausamen (»crudel idolo mio«) die Geliebte (»amato idol mio«) – gemeint ist Palmide -, und im B-Teil spricht Leonida von sich als von einer *treuen* Seele, die *weiß*, dass sie Palmide geliebt hat. Im Libretto ist aber nur die Rede von der Seele, die nicht bereuen wird, geliebt zu haben.

Auch Leonidas Arie in III, 4 wird anders gesungen, als sie im gedruckten Textbuch steht. Sie reflektiert die Situation, dass Palmide Leonida zum wiederholten Male abweist. Er vergleicht sich mit einem Seefahrer und kündigt im zweiten Teil der Arie an, er werde sich damit trösten, dass er jedenfalls nicht als Einziger unerhört bleibe. Im vertonten Text jedoch geht der Gedanke so: Ich habe kein Glück in der Liebe, aber ich tröste mich damit, dass ich beim Büßen nicht allein sein werde, *wenn ich treu bin.*

Wie die Buße sich zur unglücklichen Liebe verhalte und was das mit Treue zu tun haben könnte, lässt sich aus dem *Argenore*-Drama heraus nur so beantworten, dass Leonida sich von Palmide abwendet, weil es sinnlos ist, weiter um ihre Gunst zu werben; dass er sich wieder auf Martesia besinnt und ihr fortan treu bleibt. Zur Belohnung wird er bei seiner Buße für den Liebesverrat nicht allein gelassen – ein merkwürdiger Gedanke. Ungewöhnlicherweise vertont Wilhelmine ausgerechnet diesen Text zweimal, während die B-Teile der meisten Arien den Text des zweiten Vierzeilers nur einmal bringen. War das ein Appell an den Markgrafen, von dem sie hatte erfahren müssen, dass er eine intime Beziehung zu Wilhelmine von Marwitz unterhielt? Dann wäre in *Argenore* die Vater-Sohn-Tochter-Problematik mit der Ehekrise amalgamiert und Wilhelmine hätte in ihr Stück alles versenkt, womit sie im Leben nicht zu Rande kam. Dabei verdeckte die Grabplatte des gedruckten Textbuches ihr eigenes, Wilhelmines Drama.

Worum ging es Wilhelmine beim Komponieren? Auch hier legen die Textänderungen, die für die Partitur erfolgten, eine Spur: Wilhelmine streicht starke, affektgeladene Wörter wie »lampo« (Blitz), »soffrir« (leiden), »palpitar» (zittern), »mar di crudeltà» (ein Meer von Grausamkeiten) und »ira d'averso fato« (Zorn des widrigen Schicksals). Man muss sich die Impulswirkung solcher Vokabeln und Begriffe vor Augen halten, um Wilhelmines Änderungen verstehen zu können: Indem sie genau hier Streichungen vornimmt, legt sie die Axt an die Wurzel einer Arienkomposition, die von Tonmalereien und formelhaften Affektgebärden lebt. Diese Art der Bildlichkeit lag Wilhelmine offensichtlich fern, so wie sie den Vergleich mit einer Eiche (in Ormondos Arie in II, 7) ganz eliminierte.

Schon an der Verteilung der Tonarten auf die einzelnen Arien konnte man sehen, dass es eine musikalische Hierarchie – vom Einfachen zum Komplexen – gibt, die parallel zur dramaturgischen Hierarchie läuft. Wichtigere Personen (und damit bessere Sängerinnen bzw. Sänger) haben also eine differenziertere, »anspruchsvollere« Musik als Nebenfiguren.

Wenn man sich Schritt für Schritt, beginnend bei den weniger wichtigen Dramatis personae, die Machart der Arien ansieht, erkennt man, welche musikalischen Parameter auf der beschriebenen Achse »einfach -komplex» entscheidend sind. Denn das steht nicht von vornherein fest. Übrigens ist eine Betrachtung der Arien gemäß ihrer Aufteilung auf die handelnden Personen zwar gut zu begründen, aber nicht zwingend. Man könnte auch die Abfolge der Arien im Drama untersuchen: Ist, was am Anfang steht, anders komponiert als der Schluss?

Beginnen wir mit den Arien des Alcasto: In der 3. Szene des II. Aktes hat er eine Rache-Arie zu singen (»Offeso il regnante«). Er reagiert damit auf die Beleidigung, die seinem Herrn Argenore widerfahren ist. Das Stück ist als regelgetreue Da capo-Arie angelegt: Auf den ersten Vortrag der Verse 1 bis 4 in d-Moll folgt der zweite in F-Dur; der B-Teil moduliert, um in a-Moll zu schließen. Charakteristisches satztechnisches Merkmal des A-Teils sind großflächige Tonwiederholungen im Sechzehntelrhythmus, in die auch der Bass einbezogen wird, also eine Art Sechzehntel-Teppich. In melodischer Hinsicht bietet dieses Stück wenig. Der Gesangspart fügt sich eher der Motorik des Instrumentalgeschehens ein, als dass er kantable Züge annähme, und gebraucht häufig große Intervallsprünge, aus denen man auf die große Wut des Alcasto schließen kann.

Ausgeschriebene Koloraturen sind rar. Sie beschränken sich auf Skalenläufe kleineren Umfangs. Dieser Charakter wird auch im B-Teil weitgehend beibehalten. Bei den Wörtern »pietà ed amore« (Mitleid und Liebe) nimmt die rasante Bewegung sich etwas zurück, um bei den affektgeladenen Vokabeln »traditore« und »ira e veleno« (Verräter; Zorn und Gift) in den anfangs etablierten Duktus zurückzufallen, wie man generell für die Da capo-Arie sagen kann, dass der Mittelteil in der Regel kürzer und weniger aufwändig gestaltet ist als die Rahmenteile.

An die stimmlichen Fähigkeiten des Darstellers richtet diese Arie keine allzu großen Ansprüche – typisch für eine Nebenrolle.

Die zweite Arie des Alcasto (»Quel torrente che orgoglioso«, III, 8), ein G-Dur-*Allegro* im Alla breve-Takt, ist von ähnlicher Art. Es handelt sich dabei um eine Vergleichs-Arie, die das Bild von einem tosenden Sturzbach (»torrente«) heraufbeschwört. Das »lärmende Krachen« (»fragore strepitoso«) provoziert Tonrepetitionen im Sechzehntelrhythmus in allen Stimmen, der Sturzbach rast in raschen Skalenläufen zu Tal. Diese Arie ähnelt stark derjenigen aus dem II. Akt, und das heißt letztlich nichts anderes, als dass sich der Affekt der Rache in Wilhelmines musikalischer Darstellung kaum vom Naturbild des Gebirgsbachs unterscheidet.

Alcasto hat jedoch noch eine dritte Arie; mit Bedacht wird sie hier als letzte beschrieben, weil auch diese Darstellung dem Muster »vom Einfachen zum Komplexen« folgt. In der Arie »Dalla cuna intorno al core« (I, 9) präsentiert Alcasto sich dem König Argenore als treuer Gefolgsmann. Der musikalische Satz dieses in formaler Hinsicht unauffälligen Stückes ist angereichert mit lombardischen Rhythmen, Sechzehntel-Triolen, die häufig als Tonwiederholungen auftreten, und längeren Koloratur-Passagen, die zwar keine außergewöhnlichen Stimmkünste verlangen, aber doch ein differenzierteres Bild zeigen als die Schmucklosigkeit der anderen beiden Alcasto-Arien. Das hat mit der Erhabenheit von Alcastos Ansprechpartner zu tun. Die Arie beginnt folgendermaßen:

*Notenbeispiel 6: Argenore, I. Akt, 9. Szene, Arie des Alcasto »Dalla cuna intorno al core«.
T. 1-3*

So oder so ähnlich ist der »Normalfall« der Arien in *Argenore* beschaffen: Die Verse entsprechen musikalischen Phrasen, die Melodik strebt eine ausgewogene Mischung von Stufenschritten und Sprüngen an, die Rhythmik orientiert sich an den Akzenten der Sprache, der Bass bewegt sich in Achtelnoten.

Insgesamt sind Alcastos Arien nicht allzu schwer auszuführen, nicht allzu differenziert in satztechnischer Hinsicht, nicht allzu virtuos; vor allem aber weitgehend unbeteiligt, wenn der Arientext Anlässe für Tonmalerei gibt. Als Ausdrucksmittel für die Affektvokabeln setzt die Komponistin mit klanglichen Verdichtungen und motorischen Intensivierungen dieselben Mittel ein wie für das Bild vom Sturzbach. In semantischer Hinsicht, also im Hinblick auf eine eigene Bedeutungsdimension der Musik, bieten die drei Stücke Alcastos wenig.

Liest man das Personenverzeichnis des gedruckten Librettos von unten nach oben, so käme jetzt Martesia mit ihren vier Arien an die Reihe. Da jedoch die Vermutung im Raum steht, Martesia und Palmide seien Abspaltungen der impliziten Autorin Wilhelmine, sollen zunächst Leonidas Arien betrachtet werden.

Leonida hat nach der vorgeschlagenen Systematik eine dialogische Arie im I. Akt – er wirbt um Alcastos Vertrauen –, zwei expressive Nummern im II. Akt – beide Male geht es um seine unglückliche Liebe zu Palmide – und im III. Akt eine Vergleichs-Arie mit dem oben mitgeteilten Text vom Schiffbrüchigen.

Die »Visitenkarte«, die Leonida mit »Ah, pietade almeno« (I, 6) abgibt, zeigt ihn zwischen Hoffnung und Verzweiflung schwankend. Er fleht Alcasto an, ihm aus Mitleid die Treue zu bewahren. Der zweite Teil beschreibt die Grausamkeit des Schicksals.

Das *Adagio*-Stück hat außer der Streicherbegleitung eine obligate Querflötenstimme. Es steht in a-Moll, der Mittelteil verwendet d-Moll. Dieses Stück lässt erkennen, dass Wilhelmine die musikalische Rhetorik bekannt war: In T. 13/14 vollzieht der Bass einen chromatischen Abstieg über eine Quart, den sogenannten »passus duriusculus«, der dem Ausdruck von Schmerz und Trauer vorbehalten war. Simultan dazu wird der Text vom schmerz- und trauergeplagten Herzen (»cor dolente e mesto«) vorgetragen. Schon im Instrumentalritornell (T. 5/6) hatte die Flöte diesen Passus intoniert. Ansatzweise beginnt die Musik hier also »zu sprechen«: durch zahlreiche Chromatismen in allen Stimmen und durch die Sekund-Reibungen zwischen der konzertierenden Flöte und dem Gesangspart in T. 33/34. Sechzehntel-Triolen gibt es auch hier, allerdings nie in Verkettungen, sondern nur aufwärtsgeführt in Kombination mit zwei auf einem Ton nachschlagenden Sechzehnteln.

Auch die Arie »Troppo oh Dio tiranne« in der 5. Szene des II. Aktes ist ein *Adagio*. Triolen kommen hier nicht vor, dafür Punktierungen, auch lombardische Rhythmen und ein Koloraturmodell, das mit Vorschlägen und punktierten Terzsprüngen demjenigen aus Leonidas erster Arie sehr ähnlich ist. Der Mittelteil steht, wie man es von einer Es-Dur-Arie erwarten darf, in c-Moll. Auffällig ist die besonders kantable Koloratur auf »pietà«, die sich über sechs Takte erstreckt:

Notenbeispiel 7: Argenore, II. Akt, 5. Szene, Arie des Leonida »Troppo o Dio tiranne«, T. 19-21

Die zweite expressive Arie (»Se vuoi ch'io lieto moro«, II, 8; Adagio, A-Dur) variiert nur leicht das Modell ihrer Vorgängerin, indem die Koloraturen auf dem »a« von »pietà« jetzt wieder Triller, Vorschläge und Punktierungen verwenden. Ein über sechs Viertelnoten ausgehaltenes a' symbolisiert die Beständigkeit dieser treuen Seele und gibt zugleich Gelegenheit zur »messa di voce«, einer im 18. Jahrhundert beliebten Verzierung, die einen lang ausgehaltenen Ton vom Pianissimo zum Forte und zurück führte.

Von ganz anderer Art ist die Vergleichs-Arie »Scorre per l'onde irate« (III, 4), ein deskriptives Stück. Diese Arie hat keine Tempobezeichnung, aber vom Satztypus her ist ein *Allegro* anzunehmen. Der A-Teil ähnelt Alcastos Sturzbach-Arie; bei Leonida geht es um erzürnte Wellen und um das grausame Meer. Wilhelmine assoziiert diese Bilder wieder mit raschen Skalengängen und homophonen Tonrepetitionen. Zwei Takte lang (T. 33f.) gibt es zwischen den Violinstimmen eine kurze Imitation von gebrochenen Dreiklängen, die im Notenbild wie Wellen aussehen. Auffällig sind ausgiebige Koloraturen mit weiten Sprüngen, aber auch mit zum Text passenden wellenförmigen Sechzehntelfiguren und mit ausladenden Skalen. Der B-Teil wechselt zu einem *Andante* im 3/4-Takt, das Menuett genannt werden könnte, wenn es in 4-Takt- statt in 3-Takt-Gruppen gegliedert wäre. Dieser kontrastierende B-Teil verlangt nach einer Interpretation. Wie oben erwähnt, weicht der vertonte Text deutlich vom gedruckten Libretto ab. Die Abweichungen legen gemeinsam mit anderen Indizien die Hypothese nahe, Wilhelmine habe mit Leonida den Markgrafen Friedrich von Bayreuth porträtieren wollen. Takt- und Tempowechsel wirken wie ein Doppelpunkt oder wie ein Ausrufezeichen: Sie verlangen gesteigerte Aufmerksamkeit für das, was folgt. Und die syllabische Textierung sorgt dafür, dass man wirklich jedes gesungene Wort versteht: »Ich werde nicht allein sein, wenn ich treu bin.«

Festzuhalten ist, dass Leonida in seinen Arien eher gefühlsbetont als kriegerisch dargestellt wird und dass die letzte Arie in besonderer Weise markiert scheint.

Wie ist das Arienprofil des Argenore beschaffen? Wir hatten schon an der Arien-Verteilung gesehen, dass der König vergleichsweise sparsam mit Arien in vergleichsweise einfachen Tonarten bedacht wird. Musikalisch betrachtet, ist er nicht die Hauptperson.

Seine erste – dialogische – Arie »Quel tuo valor primiero« eröffnet das Stück nach dem Eingangschor. Das F-Dur-*Allegro* hat eine teils obligat geführte erste Violine und wird bestimmt von der Sechzehnteltriole. Es fällt auf, dass die langen Koloraturen fast ausschließlich aus Sechzehnteltriolen bestehen. Düster und erhaben zugleich klingen Unisono-Passagen (in T. 48 und in T. 58), die affektsteigernde Wirkung haben.[85]

Die expressive Arie »Da cento moti e cento« in der 11. Szene des I. Aktes ist mit *Adagio* überschrieben, unterscheidet sich satztechnisch jedoch kaum von der Arie in der ersten Szene. Mit einem Text, dessen Parallelismus »cento… e cento« an ein gängiges Modell von Metastasio angelehnt ist, beklagt Argenore den Verlust des Sohnes und die Starrköpfigkeit der Tochter. Über die Rolle der ersten Violine und über die Machart der Koloraturen lässt sich im Vergleich zur voraufgehenden Arie nichts Neues sagen. Das ist unter dem Blickwinkel, dass das Drama sich in der Musik, und zwar ausgedrückt mit deren Mitteln wiederfinden lassen sollte, ein eher unbefriedigender Befund, denn die Anlässe für beide Arien könnten unterschiedlicher nicht sein. Hier wird von Zügellosigkeit (»che non ha freno«) und von einer aufgewühlten Seele (»l'alma agitata«) gesungen, und Wilhelmine hätte auf konventionelle musikalische Modelle mit mimetischen Qualitäten zurückgreifen können. Daran, dass sie es nicht tat, lässt sich ablesen, wie wenig es ihr um diese Dimension der Arienkomposition zu tun war.

Im II. Akt (»Voglio placarmi«, 4. Szene) lässt Argenore sich von Palmides Bitten dazu bewegen, Ormondo zu verzeihen, droht ihr jedoch eine herbe Strafe an, sollte sie sich seiner Huld nicht würdig erweisen. Dieses d-Moll-*Allegro* im Alla breve-Takt führt eine neue, bislang nicht gehörte Figur ein: Vierergruppen von Zweiunddreißigsteln. Die Koloraturen sehen stufenweise fallende halbe Noten vor, bei denen es vor allem um Tonschönheit geht.

Die letzte Arie des Argenore »Lasciami in pace« steht am Ende des III. Aktes (10. Szene) vor Martesias Enthüllung. Martesia möchte den König ansprechen, doch er lässt sie nicht zu Wort kommen, sondern beleidigt sie und ergeht sich in Selbstmitleid: Seine Qual (»pena«) sei schlimmer als Martesias Trauer um den Verlust des Bruders.

Das Stück enthält im A-Teil bereits bekannte Elemente: Sechzehntel-triolen, auch in langen Koloraturen, einen eher behäbigen harmonischen Rhythmus und Unisono-Passagen in den Ritornellteilen. Der Wechsel zum B-Teil ist genauso markiert wie in Leonidas Vergleichs-Arie: Auf den Allabreve-Takt des A-Teils folgt ein 3/4-Takt, in dem die Viertelnote silbentragender Wert ist. Leonidas Arie hatte an dieser Stelle einen Text, der mit einem Hinweis auf Wilhelmines Ehemann die fiktive Handlung zu sprengen drohte. Geht es hier um einen ähnlichen Fall? Der Text des B-Teils lautet:

»Ich weiß, dass dir das bittere Schicksal deines Verwandten missfällt. Aber für mich bereitet sich heute ein noch grausamerer Urteilsspruch vor, eine noch herbere Strafe.«[86]

Der erste Teil der Arie könnte auch aus einer Ansprache des Soldatenkönigs an seine Älteste stammen, gehalten anlässlich des Fluchtversuchs von Kronprinz Friedrich. Die Fortsetzung allerdings entfernt sich vom wirklichen Leben. Bestraft wird nicht der Prinz, sondern der König, den die Autorin Wilhelmine sehenden Auges in den Untergang jagt. Musikalische Hauptperson des Stückes ist Ormondo. Wir hatten festgestellt, dass von seinen sechs Arien drei zu den deskriptiven gehören, jedenfalls wenn man vom Librettodruck ausgeht. Die drei Stücke tragen die Tempovorschrift *Allegro*, während die anderen ein langsames Tempo verwenden. Diese Disposition muss man auch aus dem Blickwinkel des *primo uomo* sehen: Indem der Librettist bildliche und affektgeladene Texte, die Komponistin rasche und langsame Tempi für ihn vorsah, entstand eine breite Palette für den Darsteller, um seine Kunst möglichst umfassend vorzuführen.

Dieser Darsteller war der Kastrat Giacomo Zaghini (Abb. 10), den Wilhelmine 1738 nach Bayreuth geholt hatte. Dem Bruder schreibt sie über ihre Neuerwerbung:»Der Signor Zaghini hat eine mächtige Stimme, die das ganze Haus füllt, und singt die schwierigsten Stücke mit unglaublicher Geläufigkeit. Am stärksten ist er im Allegro; er kann stundenlang trillern, was sehr nach dem heutigen Geschmack ist« (B I, S. 374, ca. Mitte März 1738). Zaghini gehörte auch zu jener italienischen Truppe, die von April 1740 an in Bayreuth *Argenore* einstudierte. Nach zeitgenössischen Berichten lagen die besonderen Stärken dieses Virtuosen im Stimmvolumen, im Umfang (er soll zwei Oktaven plus Quarte umfasst haben), in einem ungewöhnlich langen Atem und in einer stupenden Gesangstechnik.[87] Für diesen Star also hat Wilhelmine die Partie des Ormondo konzipiert.

In der ersten Arie »Son qual per erma arena« (I, 2) schreibt Wilhelmine Koloraturen aus, die an Länge und Tonumfang die Koloraturen aller anderen Figuren übertreffen. Das e-Moll-Stück wird von Sechzehnteltriolen geprägt. Aus dem Text hat die Komponistin das Wort »lampo« (Blitz) gestrichen, vielleicht weil sie nicht in die Verlegenheit geraten wollte, eine bildliche musikalische Vergegenwärtigung dafür (er)finden zu müssen.

Übrigens fällt an dieser Arie eine Unsicherheit auf, die sich auch an anderer Stelle beobachten lässt: Es ist der Umgang mit der Betonung des Italienischen. Wilhelmine lässt die zweite Silbe von »misero« regelmäßig auf einen schweren Taktteil fallen, obwohl das Wort seinen Akzent auf der ersten Silbe trägt.

Die Arie »Cadrò, ma tu crudel tiranno« (II, 7) hat es in sich: Durch Wilhelmines Eingriff in den Text wird aus einer deskriptiven Arie ein Affektstück. Ormondo überzieht im A-Teil den Tyrannen Argenore mit Dro-

hungen, um im Mittelteil eine Betrachtung über ungerechte Strafen anzu-
stellen. Als letzter Rest der ursprünglich im Arientext beschriebenen stür-
zenden Eiche ist nur das »cadrò« (»ich werde fallen«) des Ormondo übrig
geblieben, das Abwärtsbewegungen in allen Stimmen auslöst. Der B-Teil,
ein *Andante*, steht im 3/8-Takt. Wenn die Beobachtung zutrifft, dass ein solcher Kontrast dazu dient, den Text besonders zu betonen, ja vielleicht
sogar aus der Handlung herauszuheben, dann kommt Ormondos
Unschuldsbeteuerungen besonderes Gewicht zu.

Verglichen damit ist die Arie »Destrier, ch'all'armi usato« (III, 1) ober-
flächlich: Die Beschreibung eines wilden Streitrosses dient zum Anlass für
eine wilde Musik, die genauso läuft und springt wie das Pferd. Wenn man
will, kann man in Punktierungen und in getrillerten Viertelnoten sogar das
Wiehern wiederfinden.

ri - so - nar

*Notenbeispiel 8: Argenore, III. Akt, 1. Szene, Arie des Ormondo »Destrier che all'armi usa-
to«, T. 58-60*

Ormondo hat aber auch drei Arien in langsamem Tempo. In der ersten
(»Non ti lagnar, oh Dio«, I, 7) versucht er Palmide Mut zu machen. Das
Es-Dur-Stück ist mit 111 Takten sehr lang. Es ist gekennzeichnet durch
einen ostinaten lombardischen Rhythmus, der von den beiden Violinstimmen überwiegend im Unisono vorgetragen wird. Wieder sind Ormondos Koloraturen ausgedehnt und vielfältig: Sie greifen die Triolierungen,
den trochäischen Rhythmus und unterschiedliche Formen von Punktierungen aus dem Instrumentalsatz auf, bringen aber auch ein typisch voka-
les Element mit ein: Ein anderthalb Takte währender Halteton in mittle-
rer Lage dient dazu, eine »messa di voce« zum Vortrag zu bringen. Der B-
Teil der Arie steht in c-Moll, und man kann ihn als Vorausdeutung
verstehen. Auch hier hat Wilhelmine den Text verändert: Von einem
tyrannischen Schicksal ist hier die Rede, das für Ormondo jedoch keine
Schrecken berge. C-moll ist die Tonart des Todes und gleichzeitig des
Königs Argenore. Ormondo ahnt seinen Tod voraus, könnte man sagen,
und er zeigt sich heroisch.

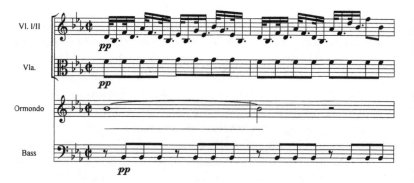

Notenbeispiel 9: Argenore, I. Akt, 7. Szene, Arie des Ormondo »Non ti lagnar o Dio«, T. 34-35

Mit einem H-Dur-*Adagio* »S'avvien, ch'il destin rio« (I, 14) verabschiedet Ormondo sich von Palmide. Die Streicher begleiten con sordini, so dass die obligate Flötenstimme stärker hervortritt. In den Koloraturen dieser Arie kommt es darauf an, Triolen, Synkopen, punktierte Figuren und Tonumspielungen in einen variantenreichen kantablen Vortrag einzubinden. Die Flötenstimme begleitet teils im Terzabstand, teils agiert sie komplementärrhythmisch im Wechsel mit dem Gesangspart.

Die dritte langsame Arie (»Vado a morir per te«) hat Ormondo im II. Akt (13. Szene) vorzutragen. Der Inhalt ist mit dem H-Dur-*Adagio* fast identisch: Ormondo nimmt Abschied. Wilhelmine schreibt *molto adagio* vor. Nur hier verwendet sie die Cavatinenform. Die Streicher spielen wiederum mit Dämpfer. Der aus vier Versen bestehende Text wird zweimal vorgetragen: einmal in g-Moll, dann in B-Dur. Der modulatorische Rückweg zu g-Moll streift auch c-Moll, die Todestonart.

Die erste Arie der Palmide »Amor non intendo« (I, 4) könnte aus einer komischen Oper stammen. Die Prinzessin weist Leonida ab, indem sie ihm darlegt, sie sei der Liebe abgeneigt und bevorzuge die Freiheit. Das schien Wilhelmine wohl zu plebejisch, so dass sie den Text veränderte: In ihrer Version gibt Palmide Ruhm und Ehre (»gloria ed onore«) als Begründung dafür an, dass sie Leonida nicht lieben könne. Das C-Dur-Stück (*Allegro non troppo*) im 2/4-Takt wirkt tänzerisch-tändelnd mit seinen Achtelsynkopen auf der schweren Taktzeit und der kleinteiligen Melodik. Das hat auch etwas mit der Verwendung des verso sdrucciolo, des dreigliedrigen Versfußes mit Betonung auf der ersten Silbe zu tun (für den das Wort

Kunstgeschichten, Werkgeschichten

sdrúcciolo selber das beste Beispiel abgibt). Die Orchesterbegleitung ist besonders schlicht. Allerdings gibt es auch hier zahlreiche lombardische Rhythmen, die die leicht dahinplätschernde Bewegung immer wieder irritieren und stauen. Es scheint, als sei der rechte Ton für eine Königstochter noch nicht gefunden.

Die zweite Arie der Palmide, ebenfalls ein Dur-Stück in raschem Tempo (»Non dura una sventura«, I, 15), gehört zu den räsonierenden Stücken. Bei den Koloraturen kommt es auf saubere Sprünge an. Wie schon in Ormondos Arie (I, 14) bedient die Komponistin sich des komplementärrhythmischen Modells aus vier Sechzehntelnoten und übergebundener Viertelnote, das eine Verkettung der Melodielinien von obligater Instrumentalstimme und Gesangspart bewirkt. Was in Ormondos Arie die Flöte war, ist hier die Violine. Dieses Detail schmiedet Palmide und Ormondo zusammen.

Notenbeispiel 10: Argenore, I. Akt, 15. Szene, Arie der Palmide »Non dura una sventura«, T. 50-51

Auch Palmides E-Dur-*Adagio* »Quell'orror, quel fosco velo« (II, 9), in dem der Tod ihr als einziger Ausweg erscheint, hat eine konzertierende erste Violine. Palmides Phrasen sind fragmentiert, ja abgehackt. Sie spiegeln eine Atemlosigkeit, die aus der Todesangst kommt. Die Koloraturen enthalten Glissandi und viele Triller, auch auf repetierten Achtelnoten. Diese Arie ist im Ansatz mimetisch: Sie ahmt die erregte Sprechweise einer Person nach, die sich in existenzieller Bedrängnis befindet.

Ein weiteres expressives Stück Palmides steht im III. Akt (5. Szene). Inzwischen ist die Tragödie so weit fortgeschritten, dass keine Aussicht auf Rettung mehr besteht. Das Es-Dur- *Adagio* »Come oh Dio fra tante pene« verwendet den 3/4-Takt. Es erscheint extrem verlangsamt, weil der kleinste Wert die triolierte Achtelnote ist. Auch hier haben wir es mit einem zerstückelten Gesangspart zu tun, der nur bei dem Wort »serpendo« (»sich schlängelnd«) eine konventionell anmutende, schlangenlinienförmige Koloratur aufweist. Der B-Teil, den Wilhelmine, wie beschrieben, umtextiert hat, müsste eigentlich in der Paralleltonart von Es-Dur, also in c-Moll stehen. Diese Tonart wird jedoch vermieden, und das ist so auffällig, dass wir uns fragen dürfen, ob bestimmte Personen im Stück dadurch eine semantische Verbindung eingehen, dass sie mit c-Moll ausgestattet sind, während andere durch die Vermeidung von c-Moll aus diesem Kreis gerade ausgeschlossen werden. Vielleicht kann man sagen, die Verwendung von c-Moll in den Arien und Accompagnati bestimmter handelnder Personen lege deren geheime Verbindung offen.

Wer also gehört noch enger zu Argenore und Ormondo als Palmide? Es bleibt nur Martesia.

Martesias erste Arie »Dirò che più fedele« (I, 5) steht zwar in E-Dur, was denkbar weit von c-Moll entfernt ist. Wir haben aber gesehen, dass es für die Wichtigkeit von handelnden Personen zeugt, wenn ihre Arientonarten im Verlauf des Stückes den Quintenzirkel mit Siebenmeilenstiefeln durchmessen. In einem unauffälligen und kaum von Virtuosität geprägten *Andante* mit syllabischer Textierung und bescheidenen Koloraturen malt Martesia sich und Leonida aus, wie sie bei Palmide für Leonida werben werde. Dies ist ein Art Rollenspiel-Arie, in der es nicht um Martesias Gefühle geht, sondern darum, wie sie Leonidas Gefühle gegenüber Palmide zum Ausdruck bringen werde (die sich übrigens hier gar nicht auf der Bühne befindet).

Die Textorganisation des Stückes lässt vermuten, Wilhelmine habe das Italienische nur mäßig beherrscht. Das beginnt schon mit der nicht recht einleuchtenden Wahl eines abtaktigen Themas für einen jambischen Vers. So kommt es zu den falschen Wortakzenten »díro« statt dirò» und »piéta« statt »pietà». Das homophon konzipierte Stück mit der Viertelnote als Zählzeit strahlt Schlichtheit aus. Darin – und auch mit dem Dreiertakt – ähnelt es den B-Teilen von Leonidas (III, 4) und Ormondos (II, 7) Arien, die durch handlungssprengende Umtextierungen aus dem Rahmen gefallen waren.

Auch die Arie in der 2. Szene des II. Aktes unterscheidet sich stark von der Mehrzahl der anderen Gesangsnummern im Stück. Martesia hat soeben erfahren, dass eine Flutwelle Ormondos Abreise verzögert. Darin erkennt sie einen Albtraum wieder, der mit Ormondos Untergang endete. Der Text der Arie lautet:

> Un certo freddo orrore
> Tutto mi gela il sangue,
> Sento che l'alma langue

E che sperar non sa.[88]
(Vers 4 im gedruckten Libretto: »e che palpitar mi fa«)

Il duolo non comprendo
Che va opprimendo il cor
Tutto mi par terrore,
Nulla ragion non ha.
Im gedruckten Libretto lauten die Verse 7 und 8 anders:

Tutto mi fa terrore,
Tutto martir mi fa.
(»Alles versetzt mich in Schrecken, alles martert mich.")

Beim Komponieren eliminiert Wilhelmine also die eher konventionellen Elemente »terrore« und »martir«. Stattdessen fügt sie den Gedanken der Sinnlosigkeit ein. Die Arie hat kein Ritornell: Nach zwei Takten setzt die Gesangsstimme ein, die das stockende Blut mit abgerissenen Phrasen und Tonwiederholungen auf einem einzigen Vokal nachahmt. Auch hier verwendet Wilhelmine den Passus duriusculus (T. 12f. und T. 22f.). In der Begleitung des A-Teils gibt es keine melodischen Elemente, sie wirkt eher harmonisch-flächig. Der B-Teil bringt mit dem Umschlag ins *Presto* einen unerwarteten Kontrast. Zehn Takte dauert die Koloratur, die durch diesen eigentümlich statuarischen Satz hindurchjagt. Das Stück erinnert an das Porträt einer manisch-depressiven Persönlichkeit. Es ragt wie ein Eisberg aus dem Meer des musikalischen Einheitsstils heraus.

Ein weiteres Schlüsselstück ist Martesias Verzweiflungsarie »Senz'aita, senza speme« zum Ende des II. Aktes (14. Szene). Das *Allegro* (2/4-Takt) steht in c-Moll. Einschneidende Änderungen im komponierten Text wenden auch diese Arie ins Depressive. Das wird vor allem im B-Teil deutlich, wo Wilhelmine Martesia ausrufen lässt: »non ho speme, non ho amore, chi m'uccide per pietà« (»ich habe keine Hoffnung, ich habe keine Liebe, wer tötet mich aus Mitleid?«). Martesia wünscht den Tod herbei. Tragikomische Pointe: Sie, die so atemlos »ohne Hilfe, ohne Hoffnung bin ich« (»senz'aita, senza speme«) ausruft, ist doch weit und breit die Einzige, die dem Drama eine Wendung zum Guten geben könnte – wenn sie sich denn rechtzeitig des Briefes erinnerte!

Den Ausdruck der Verzweiflung übernimmt wie schon im Mittelteil der voraufgehenden Martesia-Arie eine rasante Bewegung mit homophon repetierten Sechzehnteln in allen Stimmen – auch im Bass. Der Mittelteil wirkt mit seiner pausendurchsetzten Textdeklamation wiederum verhaltener als der Rahmen.

Martesias letzte Arie »Oh Dio, mancar mi sento« (III, 11), zugleich die letzte Arie der Oper, hat eine Alternativ-Version. Wilhelmine vertonte sowohl den im Libretto abgedruckten Text als auch einen anderen, der oben (S. 120) zitiert wurde. Aus der Tatsache, dass die im Textbuch wiedergegebene Arie in der Partitur an zweiter Stelle steht, kann man schließen, dass die Komponistin der ersten den Vorzug geben wollte. Diese ist deutlich virtuoser angelegt und schwerer auszuführen als die zweite. Es könnte etwas mit der Verfügbarkeit geeigneter Darstellerinnen zu tun haben, dass Wilhelmine zwei Arien mit deutlich abgestuften Schwierigkeitsgraden komponierte.

Gemeinsam ist beiden Stücken der häufige Wechsel von schnellen und langsamen Partien: Auf diese Weise entstehen insgesamt jeweils zehn Abschnitte innerhalb der Da capo-Form. In der ersten Arie haben die *Adagio*-Abschnitte die Gestalt des Siciliano, so dass zum Tempowechsel der Kontrast zwischen dem Alla breve-Takt der *Presto*-Teile und dem 6/8-Takt hinzukommt. Die zweite Arie ist in dieser Hinsicht einfacher: Weder Taktart noch Satztypus ändern sich jeweils an den Umschlagpunkten. Bleibt sich die Satzweise gleich wie in unserem Beispiel, so erscheint der Tempo-Kontrast allerdings als etwas Willkürliches.

In der ersten Arie geht die Komponistin dieser Schwierigkeit aus dem Weg, indem sie den Siciliano einsetzt, der gewissermaßen sein eigenes Tempo mitbringt. Er hat darüber hinaus eine semantische Qualität: In Arien mit Siciliano-Rhythmus fand häufig der so genannte Neapolitanische Sextakkord Verwendung, der als Ausdruck des Schmerzes galt. Auch Wilhelmine bedient sich dieser Tradition, zum Beispiel in T. 44 zum Text »crudel affanno« (»unbarmherziges Leiden«).

Diese letzte Arie ist anders als alles, was bis hier zu hören war, und wieder werden wir mit der Nase darauf gestoßen, dass eine so herausragende musikalische Gestaltung einer Nebenfigur, wie Martesia es ist, eigentlich nicht zukäme.

Die Formulierung, etwas sei »herausragend«, bedarf der Erläuterung: Wie ist der Hintergrund beschaffen, von dem sich etwas abhebt?

Tatsächlich kann man, wenn man alle Arien der Oper im Überblick betrachtet, ein Muster erkennen, das gewissermaßen den »Normalfall» darstellt. Nach diesem Muster sind 15 der 25 Arien gestaltet. Es hat die folgenden musikalischen Parameter:

die Da capo- oder Dal segno-Form, wie sie oben beschrieben wurde, und zwar mit beibehaltener Taktart und Tempovorschrift für A und B;

eine harmonische Disposition, die für die Formteile A und A' die Tonika, für B die Paralleltonart vorsieht (bei Arien in Dur; bei den Moll-Arien gibt es mehrere Varianten);

den geraden Takt, und zwar überwiegend als Alla breve im 4/4-Takt, selten als 2/4-Takt;

eine Thematik, die durch Skalenbewegungen (überwiegend als Sechzehntel), kleine Intervalle und Oktavsprünge, häufig im Unisono, gekennzeichnet ist;

eine Bassführung, für die die Zählzeit »ein Achtel« so etwas wie eine rhythmische Richtschnur abgibt, wobei der Harmoniewechsel häufig nach einem halben Takt, also in der Regel nach vier repetierten Achtelnoten auftritt;

schließlich eine reine Streicherbesetzung.

Die beschriebenen musikalischen Eigenschaften des Musters lassen kaum eine andere Deutung zu, als dass es sich um schnelle Stücke handeln müsse. Dennoch wendet Wilhelmine es auch für langsame Stücke an, so dass man den Eindruck gewinnen muss, die Tempobezeichnung sei etwas Sekundäres, resultiere jedenfalls nicht gleichsam logisch aus der Kompositionsweise. Auch die Vorzeichnung *Alla breve* für langsame Stücke ist unüblich.

Die Tatsache, dass sich ein solches Muster herausarbeiten lässt, das noch dazu indifferent gegenüber einer bestimmten Tempovorstellung ist, deutet jedenfalls daraufhin, dass es der Komponistin nicht unbedingt darum ging, eine breitere Palette von Satztypen zu präsentieren.

Vom beschriebenen Modell heben sich zehn Arien in mindestens einem der genannten Merkmale ab. Stellt man »reguläre« Arien den abweichenden Stücken gegenüber, so zeigt sich, dass die Abweichungen bei einigen der Dramatis personae gehäuft auftreten. Natürlich müssen diese »abweichenden« Arien in Relation zu der Anzahl von Arien gewichtet werden, die eine Person insgesamt vorzutragen hat. Martesia steht mit »auffälligen« Arien an der Spitze, gefolgt von Ormondo und Palmide.

Person	abweichend	in %
Martesia	3 von 4	75
Ormondo	3 von 6	50
Palmide	2 von 4	50
Leonida	1 von 4	25
Argenore	1 von 4	25

Es gibt also eine musikalisch-dramaturgische Ebene des Stückes, auf der Ormondo, Palmide und Martesia als Hauptpersonen agieren, wobei Martesia eine Sonderrolle zukommt. Wenn es zutrifft, dass die »Markierung» durch Abweichungen von einem Muster etwas über die Bedeutung der auf diese Weise markierten Personen im und für das Drama aussagt, dann haben wir mit Martesia die heimliche Hauptfigur gefunden. Und wir können von dieser Ebene der Werkanalyse ein weiteres Argument dafür ableiten, dass das »verschüttete Drama« tatsächlich existiert.

Interessanterweise teilen die Autoren dem König Argenore einen Arientext zu, der sich keinem der zahlreichen konventionellen Typen zuordnen lässt: In seiner einzigen »abweichenden« Arie (III, 10) – sie sieht einen Taktwechsel zwischen A und B vor – ergeht Argenore sich in groben Schmähungen gegenüber Martesia: »Du bist meine Qual, du bist mir lästig, eine schlimmere Pein gibt es nicht.« Der Text, der eine Konfliktsituation derart emotionsgeladen und konfrontativ umsetzt, ist für das Dramma per musica außergewöhnlich. Dort wird zwar intrigiert und unter Intrigen gelitten; offen gestritten wird aber nicht und Standpauken sind auch nicht vorgesehen. Die Komponistin unterstreicht den befremdlichen Charakter dieser Arie dadurch, dass sie das Wort »molesta« (»lästig») und nur dieses mit ausladenden Koloraturen versieht.

Der Zornesausbruch des Königs ereignet sich, auch das macht stutzig, zu einem Zeitpunkt, als Argenore von Martesias verhängnisvollem Versäumnis noch gar nichts wissen kann. Warum also ist er so erbost und aggressiv? Welche Szene wird hier nachgestellt?

Die Erfinderin des Plots hat sich zu ihrem Werk in Briefen an den Bruder nur mit wenigen Worten geäußert. Aber eine musikalisch-dramaturgische Analyse kann freilegen, worüber die Autorin nicht gesprochen hat. An der Oberfläche ist *Argenore* eine Komposition im Zeitstil, bei der zwar nicht unbedingt die Variationsbreite der musikalischen Satztypen im Vordergrund steht, die jedoch besondere Aufmerksamkeit auf Ausdifferenzierung und Verschiedenheit der Koloraturmodelle verwendet. Für Kenner und Liebhaber der Gesangskunst gab es hier reiche Nahrung.

Argenore hat darüber hinaus einen doppelten Boden. In einer Umgebung von affirmativen Auftragswerken ist diese Oper ein Sonderfall. Wilhelmine hat das Werk nicht geschaffen, um einem Fürsten zu huldigen. Aber sie hat darin vielleicht ein Stück Familiengeschichte verborgen.

Deucalion et Pyrrha – Krieg und Frieden der Geschlechter

»Augenblicklich bin ich stark mit einer kleinen Oper beschäftigt, die nur einen Akt haben soll. Ich habe ein ziemlich seltsames Thema gewählt: Die Sintflut und die Erschaffung des Menschen oder besser Deukalion und Pyrrha« (B II, S. 211, 29. November 1751). Nichts führt mehr in die Irre als dieses Briefzitat Wilhelmines. Das Thema der Festa teatrale, die am 10. Mai 1752 aufgeführt wurde, heißt weder Sintflut noch Schöpfungsgeschichte. Diese beiden Ereignisse kommen in Wilhelmines Text zwar vor, sind jedoch ohne jede dramaturgische Relevanz. Sie bleiben gewissermaßen wie Steine, die die Autorin hinter sich geworfen hat, auf dem Feld liegen; allerdings ohne sich zu beleben.

Worum aber geht es dann? Wilhelmine kannte den Stoff wie so vieles aus Ovids *Metamorphosen*: Dort entkommt Deukalion, Sohn des Prometheus, gemeinsam mit Pyrrha, Tochter der Pandora, der großen Flut, die Zeus über das sündige Menschengeschlecht hereinbrechen ließ. Deukalion und Pyrrha fahren neun Tage lang auf einer Art Arche über das Wasser, bis sie am Parnass ankommen. Dort zeugen sie ein neues Geschlecht, indem sie Steine hinter sich werfen, aus denen Menschen entstehen.

Aus dieser Geschichte greift Wilhelmine Elemente heraus, die eher Ornament als Fundament für die Handlung der Festa teatrale sind, wie die Inhaltsangabe zeigt:

Das Stück beginnt mit einem Ballett, das die Titanomachie zum Gegenstand hat, den Kampf der Titanen gegen Jupiter und ihren Sturz in den Tartaros. In einer äußerst bühnenwirksamen Szene schichten die Titanen Felsbrocken auf, um dem Himmel näher zu kommen, und werfen Steine gegen das Firmament. Jupiter fegt die Aufrührer mit einem heftigen Gewitter und nachfolgender Sintflut hinweg, um sodann gemeinsam mit Mercure auf einem glänzenden Wagen vom Himmel herabzuschweben. Die eigentliche Handlung beginnt.

Jupiter zürnt den gottlosen Menschen so sehr, dass er sie ganz und gar auslöschen möchte. Mercure erwirkt Gnade für Deucalion und Pyrrha, allerdings unter der Bedingung, dass sie sich gegenseitig hassen sollen (um zu verhindern, dass wiederum neue Menschen auf die Welt kommen). Das ruft Venus auf den Plan, die ihren Stern sinken sieht: Wenn die beiden einzigen Überlebenden der großen Flut nicht zueinander finden können, dann erlischt ihre, der Liebesgöttin Macht. Jupiter fordert sie auf, gegen den Hass anzukämpfen, den er über das Paar verhängt hat. Der hat bereits sein Werk getan. In längeren monologischen Szenen schmähen Deucalion und Pyrrha jeweils das andere Geschlecht. Beiläufig erhalten sie von Mercure den Auftrag, Steine zu säen. Das erste Zusammentreffen von Deucalion und Pyrrha verläuft konfrontativ, bis Venus und Amor mit Zauberkraft eingreifen und Abneigung in Liebe verwandeln. Die gottesfürchtigen Renegaten des Hasses bereiten ein Opfer vor, um von den Göttern zu erfahren, ob sie sich den neuerwachten Liebesgefühlen ungestraft hingeben dürfen. Amor erscheint auf dem Altar und zerstreut alle Bedenken. Damit ist die Herrschaft der Venus wieder hergestellt.

Der Aufstand der Titanen kommt in der Ovidschen Geschichte von Deukalion und Pyrrha nicht vor. Wilhelmine hat die Titanensage und den Sündenfall der Menschheit kompiliert, um ein Sujet für das spektakuläre Ballett zu Beginn des Werkes zu gewinnen. Der Maschinist aus Paris, über den sie im Januar des Jahres 1752 so begeistert berichtete (s. o. S. 102), sollte ja beschäftigt werden.

Subtrahiert man den Bühnenzauber, so bleibt als eigentliches Thema des Stückes – ganz anders als der Titel vermuten ließe – die von den Göttern eingefädelte Entzweiung und anschließende Versöhnung der Geschlechter übrig. In den Schlüsselszenen 4 und 7 werden Vorurteile über und Vorwürfe gegen das andere Geschlecht vorgebracht. So schonungslos dürfen Deucalion und Pyrrha nur reden, weil die Autorin die Menschen als Spielball der Götter hinstellt. Damit sind sie bar jeder Schuld und können in einer Art verantwortungsfreiem Raum alles vortragen, was sich nur an Negativem über das andere Geschlecht sagen lässt. Die Zurücknahme der Polemik wird freilich nur durch einen Gnadenakt der Götter möglich: durch das genaue Gegenteil eines Sinneswandels, an dem etwa auch die Vernunft beteiligt wäre. *Deucalion et Pyrrha* ist also ziemlich grobmaschig gestrickt, mit einer mechanischen Szenenabfolge, die für die Titelfiguren jeweils parallel gebaute Auftritte vorsieht: Deucalion lässt seiner Misogynie im Monolog freien Lauf, daraufhin schläft er ein und wird im Schlaf verzaubert. Anschließend verteufelt Pyrrha das männliche Geschlecht, schläft ein und wird im Schlaf verzaubert. Die Dramaturgie »klappert«. Dass Wilhelmine es besser konnte, wissen wir aus ihrem *Argenore*-Drama. Die Nachlässigkeit bei der Konzeption von *Deucalion et Pyrrha* lässt sich nicht restlos dadurch rechtfertigen, dass eine Festa teatrale als kürzere, einaktige und häufig allegorische Handlung weniger schwer wiege als das anspruchsvolle Dramma per musica. Der Autorin schien es in diesem Stück um die Konfrontation von »männlich« und »weiblich« zu gehen; alles andere erledigte sie mit der linken Hand.

Auffällig ist es, dass nur negative Eigenschaften angeführt werden: Männer sind tyrannisch, hochmütig, eitel, lasterhaft, ihren Trieben ausgeliefert, unbeständig, untreu, undankbar und eigensüchtig. Frauen sind trügerisch, launisch, unbeständig, unbegreiflich (»bizarre«) und ebenfalls von Selbstsucht bestimmt. Der Umschwung, der das jeweils vernichtende Urteil ins Gegenteil verkehrt, wird bezeichnenderweise nicht mit Argumenten untermauert. Als Begründung muss hier Amors Pfeilgift genügen.

Was hat Wilhelmine dazu bewogen, so hemmungslos über Männer und Frauen herzuziehen – und es in so bedrückend symmetrischer Weise zu tun (denn es lässt sich kaum ein Ansatzpunkt dafür finden, dass die Autorin für eine Seite Partei ergreife)?

Die Wucht, mit der die Gegensätze aufeinander prallen, wirft die Frage auf, welches Konzept Wilhelmine selbst vom Verhältnis zwischen den Geschlechtern hatte. Diese Frage ist nicht davon zu trennen, wie sie ihre Weiblichkeit erfuhr.

Aus den Lebensumständen und daraus, was sie in den *Denkwürdigkeiten* schreibt, lässt sich herauslesen, dass es ihr weder in der besonderen dynastischen Situation noch in ihrem soziokulturellen Umfeld möglich war, ihre Geschlechtsidentität als etwas positiv Bewertetes zu erfahren. Dass sich das, kompensatorisch oder bestätigend, auf ihr Konzept von den Beziehungen zwischen den Geschlechtern und auf die ästhetischen Realisierungen dieses Konzepts auswirkte, darf mit gutem Grund vermutet werden.

Schon auf den ersten Seiten ihrer Memoiren schreibt Wilhelmine über den Vater: »Sein Erzieher hatte sich angelegen sein lassen, ihn zur Verachtung des weiblichen Geschlechts anzuhalten. Er hatte eine so schlechte Meinung von den Frauen, dass seine Vorurteile der Kronprinzessin [i.e. der späteren Königin Sophie Dorothea], auf die er maßlos eifersüchtig war, viel Kümmernisse bereiteten« (D, S. 30). Eine latente und allgegenwärtige Feindseligkeit gegenüber Frauen hat wohl nicht nur das Leben bei Hofe beeinträchtigt, sondern auch Wilhelmines Selbstwertgefühl schleichend untergraben. Flackernd wie Irrlichter sind Wilhelmines Äußerungen über das »schöne Geschlecht«: mal böse aufblitzend, mal scheinbar demütig, manchmal voller Empörung und dann doch wieder bescheiden, ohne jedes Aufbegehren.

Im April 1736 schreibt Wilhelmine dem Bruder: »Kürzlich hörte ich von einem Buche, das mich sehr geärgert hat. Der Verfasser will beweisen, dass die Frauen keine denkenden Wesen sind, und dass nur die Männer Vernunft besitzen. Damit sind wir also zu Schafen erniedrigt. Bitte sage mir

Deine Ansicht darüber. Ich hoffe, Du wirst gerechter sein. Das schöne Geschlecht zeigt seine Vernunft jedenfalls durch seine Beständigkeit und Treue [...]» (B I, S. 317). Im März 1740 schreibt sie dagegen über ihre Oper *Argenore*:

»Der Komponist verdient den Zutritt zum Parnass nicht. Ich hoffe nur, man wird ihm wegen der Merkwürdigkeit des Falles aus Achtung vor dem schönen Geschlecht Gnade erweisen; denn mit derartigen Dingen haben die Frauen sich bisher noch nicht befasst. Sobald die Aufführung stattgefunden hat, werde ich Dir ein paar Arien senden, unter der Bedingung, dass Du mir offen sagst, was Du davon hältst; denn ich bin durchaus nicht eingebildet auf meine Kunstleistungen« (B I, S. 441).

Einen Monat später heißt es dann (in Bezug auf die Proben zur Oper): »Ich hätte lieber 100 Deutsche unter mir als einen Italiener. Unsere beiden Sängerinnen sind als einzige vernünftig und führen sich gut. Es lebe das schöne Geschlecht. Es triumphiert überall. Verzeihen Sie diesen kleinen Ausbruch.«[89] Am anrührendsten ist aber ein Brief der fast Zehnjährigen an den Vater, ein Brief, der mit der Hellsichtigkeit eines hochbegabten und überaus sensiblen Kindes im Voraus die Summe der zentralen Lebenskonflikte zieht:

»Ich gestehe meinem lieben Papa, dass ich sehr gekränkt bin, weil er meinem Bruder die Ehre gegeben hat, ihm zu schreiben; und ich, die schon mehr als hunderttausend Briefe geschrieben hat, ich habe niemals die Gnade gehabt, ein Wort von seiner lieben Hand zu erhalten. *Ich weiß wohl, dass mein Bruder mehr Verdienste hat als ich, weil er ein Knabe ist, aber es ist nicht mein Verschulden, wenn ich es nicht bin,* und ich bin trotzdem auch die Tochter meines lieben Papa und ich liebe ihn mehr als irgend jemand auf der Welt.«[90]

Nie mehr hat Wilhelmine die Problematik eindeutiger formuliert als in diesem Kinderbrief. Wenn sie später als Wilhelmine schreibt, kann sie die Frage des Verhältnisses zwischen Männern und Frauen offenbar nicht mehr so klar beantworten, wie wir an den mitgeteilten Zitaten erkennen. Stattdessen verfolgen wir erstaunt extreme, manisch-depressiv anmutende Pendelausschläge. Nur der impliziten Autorin ist es möglich, das Thema gewissermaßen mit offenem Visier anzugehen. So kommt es zur schroffen Konfrontation weiblicher und männlicher Untugenden in *Deucalion et Pyrrha*, einer Konfrontation, die das versöhnliche Ende von Amors Gnaden nicht restlos ausräumen kann.

Ein in der Universitätsbibliothek zu Erlangen aufbewahrtes Libretto-Exemplar weist handschriftliche Eintragungen auf, die sich, verglichen mit

Brief-Autographen, mit ziemlicher Sicherheit Wilhelmine zuschreiben lassen. Darunter sind auch zwei etwas umfangreichere Korrekturen, und zwar dort, wo das Verhältnis zwischen den Geschlechtern beschrieben wird. In der 7. Szene liest das Libretto: »Sie [i.e. die Männer] bewundern uns nur, um uns zu verachten, wenn sie den Sieg davongetragen haben, und um uns an ihrer verdorbenen Lebensart teilhaben zu lassen.«[91] Dass die Frauen mit den Männern gemeinsame (und schlechte) Sache machen, das erschien der Autorin wohl doch zu stark. Sie streicht den Schluss und korrigiert: »Sie bewundern uns nur, um uns zu verachten, wenn wir ihnen den Sieg zugestehen.«[92]

In der 9. Szene treffen Deucalion und Pyrrha zu einem Schlagabtausch der Vorurteile aufeinander. Deucalion sagt zu Pyrrha: »Wenn Ihr die Männer hasst, dann verabscheue ich die Frauen.«[93] Wilhelmine korrigiert: »Wenn meine Gegenwart Euch beleidigt, so fällt mir die deine lästig, weil ich dein Geschlecht verabscheue.«[94] Das ist um einiges schärfer formuliert und erinnert in der Wortwahl an den feindseligen Ausbruch des Argenore gegen Martesia: Sie sei ihm lästig (s. o. S. 136). Nur diese Eintragungen verraten etwas von der mühsam gehaltenen Balance zwischen »männlich« und »weiblich«, die hier für einen Augenblick verloren zu gehen droht. Wilhelmines Konzeption des Verhältnisses zwischen Männern und Frauen ist von tiefer Skepsis geprägt. Dabei hat die Autorin vor allem die Beziehungsebene im Blick: Moralisch bedeutet treu, unmoralisch heißt untreu.

Wir werden sehen, dass *Deucalion et Pyrrha* sich als eine Art Vorarbeit zu einer weiteren Festa teatrale, zu dem 1754 uraufgeführten Stück *L'Homme* verstehen lässt.

Über die Musik wissen wir nichts; es wird ein Pasticcio mit Musik aus Werken verschiedener Komponisten gewesen sein. Vielleicht übernahm Wilhelmine sogar selber die Aufgabe des Arrangierens. In einem Brief an Friedrich berichtet sie: »Ich muss immer die Oper aus zusammengesuchten Arien komponieren, deren Texte man ändern muss, was den Ausdruck verdirbt.«[95]

Die Arientexte können immerhin eine Idee davon vermitteln, in welche Richtung die Komposition ging. Von zehn Arien entfallen je drei auf Venus und Deucalion. Aus dem Librettodruck kennen wir die Darsteller dieser Rollen: Es sind die seit 1750 als Primadonna in Bayreuth engagierte Mia Turcotti und der Sänger Stefano Leonardi.

Drei der Arientexte kann man als expressiv bezeichnen, und sie werden diesen beiden Protagonisten zugeordnet: Venus führt in der 2. Szene eine tränenreiche Klage mit den Schlüsselwörtern »pianto« und »dolor« (»Weinen« und »Schmerz«), um Jupiter umzustimmen. Deucalion klagt ebenfalls: in der 12. Szene darüber, dass er nun, da er Pyrrha liebt, nicht weiß, wie es weitergehen soll; in der 16. Szene darüber, dass Pyrrha ihn (noch) nicht erhört habe. Im formelhaften und beschränkten Vokabular des Dramma per musica beschwört er die tyrannische Geliebte, beschreibt seinen elenden Zustand mit den entsprechenden »Schlüsselreiz«-Wörtern »dolente«, »mesto«, »languir« und »martir« (»schmerzvoll«, »traurig«, »Sehnen« und »Marter«) und malt Todesphantasien an die Wand, falls der Himmel ihn nicht erhöre.

Neben diesen drei affektbetonten Stücken (die traurige Gefühle artikulieren) gibt es zwei Vergleichs-Arien: In der 4. Szene zieht Deucalion, noch vor seiner Bekehrung, eine Parallele zwischen der Schönheit der Frauen und einer Rose, in der sich eine giftige Schlange verbirgt. In der 9. Szene setzt Pyrrha die Unbeweglichkeit ihres Herzens (»wie ein Felsen«, it. »scoglio«) dem bewegten Meer und den vom Sturm aufgewühlten Wellen entgegen.

Schlange, Meer, Sturm, Wellen: Das sind metaphorische Gemeinplätze des Dramma per musica, und es verbindet sich mit ihnen eine begrenzte Anzahl von Arten der musikalischen Vergegenwärtigung. Die Pasticcio-Praxis konnte in einem Genre, dessen musikalisches Idiom wesentlich durch Bildlichkeit definiert war, ja nur funktionieren, wenn die Menge der Bilder und Vergleiche endlich war und wenn dafür kodifizierte musikalische Darstellungsmittel zur Verfügung standen.

Semiramis – eine fluchbeladene Herrscherin

Mit ihrer Opernversion von Voltaires Tragédie *Sémiramis* wandte Wilhelmine sich erstmals seit *Argenore* wieder dem Dramma per musica zu. Im November 1750 entwarf sie, wie sie dem Bruder mitteilte, einen Text, den ein am Berliner Hof angestellter Italiener, Angelo Cori, in Verse zu bringen hatte. Das war ein übliches Verfahren, dessen sich auch Friedrich II. bediente. Die Hofdichter mussten die in Prosa abgefassten Texte der fürstlichen Herrschaften in eine der Gattung Hofoper angemessene und zur Vertonung geeignete Form gießen. Die Entwürfe zu *Argenore, Deucalione e Pirra, L'Uomo* und *Semiramide* sind verschollen, so dass wir nicht wissen, in welcher Sprache Wilhelmine ihre Vorlagen abfasste. Im Brief an den Bruder schreibt sie ausdrücklich, sie sei damit beschäftigt, *Sémiramis* zur Oper umzuarbeiten und »zu übersetzen« (B II, S. 189, nicht datiert). Es wäre denkbar, dass sie sich im Italienischen versuchte und nur das Verseschmieden Angelo Cori überließ. Zwei Jahre später kann sie dem Bruder melden, sie stelle die Oper gerade fertig. Allerdings: »Hasse war nicht imstande, sie zu komponieren. Ich musste sie einem Italiener geben, der nicht allzu viel daraus gemacht hat« (B II, S. 232, 9. November 1752). Wer dieser Italiener war, entzieht sich unserer Kenntnis. Die Oper wurde jedenfalls am darauffolgenden Geburtstag des Markgrafen aufgeführt, doch Wilhelmine war alles andere als zufrieden: »Nach Verlust der Garderobe und hundert anderen Missgeschicken, die eine frühere Aufführung verhindert haben [darunter auch der Schlossbrand im Januar des Jahres, Anm. d. Verf.], ist sie auch noch misslungen. Alle Maschinen haben versagt. Das Durcheinander war schrecklich, trotz aller meinen Anordnungen. [...] Die Darsteller haben göttlich gespielt und gesungen, so dass nicht gezischt worden ist« (B II, S. 257, 16. Mai 1753). Auch darüber, wer die Sänger waren, können wir nur spekulieren. Mia Turcotti, von 1750 an erste Sängerin in Bayreuth, wird die Semiramis gegeben haben. Freilich war sie zu diesem Zeitpunkt schon mindestens fünfzig Jahre alt (Henze-Döhring 2002, S. 113). Auch Stefano Leonardi und Giacomo Zaghini könnten mitgewirkt haben.

»Eine Königin, welche die Stände ihres Reichs versammelt, um ihnen ihre Vermählung zu eröffnen; ein Gespenst, das aus seiner Gruft steigt, um Blutschande zu verhindern und sich an seinem Mörder zu rächen; diese Gruft, in die ein Narr hereingeht, um als ein Verbrecher wieder herauszukommen: das alles war in der Tat für die Franzosen etwas ganz Neues. Es macht so viel Lärmen auf der Bühne, es erfordert so viel Pomp und Verwandlung, als man nur immer in einer Oper gewohnt ist.« So höhnte Lessing im zehnten Stück seiner *Hamburgischen Dramaturgie* (Lessing 1986, S. 56f.). Scharfsichtig erkannte er, dass die klassische Tragédie sich mit diesem Stück auf ein Terrain begab, das eher dem Musiktheater vorbehalten schien.

Führen wir uns den Inhalt etwas genauer vor Augen: Voltaire behandelt den Untergang der Usurpatorin Sémiramis. Die Königin von Assyrien tötete ihren Gemahl Ninus, als er ihr unvorsichtigerweise für drei Tage die Herrschaft übertrug. Mittäter war Assur, der seinerseits den Sohn von Ninus und Sémiramis durch Gift aus dem Weg zu räumen versuchte, um sich den Thron zu sichern. Doch Ninias, der rechtmäßige Thronfolger, konnte gerettet werden und wuchs, ohne dass Sémiramis und Assur davon Kenntnis hatten, fern von Babylon bei einem Pflegevater auf, den er für seinen leiblichen Vater hielt.

Die Tragödie setzt ein mit der Rückkehr des Arzace alias Ninias nach Babylon. Sémiramis, von Schuldgefühlen gepeinigt, erwartet sich Rettung von einer Ehe mit Arzace. Dieser liebt jedoch die Prinzessin Azéma, und darin rivalisiert er mit Assur. Das alles bleibt jeweils denjenigen Protagonisten, die es am dringendsten wissen müssten, verborgen. Sémiramis verkündet öffentlich, wen sie sich zum Gatten erwählt hat, da entsteigt der Schatten des Ninus der Gruft und verlangt, Arzace müsse sich zu ihm hinab begeben. Arzace erfährt, dass er der Sohn der Sémiramis und sie die Mörderin seines Vaters ist. Sémiramis fordert ihn auf, Assur zu töten, von dem sie weiß, dass er Arzace in der Gruft auflauern wird. Arzace ist dazu bereit. Er verzeiht der Mutter. Für den Mord an Ninus will er nur Assur zur Rechenschaft ziehen. Scheinbar gelingt der Plan: Arzace berichtet Azéma, er habe Assur soeben getötet – da betritt dieser unversehrt die Szene. Sterbend erscheint hingegen Sémiramis, die, um den Sohn zu schützen, ebenfalls ins Grab gestiegen war. Arzace begreift, dass er seine Mutter tödlich verletzt hat, und will sich in sein Schwert stürzen. Sémiramis hält ihn davon ab, überträgt ihm die Herrschaft, fügt ihn mit Azéma zusammen und stirbt.

Wilhelmine macht aus diesem fünfaktigen Stück ein dreiaktiges Dramma per musica. Sie streicht Monologe und schiebt Szenen ineinander. Außerdem reduziert sie die Anzahl der Protagonisten von acht auf sechs – eine unter ökonomischen Gesichtspunkten unerlässliche Maßnahme, denn indem sie die Vertrauten der Sémiramis und des Assur opfert, spart sie zwei Solisten ein. Die handelnden Personen sind also in Wilhelmines Version:

»Semiramis, Königin in Assirien
Ninias, ein Sohn der Semiramis, unter den [!] Namen Arsaces, ein vermeinter Sohn des Phradates
Assur, ein königl. Statthalter, vom königl. Geblüte
Azema, eine Prinzessin aus dem königl. Geblüte des Ninus
Osroes, der Hohepriester
Mithranes, Hauptmann über der Semiramis Trabanten«[96]

Die Librettistin beschränkt sich aber nicht aufs Kürzen: Sie erfindet einiges hinzu. So lässt sie den Geist des Ninus häufiger seufzen, als er das bei Voltaire tut, und verstärkt dadurch die Dimension des Übernatürlichen. Assur begeht bei Wilhelmine Selbstmord, als er nach verlorenem Zweikampf – auch dies eine Zutat der Markgräfin – die Ausweglosigkeit seiner Lage erkennen muss.

Wilhelmine konzipiert die Handlung also drastischer als Voltaire. Und sie setzt mit dem Selbstmord – wie schon im Falle von *Argenore* – ein Element ein, das der Dramaturgie des Dramma per musica wesensfremd ist, weil diese eigentlich auf ein glückliches Ende zuzusteuern hat.

Auch die Ohnmachten des Arzace in Augenblicken von hoher Affektspannung hatte Voltaire nicht vorgesehen. Dreimal raubt die Wucht der Erkenntnis Arzace das Bewusstsein: als er erfährt, wer er ist; als er begreift, wer seinen Vater getötet hat, und als er der Tatsache ins Auge sehen muss, dass er zum Mörder seiner Mutter geworden ist.

Man kann die aufgeführten Elemente, die die Handlung greller machen, aus dem Bestreben heraus erklären, das Geschehen zu verdeutlichen. Denn erstens ist gesungene Sprache meist schwerer verständlich als gesprochene und zweitens konnten die Autoren nicht damit rechnen, dass das Italienische dem Publikum in allen Einzelheiten geläufig war. Bezeichnenderweise ist der erhaltene Librettodruck zweisprachig (italienisch-deutsch).

Das Motiv des Selbstmords ist allerdings in Wilhelmines künstlerischem Schaffen so prominent, dass wir ihm nicht gerecht werden, wenn wir es nur als dramaturgisches Element interpretieren. Denn die Selbstmörderinnen Lucretia und Kleopatra geistern durch die Gemäldegalerie, ja sogar durch die Gemmensammlung des Markgrafenpaares.[97] Vielleicht sind die künstlerisch gestalteten Selbstmorde Versuche, die eigene Sehnsucht nach dem Tod zu bändigen.

Nicht nur den Suizid hat *Argenore* mit *Semiramide* gemein, sondern auch die Wiedererkennung zwischen Eltern und Kindern – dort Argenore und Ormondo, hier Semiramide und Ninias – und das Inzestmotiv, hier in der ödipalen Variante als angedeutete Liebesbeziehung zwischen Mutter und Sohn. Und noch etwas ist unübersehbar: Weit und breit gibt es keine positive Herrscherfigur, die sich zur Verherrlichung eignete, Argenore nicht und Semiramide auch nicht. Immerhin verlieren diejenigen die Macht, die sie sich angemaßt haben, und der rechtmäßige Thronerbe wird eingesetzt. Es gibt in *Semiramide* also Hoffnung für die Zukunft – so wie ein anderer Wahl-Bayreuther, Richard Wagner, am Ende seines *Lohengrin* den kleinen Gottfried wiederkehren lässt. *Argenore* aber endet in der Katastrophe.

Beim Thema »Darstellung von Herrscherfiguren« muss ein Vorgriff auf das Jahr 1755 erfolgen. In diesem Jahr schuf Anton Raphael Mengs für Wilhelmine das Gemälde *Semiramis erhält die Nachricht vom Aufstand in Babylon,* das heute im Neuen Schloss zu Bayreuth hängt. Krückmann hat das Bild als eine »positiv allegorisierende Darstellung auf ihre eigene Person«

interpretiert, genauso wie das verschollene Auftragswerk von Pompeo Batoni, das wohl Kleopatra und Augustus vor der Büste des Cäsar zeigt (Krückmann 1995). Beide Gemälde, so die Deutung, spielten auf Wilhelmine als gute Herrscherin an.

Kleopatra und Semiramis: Hier begegnen sie uns wieder, die Selbstmörderin und die Gattenmörderin, die die Macht an sich gerissen hat. Wir können uns nur schwer vorstellen, dass es Wilhelmine zwei Jahre nach der Uraufführung ihrer eigenen Semiramis-Oper ganz entfallen sein sollte, welche für eine gute Herrscherin eher ungewöhnlichen Taten Semiramis verübt hatte. Ähnlich Kleopatra: Es will nicht zur positiven Selbststilisierung einer Fürstin stimmen, dass Wilhelmine 1748 die verzweifelte Witwe des Cäsar im Augenblick des Suizids malte. Wie bei Lucretia ruht die Tugenddarstellung auf einem Fundament, das schaudern macht.

Gehen wir noch einen Schritt weiter: Wenn Wilhelmine sich mit Semiramis identifiziert hat, so musste sie dabei auch die Schattenseiten dieser Fürstin akzeptieren, Schattenseiten, die sie selbst in ihrem Operntext thematisiert hatte. Trifft die Vermutung zu, so hätte die Markgräfin sich ein ganz und gar gebrochenes Selbstporträt gegeben, sozusagen eines in Spiegelscherben. Kann man es für zufällig nehmen, dass die Brüche mit verheerenden Verwerfungen im engsten Familienkreis, mit Gattenmord und Inzest zu tun haben? Bezieht man all diese Aspekte mit ein, so lässt sich die Interpretation der Gemälde nicht auf die positive Allegorisierung beschränken.

Zurück zum Stück: Das Werk hat 19 Arien und zwei Ensembles, außerdem Chorszenen und Balletteinlagen. Wilhelmine sieht prächtige Schauplätze vor: für den I. Akt eine Säulenhalle im Königspalast, über dem man die berühmten Hängenden Gärten sehen kann, und eine Galerie, die zu verschiedenen Räumen führt; für den II. Akt den Tempel der Sonne und ein Ensemble aus dem Mausoleum des Ninus, dem Thron der Semiramis und einem Opferaltar; für den III. Akt eine große Halle und, als coup de théâtre, die Verwandlung des Mausoleums in den Sonnentempel.

Mehrere Bühnenbild-Entwürfe Carlo Galli Bibienas zu *Semiramide* sind überliefert,[98] und man kann an ihnen die Pracht ermessen, die sich auf der Bühne entfalten sollte, aber auch die Fallhöhe erahnen, wenn diese erhabenen Bühnenräume von einer havarierenden Bühnenmaschinerie erschüttert wurden.

Zwei Ballette fügt Wilhelmine ein: einen Tanz der Priesterinnen am Opferaltar und einen Furienauftritt zum Beschluss des II. Aktes, nachdem Assuro sich in Wut- und Rachegedanken darüber ergangen hat, dass Semiramis nicht ihn sondern Arzace zu heiraten gedenkt.

Die meisten Arien – jeweils vier – haben Arzace und Assuro zu singen. Darüber hinaus wirken sie auch in den beiden Ensembles mit. Wilhelmine disponiert ein Trio für das Dreieck Arzace-Assuro-Azéma im II. Akt und ein Duett voller Rührung zwischen Semiramide und ihrem Sohn Ninias, nachdem die ganze Wahrheit ans Licht gekommen ist. Aus der Tatsache, dass für die Titelheldin vergleichsweise wenige Arien vorgesehen waren, kann man schließen, Mia Turcotti habe die Semiramide verkörpert und der Komponist oder Arrangeur habe auf die Grenzen ihrer nicht mehr jungen Stimme Rücksicht genommen.

Die Arientexte bewegen sich im Rahmen der Dramma per musica-Konvention. Wo sie von Affekten handeln, sind sie – wie schon in *Argenore* – meist auf der Nachtseite der menschlichen Seele angesiedelt. Viermal geht es um Rache (Osroe in I, 2; Arsace in I, 4; Assuro in II, 9; Azema in III, 7). Deskriptive Arientexte handeln von stürmischer See, von Blitz und Donner; auch andere Text-Topoi sind vertreten: Arsace, der Azema liebt, will lieber sterben als seine Liebe verlieren (I, 6). Mehrmals zitieren Arientexte das aus einer besonders aufwändig gestalteten Arie der Martesia bekannte Bild vom Blut, das in den Adern gefriert (I, 6; III, 7).

Für eine konventionelle Vertonung beziehungsweise für die Auswahl von musikalischen Nummern zu einem Pasticcio war also alles da, und zumindest eine Anleihe bei Metastasio lässt sich nachweisen: Assuros Kavatine »Quando saprai chi sono« (I,3) entspricht haargenau den Versen 1, 2 und 4 von Eneas Arie (I, 10) in *Didone abbandonata*. Semiramides Arie »Fra cento smanie e cento« (I, 10) bezieht sich auf das bereits zitierte Modell Metastasios, das auch schon für eine Arie aus *Argenore* Pate gestanden hatte (s. o. S. 127).

Die Autoren Wilhelmine von Bayreuth und Angelo Cori liefern also die solide Grundlage für eine Vertonung oder ein Arrangement mit den gebräuchlichen musikalischen Mitteln – wenn auch mit einer gattungsuntypischen Schlagseite zum Tragischen. Offen bleibt vorerst die Frage, warum Wilhelmine sich gerade diesen Stoff ausgewählt hat: eine weibliche Herrscherin mit einer mehr als problematischen Vorgeschichte.

L'Homme oder: Der Mann und die Kraft der Vernunft

Es ist oft behauptet worden, Wilhelmines Libretto zu der allegorischen Oper *L'Uomo*[99] (1754) sei von Jean-Philippe Rameaus *Zoroastre* (Uraufführung: Paris, Académie Royale de Musique, 5.12.1749) beeinflusst (z. B.

Bauer 1982, S. 163). Tatsächlich findet sich der *Zoroastre*-Text in ihrer Bibliothek (Schiedermair 1908, S. 140). Allerdings beschränken die Ähnlichkeiten zwischen den Stücken sich auf die Grundvoraussetzung einer Opposition von gutem und bösem Prinzip, symbolisiert durch Licht und Finsternis. In der Handlungsführung selbst kann man kaum Parallelen finden: Im Plot von *Zoroastre* geht es um Menschen aus Fleisch und Blut, die ganz nach Opernart jeweils über Kreuz die Falschen lieben, bis sich am Ende die Fäden entwirren. Zoroastre selbst, der Lehrmeister der Magier, gehört zu den (zunächst) unglücklich Liebenden. In einem 1756 veröffentlichten Textbuch heißt es über ihn:

»Er war der Lehrmeister der Magier, der ersten Philosophen auf Erden; er stellte sich ein Prinzip des Guten und ein solches des Bösen vor, die einander ohne Unterlaß bekämpfen, bis der Urheber des Guten einen vollständigen Sieg über den Urheber des Bösen davontragen kann. Ersterem gab er den Namen Oromases oder Licht und dem Letztgenannten den von Ariman oder Finsternis. Sonne und Feuer weihte er heiligem Dienst.«[100]

Wenn dies der Anlass für Wilhelmine war, ihre Allegorie vom Menschen zu konzipieren, so kommt dem Libretto von Louis de Cahusac tatsächlich einige Bedeutung für *L'Homme* zu – die man jedoch nicht überschätzen sollte. Schon 1752 hatte die Markgräfin ihrem Bruder geschrieben: »Der König von Polen hat eine Komödie aufführen lassen, die ihn 30.000 Ecus gekostet hat. Es ist die Oper Zoroaster, die übersetzt und als Komödie gespielt wurde. Er hat den Maschinisten und den Bühnenbildner aus Paris kommen lassen. Man hat mir versichert, dass das Ganze gründlich misslungen ist.«[101] Das Sujet war Wilhelmine also schon einmal begegnet, wenn auch aus zweiter Hand übermittelt. Vielleicht hat das Fiasko der polnischen Zoroaster-Komödie Wilhelmines Ehrgeiz angestachelt, und vielleicht kannte sie auch den Bericht eines Zeitgenossen, des Abbé Joseph de Laporte, über die Dekorationen der Uraufführungsinszenierung:

»Die Dekorationen, die Bühnenmaschinerie, die Beleuchtung und die Kostüme in der Oper Zoroastre: all dies übertraf mit seinem Geschmack, seiner Großartigkeit und seiner Pracht auch das Schönste, was in diesem Gebäude seit seiner Einweihung zu sehen gewesen war. Die Bauten des 5. Akts stellten einen herrlichen Tempel dar, dessen kannelierte Säulen mit Karfunkeln und Rubinen übersät waren, die wie hellstes und lebendigstes Feuer strahlten. Die Säulen standen auf Sockeln und trugen Kapitele, beides aus dem gleichen wertvollen Metall; und sie stützten mit Mosaiken geschmückte Gewölbe, deren grüner Grund durch goldene und silberne

Felder hervorgehoben wurde. All dies gewährte einen wunderbaren Anblick.«[102]

Das erinnert stark an den Kristallpalast mit transparenten Säulen in der Finalszene von Wilhelmines Oper. In der Tat gab es ein solches Bühnenbild in Bayreuth: einen »Glastempel mit gläsernen Säulen, Postamenten und Gesimsen«.[103]

L'Homme ist ein sperriges Stück: Wer den Inhalt nicht nur nachzuerzählen, sondern zu begreifen sucht, stolpert schnell über die unterschiedlichen Abstraktions- und Hierarchie-Ebenen. Die handelnden »Personen« – man mag das nur in Anführungszeichen schreiben – sind: der Gute und der Böse Genius, ersterer Sohn des Lichts, letzterer Sohn der Finsternis; Negiorée, die Tochter des Guten Genius'; Animie (weiblich) und Anémon (männlich); die vernünftige und die unbeständige Liebe (beide männlich gemäß dem Genus von *amor* in den romanischen Sprachen); schließlich Volusie und Incosie (beide weiblich).

Das Argomento erklärt, dass es sich um eine Allegorie handle, und löst die Anagramme auf:

Negiorée	ragione (die Vernunft)
Animie, Anémon	anima (die Seele)
Volusie	voluttà (die Wolllust)
Incosie	incostanza (die Unbeständigkeit)

Sortiert man die Protagonisten der Handlung nach ihrer Geschlechtszugehörigkeit, so ergibt sich folgendes Bild:

weiblich	männlich
Negiorée	Guter Genius
Animie	Anémon
Volusie	Böser Genius
Incosie	Vernünftige Liebe
	Unbeständige Liebe

Die Erwartung, die Aufteilung der »Personen« auf die beiden Geschlechter lasse irgendeinen Rückschluss auf den dramaturgischen Knoten zu – eine Erwartung, die bei Texten für das Musiktheater selten getäuscht wird –, erfüllt sich nur bei Animia und Anémon: Sie verkörpern den Typus der durch Zauberkraft entzweiten Liebenden, die am Ende glücklich zusammenfinden. Aber sie sind ja nicht Liebende, sondern die beiden Hälften der menschlichen Seele.

Was verrät uns das Verzeichnis der Dramatis personae noch? Es gibt zwei Prinzipe – gut und böse bzw. Licht und Finsternis -, die einander bekämpfen. Schauplatz ihres Kräftemessens ist die verunsicherte Liebe zwischen den beiden Seelenhälften. Die Auseinandersetzung besteht darin, dass die Allegorien von Vernunft einerseits und Wolllust und Unbeständigkeit auf der anderen Seite aufeinander losgelassen werden. Negiorée hat den Guten Genius zum Vater (also die Sonne zur Großmutter, wenn man die Verhältnisse, wie sie uns im Personenverzeichnis angeboten werden, konsequent zu Ende denkt). Die vernünftige Liebe scheint ein Derivat der Vernunft, die unbeständige und flatterhafte eines von Wolllust und Unbeständigkeit. Daraus ergibt sich in absteigender Folge die Hierarchie:

Guter Genius	Böser Genius
Vernunft	Wolllust, Unbeständigkeit
vernünftige Liebe	wolllüstige, flatterhafte Liebe

Diese Mächte wirken auf das Seelenhälftenpaar ein. Doch das Personenverzeichnis wäre unvollständig ohne die in den Ballett-Einlagen auftretenden allegorischen Figuren: Wir erfahren schon aus der 3. Szene, dass Negiorée über die Tugenden und die (harmlosen) Vergnügungen (»plaisirs«) gebietet, so wie der Böse Genius außer über die in seiner Kolumne aufgeführten Mächte die Befehlsgewalt über Laster und Leidenschaften (»vices«, »passions«) ausübt.

Die Handlung wirkt unentschieden. Abwechselnd haben die Guten und die Bösen die Oberhand, wobei die Machtverhältnisse nie ganz klar sind: Mal verjagt Negiorée ohne Umstände Volusie (16. Szene), mal geht es andersherum (4. Szene). Zauberkraft ist zwar alllenthalben im Spiel, doch muss die wollüstige Liebe sich die Gestalt der vernünftigen geben, um Animie verführen zu können. Und zur Bekehrung des Anémon bedient Negiorée sich eines Spiegels: Selbsterkenntnis soll den Untreuen auf den rechten Weg zurück bringen.

Etwas mehr dramatisches Leben kommt in die Angelegenheit, als der Böse Genius sich in Animie verliebt und ihr seine Gefühle offenbart – er, der eigentlich nur ein Fädenzieher im Hintergrund sein dürfte. Er hat kein Glück: Bei seinem Annäherungsversuch bewegt sich auf geheimnisvolle Weise ein Tugendsymbol an einer Girlande. Animie erkennt darin einen schicksalhaften Wink und verjagt die »schlechte« Liebe, die ihr den Höllenfürsten schmackhaft machen sollte. Man fragt sich, warum sie, die weibliche Hälfte der Seele, sich gegen die Einflüsterungen des Bösen wehren kann, während Anémon, der männliche Teil, von eben dieser Macht an den Rand des Selbstmords gedrängt wird. Erst als ihm eine Stimme den Namen der Geliebten zuruft, kommt er zur Besinnung.

Die »Moral« wird am Ende vom Guten Genius, dem Bewohner des Kristallpalastes, verkündet: Das Glück bedarf der Vereinigung von Vernunft, Tugend und Liebe. Ein Schlusschor besiegelt den Triumph des Lichts und die Vernichtung der Finsternis.

Liebe und Vernunft müssen zusammenkommen, damit Glück entstehen kann. So sah die Welt in den Augen der Aufklärer aus, die mit »Liebe als Passion« (Niklas Luhmann) noch nichts anzufangen wussten; jedenfalls gestanden sie es sich nicht ein.

Dass der Kampf zwischen Gut und Böse ausgerechnet auf dem Feld von treuer und untreuer Liebe ausgetragen werden muss, kann nach allem, was wir über die geheimen Triebfedern von Wilhelmines künstlerischen Aktivitäten vermuten, nicht überraschen. Die Vorrede des Textes legt eine interessante Spur zur Deutung. Wilhelmine führt dort aus, dass es das Ziel »des Autors« sei, vorzuführen, wie die Leidenschaften (»passions«) das menschliche Herz beherrschten. Sie wolle zeigen, dass man das wahre Glück nur erreiche, wenn die Vernunft die Leidenschaften zähme und in ihre Schranken verweise (»dans de justes bornes«).

Nun finden sich in Wilhelmines handschriftlichem Nachlass zwei nicht datierte Entwürfe zu einer Abhandlung mit dem Titel *De la Morale*,[104] in denen die Kernbegriffe der *L'Homme*-Vorrede und damit die Protagonisten der allegorischen Handlung in einer philosophischen Systematik erscheinen. Diese Entwürfe sind bislang nicht publiziert und auch nicht im Zusammenhang mit dem Stück gesehen worden. Wilhelmine schreibt da: »Drei Prinzipe herrschen im Menschen: die Leidenschaften, die Eigenliebe und die Vernunft.«[105] Der philosophische Überbau steht am Anfang der Betrachtung : »Die Moral ist der hervorragendste Teil der Philosophie. Sie lehrt uns, gut zu leben, sie tröstet uns im Unglück, sie führt uns im Glück. Sie ist der einzige Zügel der Leidenschaften, sie ist das Band der Gesellschaft.«[106] Die Leidenschaften, das sind nach Wilhelmine »die Völlerei, die Liebe, die Trunksucht«. »Que de monstres a combattre«, ruft sie empört, »was für Ungeheuer, die wir bekämpfen müssen!« Bei diesem Kampf kommt der Vernunft eine tragende Rolle zu. Nur sie führt zum wahren Glück, wie der Gute Genius verkündete, und auf dem Weg dorthin muss sie den Leidenschaften Grenzen setzen. In Wilhelmines Abhandlung heißt das etwas verkürzt: »das einzige Mittel zum Glücklichsein ist es, sich zu bescheiden (»de se borner«) und zufrieden zu sein mit dem Zustand, in dem man auf der Welt lebt.«[107] Dann diskutiert Wilhelmine die Leidenschaften. Als letzte nimmt sie sich die Ausschweifung vor, heute würden wir sagen: die Promiskuität (»le libertinage«):

»Die Ausschweifung gilt in dem Jahrhundert, in dem wir leben, als eine höchst erlaubte Sache, man macht sich sogar eine Ehre daraus und versucht, sie mit Argumenten auszumalen, die nur zeigen, dass die Sache selbst, wenn nicht sogar das Herz des Mannes verdorben ist. Alle die…«[108]

Genau an dieser Stelle bricht der erste Entwurf ab, und der zweite kommt gar nicht erst so weit. Ist die Vermutung zulässig, der Schreiberin habe sich wieder einmal die Feder gesträubt, weil das Thema ihr zu nahe ging? Wenn das zutrifft, dann hieße der »libertin« Markgraf Friedrich. *De la Morale* und *L'Homme* hätten den Charakter von Bewältigungsversuchen auf verschiedenen Feldern und mit unterschiedlichen Mitteln. In der Philosophie freilich ist Wilhelmine mit dem Thema nicht so weit gekommen wie in der Bühnenkunst.

Auch Joachim Kröll hat, als einziger, der *L'Homme* eine ausführlichere Betrachtung widmete, auf biographische Bezüge hingewiesen, jedoch offensichtlich ohne Kenntnis des Nachlasses. Dafür teilte er aufschlussreiche Gedanken zum Zusammenhang zwischen der Licht-Finsternis-Motivik und der Freimaurerei in Bayreuth mit. Markgraf Friedrich hatte nach seiner Aufnahme in die Loge Friedrichs II., der auch Wilhelmine angehörte, zuerst eine Schloss- und dann eine Stadtloge gegründet; beide wurden 1753 als »Loge zur Sonne« vereinigt. Vor diesem Hintergrund konnte man das Sonnensymbol auch als Referenz auf freimaurerische Ideale verstehen, als »Ausdruck des neuen Humanitätsstrebens« (Kröll 1959, S. 166).

Das Stück endet mit dem Triumph des Lichts, doch schon vorher gibt es eine Sonnenbeschwörung. In der 17. Szene (von insgesamt 23) rufen der Gute Genius und die himmlischen Geister (»esprits célestes«) die Sonne an. Wilhelmine stellte sich das als eine Chorszene vor, in die zwei Strophen Sologesang des Guten Genius' eingefügt waren, so dass ein größerer musikdramatischer Zusammenhang entstand. Dergleichen gab es in der französischen Tragédie lyrique, nicht aber im italienischen Dramma per musica. Die zweite Strophe des Guten Genius' lautet:

»O sol che venero
Coraggio donami
Da sottomettere
L'empio avversario
Fuga le tenebre
Col tuo splendor«[109]

Dieses Stück hat Wilhelmine selber vertont. Die Sonne als Symbol der vernunftgelenkten Aufklärung und zugleich als Allegorie auf den Fürsten; außerdem als beziehungsreiche Anspielung auf Gott Apoll, mit dem Wilhelmine den Bruder gerne identifizierte: Darin verdichtete sich für sie vielleicht die Botschaft des ganzen Werkes, das ja als Gastgeschenk für den Besuch Friedrichs II. in Bayreuth geplant und konzipiert war. Als Hommage an ihn darf man es sicherlich auch verstehen, dass Wilhelmine von der Cavatinenform Gebrauch macht, die Friedrich ihr im Zusammenhang mit seiner eigenen Oper *Montezuma* angepriesen hatte (Schiedermair 1908, S. 145). Wilhelmine wählt – gewiss in Absprache mit ihrem Librettodichter Luigi Stampiglia – den Quaternario-Vers, der aus zwei versi sdruccioli besteht, also aus sechs Silben, von denen jeweils die erste und die vierte betont sind, und setzt ihn in den naheliegenden Dreiertakt (3/4). Da auch die Chorpartien, die die Arie umgeben, diesen Vers verwenden, kann man tatsächlich von einer Art »Strophenvertonung» sprechen.

Die kleinste silbentragende Einheit ist die Viertelnote. Die Textierung erfolgt syllabisch, so dass jeder Vers eine zweitaktige musikalische Phrase hervorbringt. Hier geht es nicht um Virtuosität, hier geht es um eine möglichst nahe an der feierlichen Kulthandlung orientierte Vertonung. Die Arie beginnt *adagio* mit einer zweimaligen Anrufung der Sonne (Vers 1). Mit Vers 2 (T. 7) setzt ein *Allegro* ein, das den beschriebenen Satztypus beibehält, bis das Wort »fuga« (»verjage«) eine Abwärtsskala punktierter Achtelnoten auslöst, eine rudimentäre Bewegungsanalogie zu dem Vorgang, den der Text beschreibt. Der zweite Teil der Cavatine wiederholt die *Adagio-Allegro*-Abfolge des ersten mit geringen Variationen in der Reihung der Verse und im harmonischen Gang: Er führt zur Tonika B-Dur zurück, während der erste Teil auf der Dominante schließt.

Außer dieser Cavatine hat Wilhelmine noch eine zweite für *L'Uomo* komponiert, deren Text sich zwar nicht im gedruckten Libretto findet, die aber Bestandteil der Partitur von Bernasconi ist. Beide Arien tragen dort den Vermerk: »composta da Sua Altezza Reale« (»komponiert von Ihrer Königlichen Hoheit«, vgl. Schiedermair 1908, S. 145). Die Arie »Ah chiaro splendi intorno«, ein *Adagio* von 43 Takten im C-Takt, steht ebenfalls in B-Dur, verwendet aber ein anderes Versmaß, und zwar den Settenario. Der vierzeilige Text variiert das Thema der Sonne als Herrscherin über den Tag. Dieses Stück ist einfacher komponiert; es wirkt fast archaisch und vor allem etwas mechanisch mit seinen Zwei-Takt-Phrasen, die jeweils einem Vers entsprechen und mit einer Synkope beginnen, übrigens mit prekärer Wirkung für die italienische Prosodie. Da kommt es zu Betonungen wie

»lucé« und »pegní«. Beide Stücke sind einfach in der Machart, das zweite noch mehr als das erste. Gerade in dieser Simplizität liegt aber die genau berechnete theatralische Wirkung von erhabener Zeremonialität.

Wir sehen Wilhelmine vor uns, wie sie sich die Anwesenheit des Bruders bei der Uraufführung von *L'Uomo* ausmalte, genau wissend, dass jedermann im Theater den angereisten Preußenkönig staunend und gläubig mit der angebeteten Sonne identifizieren würde.

Das Arientableau zeigt, dass von den 15 Arien des Stückes je sechs für das Paar Guter Genius/Vernunft und für die beiden Seelenhälften vorgesehen sind. »Die Bösen« spielen also in der Arien-Dramaturgie eine Nebenrolle. Man sollte jedoch nicht dem Trugschluss erliegen, damit – mit einer Bilanz, wer mehr oder weniger Arien zugeteilt bekam – sei schon alles gesagt: In dem aus Musik, Gesang, Balletteinlagen, aufwändigen Bühnenbildern und atemberaubenden szenischen Effekten komponierten Spektakel waren die Sologesangsnummern nur eine Komponente, eine Komponente freilich, die für uns heute ins ästhetische Zentrum gerückt ist, weil wir uns nur noch die Musik, nicht aber Dekorationen und Darstellungskünste vergegenwärtigen können.

Die Bühnenbilder, die Wilhelmine vorschreibt, spiegeln den Dualismus des Kampfes zwischen Hell und Dunkel. Auf der »guten« Seite stehen Palmen- und Eichenhaine, ein Tempelberg mit einem Altar und der beschriebene Kristallpalast, alles in helles Licht getaucht. Das Gegengewicht bilden nächtliche Gebirge mit dunklen Wassern, schaurige Höhlen und wilde Felsen mit Sturzbächen, auch Flammen, die aus der Erde schlagen. Verwandlungen – und damit Handlungsumschwünge, denn die Schauplätze einer Allegorie spielen selber im Drama mit – werden durch dichten Nebel und Gewölk begünstigt. Wilhelmine spart nicht an Effekten, und man könnte in solcher Überwältigungsstrategie einen anti-aufklärerischen Zug sehen. Vielleicht stößt ja eine Allegorie, die statt an die Götter an die Vernunft glaubt, hier an ihre Grenzen: Das Spektakel als solches nimmt die Sinne gefangen, die Botschaft verschwimmt im Hintergrund.

Die allegorische Dimension des Stückes ist allerdings alles andere als abgehoben, wie man an der folgenden Szene erkennt: Negiorée hält Anémon den Spiegel vor, und im Augenblick der Selbsterkenntnis ergreifen die flatterhafte Liebe und Incosie, die neue Geliebte Anémons, die Flucht. So hat Wilhelmine sich das vielleicht gewünscht: den Gatten zur Vernunft zu bringen und die Rivalin in die Flucht zu schlagen. Immerhin legt die Librettistin der männlichen, untreuen Sektion der menschlichen Seele in der vorausgehenden Szene eine Arie in den Mund, die jeder Standes- und

Zeitgenosse des Markgrafen Friedrich ohne zu erröten geträllert hätte: »L'amour ne doit servir que pour l'amusement« – »Die Liebe ist nur zum Vergnügen da« (19. Szene).

»L'amour raisonable«, die vernünftige Liebe freilich ist ein kurioses Konzept. Man muss sie sich wohl als die humorlose Gouvernante der flatterhaften Liebe vorstellen. Die Koppelung von Moral und Monogamie war jedenfalls eher eine Sache des ausgehenden 18. und vor allem des bürgerlichen 19. Jahrhunderts. Seltsam ortlos wirkt diese Idee, zumal Wilhelmine schon stark von der Empfindsamkeit affiziert war. »Liebe und Vernunft« hört sich eher wie eine Verlegenheitslösung an – ein Ausweg aus einer Verlegenheit, die das Stück nicht benennt und die man nur rekonstruieren kann, wenn man die Hypothese teilt, Wilhelmine habe zwischen allem Theaterdonner doch immer auch von sich selbst gesprochen.

Mit der Vernunft jedenfalls konnte nicht einmal sie alle Lebenslagen bewältigen. Vielleicht das bewegendste Bekenntnis der Markgräfin findet sich in einem Brief an den Bruder aus dem Jahre 1753. Da teilt Wilhelmine dem König mit, dass ihre Tochter über Nacht und ohne jemandem etwas zu sagen, mit ihrem Ehemann nach Italien aufgebrochen sei. Wilhelmine knüpft daran die Erwägung: »Wir haben überhaupt nichts aus unserer Jugend gemacht, mein lieber Bruder, und sind auch immer zu brav und zu vernünftig gewesen. Zuviel Vernunft macht uns nur unglücklich.«[110] Was für ein Stoßseufzer!

Löscht man die Vernunft aus dem Text zu L'Homme, entkleidet man das Stück also der philosophischen und allegorischen Dimension, so bleibt eine sehr einfache Intrige übrig, die einen Topos vor allem des komischen Theaters zum Vorschein bringt. Wir kennen ihn, beispielsweise, aus Jean-Jacques Rousseaus Le devin du village (1752), einem ungemein populären kleinen Singspiel: Ein Liebespaar entzweit sich durch Missverständnisse – beide glauben Grund zur Eifersucht zu haben –, bis ein listiger Dorfwahrsager mit einem angeblichen Zauber, der in Wahrheit auf Lebensklugheit beruht, alles wieder ins Lot bringt.

Vielleicht hat Wilhelmine mit diesem Stück, das nicht wirklich dramatisch ist, dafür aber sehr theatralisch, etwas ganz Einfaches sagen wollen. Wenn dem so wäre, dann hat sie es jedenfalls gut hinter den allegorischen Arrangements versteckt.

Das gedruckte Libretto in italienischer und französischer Sprache nennt unter anderen Mia Turcotti als Negiorée und Stefano Leonardi als Anémon. Als Schöpfer des Bühnenbildes ist Carlo Galli Bibiena angegeben, und wir besitzen einen Bühnenbild-Entwurf für den Palmenhain von ihm.

Wenn dieser Entwurf tatsächlich ausgeführt wurde, so dürfte die Dekoration einen sensationellen Effekt gehabt haben: Die Palmen scheinen nur den Vorwand für eine Monumentalarchitektur abzugeben. Die Produktion von *L'Uomo* verschlang mit mehr als 20 000 Gulden anderthalb mal so viel Geld wie der Bau des Sonnentempels und der Orangerien in der Eremitage.[111] Die Palme als Symbol findet sich auch im Palmenzimmer des Neuen Schlosses, das im Jahr der Uraufführung von *L'Uomo* fertiggestellt wurde. In diesem Prunkraum hielt der Markgraf die Sitzungen mit seinen Logenbrüdern ab.

Da ist sie wieder, die semantische Klammer zwischen der Hofoper und ihrem Auftraggeber.

Amaltea – eine Schwester der Semiramis

Im Jahre 1756 besann Wilhelmine sich offensichtlich auf das, was ihr am Semiramis-Stoff besonders wichtig gewesen war, und entwarf ein eigenes Dramma per musica mit dem Titel *Amaltea*. Das Stück, ein Pasticcio, wurde im Karneval aufgeführt (Abb. 11). In Bayreuth erschien ein zweisprachiges Libretto (italienisch/deutsch; Abb. 12), das die Namen der Darsteller enthielt und eine bemerkenswerte Vorrede:

»Die meisten Materien für das Theater sind bereits erschöpft, und diejenigen Begebenheiten, die etwa in der Historie noch übrig sind, haben so viele Gleichheit mit denen, die man bereits abgehandelt hat, daß man nothwendig die nemlichen Sachen wiederholen müste, wenn man sie auf der Bühne bringen wollte. Das Operntheater erfordert etwas Groses in dem Äusserlichen der Vorstellung. Die Augen und das Gemüthe müssen auf gleiche Weise gerührt werden; iene durch das Neue und durch das Wahre in der Nachahmung; dieses durch die Musick, und durch die Schilderung der verschiedenen Leidenschaften, die man aufführt. Die Leidenschaften bleiben immer einerley, ob sie sich schon, auf verschiedene Art, zu erkennen geben. Nur in Ansehen der Umstände kann man Veränderungen anbringen; und dieses leztere ist die eigentliche Absicht des Verfassers gegenwärtigen Schauspiels gewesen. Allein um solche zu erreichen, hat er sich verbunden gesehen, selbsten eine Geschichte zu erdichten.«[112]

Mit dieser etwas eigenartigen Teil-Ästhetik des Musiktheaters rechtfertigt Wilhelmine sich dafür, dass sie einen Operntext erfunden hat, statt sich aus dem Fundus der Tradition zu bedienen. Sie zitiert ein paar Gedanken, die Allgemeingut waren – das Prinzip der Nachahmung; die Forde-

Kunstgeschichten, Werkgeschichten

rung, dass die Darstellung von Leidenschaften in der Musik den Rezipienten selber zu affizieren habe –, gibt ihnen aber eine eigentümliche Wendung: Etwas *Neues* müsse dargestellt werden. Wie verhält sich das zu der fast im selben Atemzug getroffenen Feststellung, die Leidenschaften blieben »immer einerley«?

Im engen dramaturgischen Korsett der höfischen Huldigungsoper hat es jedenfalls jahrzehntelang nicht gestört, dass immer wieder dieselben – meist von Metastasio stammenden oder auf ihn zurückgehenden – Texte vertont wurden. Musste »etwas Neues« deshalb her, weil Wilhelmine weder mit dem gattungsprägenden Zwang zum Fürstenlob etwas anfangen konnte noch mit der Tatsache, dass alle unheilvollen Verwicklungen sich letztendlich in Wohlgefallen aufzulösen hatten? Beim Blick auf *Argenore* und *Semiramide* drängt sich die Frage auf, ob das Neue nicht gerade deshalb erforderlich war, *weil* die Leidenschaften, an denen Wilhelmine sich abarbeitete, »einerley« blieben. In allen drei Opern dominieren die finsteren, Unheil hervorbringenden Affekte.

Wenn diese Vermutung zutrifft, dann hätte Wilhelmine neue Stoffe erfinden müssen, um ihrer obsessiven Ideen Herrin werden zu können: Im konventionellen Dramma per musica ließ sich die pessimistische Grundhaltung, die schon *Argenore* und *Semiramide* prägte und die wir auch in *Amaltea* wiederfinden, nicht unterbringen.

Im Handlungsverlauf zeigt sich dieser Grundtenor darin, dass einige der zentralen Figuren schon durch ihre Vorgeschichte mit Verbrechen belastet sind, die kein Deus ex machina ungeschehen machen könnte; ferner darin, dass ein Teil der handelnden Personen, um es vorsichtig auszudrücken, keinerlei positiv zu bewertende Motive für das eigene Handeln hat.

Der Gattenmord, den Semiramide verübte, um selber an die Macht zu kommen, gehört zu den unwiderruflichen Voraussetzungen der Handlung. Welche Dramaturgie könnte das »heilen«? Und Argenore zeigt sich von Anfang bis Ende als bösartiger, seinem Jähzorn ausgelieferter Tyrann. Erweitern wir die Betrachtung der Opern-Entwürfe um *Amaltea*, so verdichtet sich der Eindruck, dass Wilhelmine eine Anthropologie zugrunde legte, die mit dem gängigen Personal des metastasianischen Dramma per musica nur noch Äußerlichkeiten gemein hat. Da ist es wohl kein Zufall, wenn die Vergangenheit ihre dunklen Schatten auf Semiramis und, wie wir sehen werden, auch auf Amaltea, also auf die Herrscherinnen wirft.

Die Vorgeschichte von *Amaltea* liest sich ganz ähnlich wie die von *Semiramide*: Amaltea, die Witwe des Königs von Mauretanien, hat Imilcare, den Mörder ihres Mannes, heiraten müssen, um ihrem Sohn Iarbasi das Leben zu retten. Polemone, ein Getreuer des ermordeten Königs, bringt Iarbasi in Sicherheit und erzieht ihn unter dem Namen Polidamante als seinen eigenen Sohn. Amaltea hat mit Imilcare einen Sohn namens Massiva. Auf ähnlich schlecht begründete Weise wie im Falle Ormondos gerät Polidamante an den Hof des Imilcare.

Die Handlung setzt damit ein, dass Polidamante als Sieger eines Feldzugs aus Ägypten zurückkehrt. Imilcare bietet ihm eine Belohnung an, und Polidamante erbittet die Hand der Prinzessin Zamasi von Nauthonien. Damit nimmt das Unheil seinen Lauf und die Parallelen mit *Argenore* setzen sich fort: Massiva, der Zamasi ebenfalls liebt, flößt seinem Vater Argwohn gegen Polidamante ein. Der König beschließt, Polidamante zunächst zur Niederschlagung eines Aufstandes nach Numidien zu schicken.

Massiva wird von Zamasi abgewiesen und wendet sich mit der Bitte um Vermittlung an seine Mutter. Amaltea ermahnt ihn vergeblich dazu, Zamasis Gefühle zu achten und nie zu vergessen, dass Polidamante ihm einst das Leben gerettet habe. Da trifft Polemon ein, der Polidamante alias Iarbasi als rechtmäßigen König auf den Thron bringen will, und klärt den Pflegesohn über dessen wahre Identität auf. Dieser verabredet ein heimliches Treffen mit seiner Mutter Amaltea. Es kommt zu einer gefühlsseligen Wiedererkennungsszene. Imilcare hat alles belauscht, missdeutet, was er gesehen hat, und verurteilt das vermeintliche Liebespaar Amaltea und Polidamante zum Tode. Zamasi beschließt mit dem Geliebten zu sterben. Gerade rechtzeitig bricht ein Aufstand unter Polemons Führung aus. Polemon hebt Iarbasi auf den Thron. Dieser versucht Massiva zu begnadigen, doch der Halbbruder, niedergedrückt von seiner Schuld, nimmt die Gunst nicht an, entreisst einer Wache die Waffe und erdolcht sich.

Wie schon in *Argenore* gibt es hier einen Bösewicht im Hermelinmantel; er heißt Imilcare. Aber auch Amaltea ist nicht über allen Zweifel erhaben: Schließlich hat sie den Mörder ihres Gatten geheiratet, mit dem für sie angenehmen Nebeneffekt, dass sie nach dem Putsch Königin bleiben konnte. Und sie hat dem Unrechtsregime zu einem Thronfolger verholfen.

Man fühlt sich an die sonderbare Geschichte erinnert, die Wilhelmine in ihren Lebenserinnerungen über die Prinzessin von Kulmbach erzählte: Sie war von einem Höfling verführt worden, doch dann fand sie Gefallen an der Liaison, so großen Gefallen, dass sie sie freiwillig fortsetzte und schließlich mit Zwillingen niederkam (s. o. S. 46). Wilhelmines Urteil über die Kulmbacherin war eindeutig, und wir müssen der wankelmütigen Prinzessin offenbar Amaltea an die Seite stellen.

Der ruchlose Tyrann, der seine eigenen Kinder nicht schont; die Herrscherin, die sich durch ein Verbrechen die Macht gesichert hat; der Thronfolger, der von einem Pflegevater in seine Rechte eingesetzt wird; die opferbereite Liebende, die dem Geliebten in den Tod folgen will; der abgewiesene Nebenbuhler, der seinem Rivalen nach dem Leben trachtet: Sie alle bevölkern Karthago, Babylon, Ponto. Eben mit dem, was Wilhelmine an Neuem erdichtet, bringt sie immer wieder »die nemlichen Sachen« auf die Bühne. Den Selbstmord gab es in *Argenore*, die Wiedererkennung zwischen Mutter und Sohn in *Semiramide*. Bei diesem Motiv fällt auf, dass es bei den Söhnen keine ungetrübte Freude aufkommen lässt: Die wiedergefundenen Mütter machen ja mit den Mördern ihrer Ehemänner gemeinsame Sache. Die ödipale Konfiguration wird noch unterstrichen: in *Semiramide* dadurch, dass Semiramide vor der Wiedererkennung Ninias heiraten möchte; in *Amaltea* dadurch, dass Imilcare in Iarbasi einen Nebenbuhler zu erkennen glaubt.

Als Gemeinsamkeiten aller drei Stücke kristallisieren sich also heraus: höchst problematische Herrscherfiguren männlichen und weiblichen Geschlechts, außerdem Familiengeschichten, die von Katastrophen gezeichnet sind, hauptsächlich zwischen Eltern und Kindern. Und genau in diesen Elementen, die wir in allen Dramma per musica-Texten Wilhelmines finden, weicht die Autorin von der Gattungskonvention ab.

Eine Prosaskizze zu *Amaltea* – sie befindet sich im Nachlass Wilhelmines im Geheimen Staatsarchiv in Berlin und wird im Anhang (s. S. 183) erstmals veröffentlicht – sah eine bei weitem drastischere Handlungsführung vor: Zunächst liegt eine entscheidende Abweichung zur endgültigen Fassung darin, dass *beide* Söhne Amalteas den Tyrannen zum Vater haben. Dann allerdings muss die Absicht misslingen, Iarbasi (der in der Prosaskizze Massinis heißt) zum rechtmäßigen Thronerben auszurufen und dadurch das Unrecht des Imilcare (hier: Pigmalion) zu rächen. Diese Unebenheit in der Handlungsführung hat Wilhelmine korrigiert, indem sie die vielleicht von *Argenore* beeinflusste Konfiguration (dort ist Ormondo der leibliche Sohn des Tyrannen) durch das Modell aus *Semiramide* ersetzte (dort ist der Thronfolger der Sohn dessen, der vom Tyrannen ermordet wurde). In der Prosaskizze wird Pigmalion festgenommen. Da erscheint Massiva mit Zamasi und droht, sie zu erdolchen (warum, bleibt unklar). Im Gegenzug setzt Massinis seinem Vater die Klinge auf die Brust. Amaltea wirft sich dazwischen und erwirkt von Massinis Gnade für Pigmalion. Schließlich schreibt Wilhelmine einen völlig unerwarteten Schlusssatz: »Sobald Pigmalion und Massiva frei sind, töten sie sich selbst.«

Wüssten wir nicht, dass Wilhelmine im Französischen sattelfest war, wir könnten annehmen, sie habe sagen wollen: »…töten sie sich gegenseitig«. Aber sie hat offenbar ursprünglich allen Ernstes einen Doppelselbstmord auf offener Szene konzipiert. Ein gesunder Theaterinstinkt bewahrte sie davor, dieses Konzept theatralisch umzusetzen.

Übrig blieb der Suizid des Massiva aus Verzweiflung über sein verpfuschtes Leben. Vielleicht schreckte Wilhelmine ja vor der Idee des doppelten Selbstmords zurück, weil sie nicht jedes ihrer Dramen mit dem gewaltsamen Tod des Herrschers oder der Herrscherin enden lassen wollte.

Und ist es übrigens nicht so, dass auch diejenigen Dramatis personae, die sich das Leben nehmen, genau betrachtet, von ihrem Autor umgebracht werden?

Attalie – eine depressive Fürstin

Einen guten Herrscher finden wir in *Amaltea* ebenso wenig wie in *Semiramide* und *Argenore*. Die Bilanz der drei Stücke im Bezug auf die Herrscherfiguren ist düster: Überall gibt es einen Tyrannen mit schlechten Charaktereigenschaften (Argenore, Assuro, Imilcare). Nirgends entscheiden diese Tyrannen, vor die Wahl zwischen Gut und Böse gestellt, sich so, wie man es aus der »Gattungsethik« des Dramma per musica erwarten dürfte. Außer den drei genannten sind allerdings noch weitere fürstliche Personen im Spiel: die Herrscherinnen Semiramis und Amaltea. Auch sie entsprechen nicht dem Bild, das Metastasio geprägt hatte und das von Wilhelmines Zeitgenossen so oft kopiert worden war. Beide Frauen haben dubiose Vorgeschichten – Geschichten, deren Bewertung nicht unbedingt leicht fällt.

Es ist an der Zeit, eine dritte Herrscherin vorzustellen: die Baals-Priesterin Athalie, der frommen Gemeinde aus dem Alten Testament, dem gebildeten Publikum aus Jean Racines gleichnamiger Tragédie von 1691 bekannt.

Wilhelmine hat ein zweiaktiges Drama über Athalie geschrieben, das zur Vertonung bestimmt war. Dieses Werk ist von der Musiktheater-Forschung bislang nicht wahrgenommen worden, obwohl man es hätte kennen können: 1940 berichtete Elisabeth Bracker in ihrer Dissertation (Bracker 1940, S. 57ff.) darüber, allerdings ohne tieferen musikgeschichtlichen Einblick. Sie vermutete lediglich, das Drama sollte »wohl auch irgendwie mit Musik verknüpft werden«. Im übrigen muss man Brackers Darstellung einen Verriss nennen: Sie führt Mängel in der Dramaturgie an und stellt fest, Wilhelmines Versuch einer Nachdichtung von Racines Tragödie sei verunglückt.

Seither hat niemand mehr den Text gelesen oder jedenfalls nicht Auskunft darüber gegeben, obwohl das Manuskript im Geheimen Staatsarchiv Preussischer Kulturbesitz Berlin zugänglich ist. Stattdessen wurde *Attalie* (so schreibt Wilhelmine den Namen) ein zweites Mal verschüttet: 1998 veröffentlichte Krückmann im Katalog der Bayreuther Ausstellung *Paradies des Rokoko* die erste Seite eines Autographs von Wilhelmine und kommentierte: »Eigenhändiges Manuskript der Markgräfin Wilhelmine von Bayreuth in französischer Sprache, wohl 1748 [...]. Ein Libretto für die Oper *Artaxerses* [sic], die zur Hochzeit der Tochter Elisabeth Friederike Sophie 1748 in dem neuerrichteten Opernhaus aufgeführt wurde, war bislang nicht bekannt. Im Zuge der Ausstellungsvorbereitung fand sich im Geheimen Staatsarchiv ein eigenhändiges sechzehnseitiges Manuskript für eine zweiaktige Oper dieses Titels« (Krückmann 1998 b, S. 250).

Daran stimmt zwar, dass unter der Signatur BPH Rep 46 W 26 fol. 27 re. bis 33 re. tatsächlich sechzehn von Wilhelmines Hand beschriebene Seiten aufbewahrt werden (Abb. 13). Es handelt sich jedoch nicht um einen Bogen, sondern um eine Art Umschlag von zwei Doppelseiten und um ein dreizehnseitiges Manuskript mit Fadenheftung. Auf den ersten drei Seiten beginnt eine Art Paraphrase von Pietro Metastasios *Artaserse* in französischer Sprache. Diese Handschrift hat jedoch mit dem gehefteten Manuskript nichts zu tun; es handelt sich um zwei voneinander unabhängige Quellen, von denen die eine, längere, verwirrender Weise in die andere, kurze und fragmentarische eingelegt ist.

Ein vollständiges *Artaserse*-Libretto aus Wilhelmines Feder gibt es also leider nicht, und um ein Haar wäre *Attalie* wiederum nicht ans Licht gekommen. Im Anhang wird der Text erstmals in deutscher Übersetzung veröffentlicht.

Bei der Quellengeschichte von Wilhelmines Werken fällt auf, dass die Mäanderbewegungen dieser Geschichten ähnliche Muster aufweisen: *Argenore* wurde erst vor etwa zwanzig Jahren entdeckt, das Cembalokonzert in der vollständigen Form 1997, *Attalie* im Dezember 2001[113] und die Flötensonate im Jahre 2003, obwohl man die Spur der Werke viel eher hätte aufnehmen können. Das dürfte kein Zufall sein, und Wilhelmine teilt dieses Schicksal mit vielen weiblichen Künstlern: In einem von Männern dominierten wissenschaftlichen Kontext – ob in der Musikwissenschaft, der Kunstgeschichte oder der Literaturwissenschaft und Geschichte – wurden die Werke weiblicher Autoren oft nur obenhin betrachtet und nicht systematisch erschlossen. Niemand bemühte sich so recht um die Quellen – um ihre Interpretation oder schlicht um ihre Zuschreibung –, und so setzte ein Teufelskreis ein: Weil man die Werke nicht oder nur in Ausschnitten kannte, unterschätzte man die Bedeutung der Autorinnen, und weil man deren Bedeutung unterschätzte, suchte man nicht weiter nach Werken. Diejenigen, die trotzdem suchten (und fanden), waren und sind fast ausnahmslos Frauen: Irene Hegen zum Beispiel, aber auch Susanne Vill, die 1993 *Argenore* zum Leben erweckte.

In Wilhelmines Fall trat erschwerend hinzu, dass man die Bayreuther Markgräfin aus ihren *Denkwürdigkeiten* und Briefen genau zu kennen glaubte. Dabei hat Wilhelmine, wenn es um ihre künstlerischen Aktivitäten ging, nur sparsam Auskunft gegeben, außerdem eine Reihe von Werken (*Deucalion et Pyrrha, L'Homme, Semiramide, Amaltea* und wahrscheinlich auch *Attalie*) erst nach Abschluss der Arbeit an den Memoiren geschrieben.

Die großen Enzyklopädien behandelten Wilhelmine (und nicht nur sie) stiefmütterlich: In der alten *Musik in Geschichte und Gegenwart* findet man einen Eintrag zu Wilhelmine nur, wenn man ihn unter »Hohenzollern« sucht. *Attalie* wäre vielleicht eher entdeckt worden, hätte Bracker ihrem Buch einen anderen Titel gegeben: *Friedrich der Große, Markgräfin Wilhelmine von Bayreuth und die geistige Welt Frankreichs* oder so ähnlich…

Attalie jedenfalls ist wieder da, und es zeigt sich, dass dieses Stück im Hinblick auf bestimmte dominante Themen in Wilhelmines künstlerischem Schaffen so etwas wie ein Missing link darstellt, ein wichtiges Glied in der Beweiskette, die, fehlte es, keinen allzu festen Zusammenhalt hätte.

Wilhelmines Prosa-Drama hat 18 Szenen, die sich auf zwei Akte verteilen. Das ist ungewöhnlich für ein üblicherweise dreiaktiges Dramma per musica. Im ersten Akt gibt es sechs, im zweiten vier Arien. Außerdem sieht der Text jeweils zu den Aktschlüssen Chöre vor. Das *Attalie*-Manuskript ist das einzige Beispiel für einen vollständigen Entwurf zu einer Oper Wilhelmines. Wir besitzen zwar zweisprachige Librettodrucke mit je einem französischen Teil zu *Deucalion et Pyrrha* und zu *L'Homme*, doch wissen wir nicht, ob der französische Text unmittelbar auf Wilhelmine zurückgeht oder ob weitere Autoren am Werk waren.

Der Stoff stammt aus der Bibel: Im zweiten Buch der Könige wird berichtet, dass Atalja, die dem Baalskult anhängt, unrechtmäßig die Herrschaft über Jerusalem an sich gebracht hat, indem sie die wahren Thronfolger – ihre eigenen Nachkommen! – niedermetzeln ließ. Nur einer von ihnen, Joas, konnte im Verborgenen überleben. Er kehrt mit seinem Ziehvater Joada, den er für seinen leiblichen Vater hält, nach Jerusalem zurück. Joada, ein Vertrauter des ermordeten Königs Ochosias, führt Ataljas Sturz herbei und macht dadurch den Weg für den rechtmäßigen Thronfolger frei.

Racine schuf daraus eine fünfaktige Tragödie, die Voltaire »ein Meisterwerk des menschlichen Geistes« nannte. Man tritt Voltaire wohl nicht zu nahe, wenn man seine Zustimmung auf eine Reihe von Motiven zurückführt, die sein eigenes Semiramis-Drama charakterisieren: Beide Male stehen weibliche Herrscherfiguren im Zentrum, die um der Macht willen ein Verbrechen auf sich geladen haben. Beide Male geht die unrechtmäßige Herrschaft letztlich zugrunde, so dass die wahren Thronfolger – Nachkommen der Usurpatorinnen – wieder in ihre Rechte eingesetzt werden können.

Wilhelmine hat diese dramaturgische Konfliktkonstruktion auch in *Amaltée* zur Anwendung gebracht. Allerdings nahm sie bei *Attalie* einen einschneidenden Eingriff in ihre Vorlage vor. Mit Sébie, der Mutter des Joas alias Osée, führte sie eine Person ein, die bei Racine nicht vorkommt.

Die Handlung hat folgenden Verlauf: Joada und Ismael, Getreue des ermordeten Königs, bereiten einen Putsch gegen Attalie vor, um Osée an die Macht zu bringen. Da trifft zu ihrer Überraschung Sébie in Jerusalem ein. Attalie hat sie aus dem Exil rufen lassen. Sébie begegnet Osée, ohne zu wissen, dass er ihr Sohn ist, und wird von einer unerklärlichen Zuneigung für den Siebenjährigen ergriffen. Joada, der das Geheimnis kennt, fürchtet, das Wiedererkennen von Mutter und Sohn könne seinem Plan in die Quere kommen, und hält deshalb vorerst mit der Wahrheit zurück. – Sébie wird vor Attalie gerufen. Sie muss erfahren, dass die Herrscherin sie zu einer Intrige missbrauchen will, um ihre Macht zu sichern: Attalie möchte einen falschen Thronerben präsentieren, der ganz unter ihrem Einfluss steht, und Sébie soll bezeugen, dass es sich dabei um einen ihrer Söhne handle. Auf ungläubiges Nachfragen Sébies erklärt Attalie, auch Joada unterstütze den Plan. – Mathan, Attalies Vertrauter, hat inzwischen Wind davon bekommen, dass Joada im Bereich des Tempels bewaffnete Truppen zusammenzieht. Er rät Attalie zu einem Präventivschlag. – Joada hat Osée über dessen wahre Identität aufgeklärt. Sébie, von Attalie beeinflusst, weigert sich, Osée als ihren Sohn anzuerkennen. Da tritt Joada mit Osée vor die Truppen der Leviten und offenbart ihnen, dass der Thronfolger am Leben sei. Zum Beweis zeigt er ein Muttermal Osées vor. Jetzt hat auch Sébie keine Zweifel mehr – Attalies Truppen stürmen den Tempel. Sie selbst tritt in verwirrtem Zustand auf. Man verhaftet sie. Aus einem Botenbericht erfahren wir wenig später, dass sie von einem Getreuen Joadas getötet wurde und dass auch Mathan nicht mehr am Leben ist. Damit kann der Stamm Davids in Jerusalem wieder die Herrschaft übernehmen.

Merkwürdigerweise sieht Wilhelmine für ihre *Athalie*-Version nur zwei Akte vor. Vielleicht spielte sie zwischenzeitlich mit dem Gedanken, ein Oratorium aus dem Stoff zu machen, so wie Georg Friedrich Händel das 1733 getan hatte. Wilhelmines Manuskript enthält keine Angaben zu den Schauplätzen der Handlung und so gut wie keinen Nebentext. Möglicherweise blieb der Entwurf in einem Stadium stecken, in dem sie sich darüber noch keine Gedanken gemacht hatte, weil es ihr zunächst nur um eine Neufassung von Racines Tragödie ging.

Es wurde schon deutlich, dass zwischen Argenore, Semiramide, Attalie und Amaltea auffällige Gemeinsamkeiten bestehen. Sie haben etwas mit Herrscherfiguren zu tun und damit, wie diese Figuren ihre Gatten- und Elternrolle ausfüllen. Das Thema hat Wilhelmine Zeit ihres Lebens beschäftigt, aber im Jahrzehnt zwischen der Verhaftung des Kronprinzen Friedrich und dem Tod des Soldatenkönigs im Jahre 1740 dürfte es sich in den Vordergrund geschoben haben. Das waren Wilhelmines erste Jahre in Bayreuth, eine Zeit, in der sie sich zum ersten Mal ungestraft ihren künstlerischen Neigungen widmen konnte, fern vom preußischen Hof. Nachdem 1735 der Bayreuther Markgraf Georg Friedrich Carl gestorben war, sorgte Wilhelmine rasch dafür, dass der kunst- und vergnügungsfeindliche Pietismus an Einfluss verlor. Vielleicht entstand *Attalie* in dieser Zeit, vielleicht auch nach 1737: Da könnte in Wilhelmine, die nunmehr die Leitung des Hoftheaters innehatte, der Ehrgeiz erwacht sein, das Repertoire mit eigenen Stücken zu bereichern. Ein Handschriftenvergleich spricht allerdings eher dafür anzunehmen, der Text stamme vom Anfang der 1730er Jahre.[114]

Auf der Ebene der Dramaturgie vermittelt *Attalie* die Botschaft, wer seine eigenen Kinder töte, werde selbst mit dem Leben dafür bezahlen. Auch das ist ein negativer Fürstenspiegel in nuce. Als positive Aussage formuliert die 3. Szene des II. Aktes einen expliziten Pflichtenkatalog für die Herrschenden. Joada trägt ihn Joas vor, um ihn auf seine künftige Rolle vorzubereiten.

Wenn wir uns fragen, welche Elemente es in Racines *Athalie* waren, die Wilhelmine zu einer eigenen Version provozierten, so steht diese Szene gewiss an vorderster Stelle. Wir beginnen zu ahnen, warum das Stück nicht weiter ausgeführt wurde. »Liebe lässt sich nicht erzwingen. Die Furcht ist eine unsichere Waffe für einen Herrscher. Strafe nur mit Überlegung [...]. Misstraue Schmeichlern.« So ermahnt Joada seinen Zögling, und zwischen den Zeilen scheint ein Reflex auf den Soldatenkönig durchzuschimmern, den Wilhelmine wegen seines Jähzorns und seiner Ungerechtigkeiten fürchtete. Vielleicht ließ sie die Finger von dem Entwurf, weil er zu nahe ans wirkliche Leben herankam.

Auch in Racines Tragödie gibt es eine Szene zwischen Joas und Joada (IV, 2), in der Joas vorträgt, wie er sich den »roi sage«, den guten König vorstellt. Doch Racine widmet dem Thema nicht mehr als fünf Alexandriner, und keine der von Joas angeführten Eigenschaften des guten Königs findet sich in Wilhelmines Katalog dessen, was ein Herrscher zu tun und zu unterlassen habe.

Was sie außerdem gereizt haben könnte, sich des Stoffes anzunehmen, ist das Porträt der Attalie, wie sie unter der Last ihrer Schuld zusammenbricht. Der Monolog Attalies in der 2. Szene des II. Aktes zeichnet eine schwer Depressive, dem Tod Zugeneigte:

»O Himmel! Wie unglücklich ich doch bin! Mutlos sehe ich meinem Untergang entgegen, ohne ihn abwenden zu können. Mein Kummer gleicht dem eines Kranken. Ein Traum zeigt ihm eine gewaltige Gefahr und er fühlt sich zu schwach, um vor ihr zu fliehen. Werde wieder du selbst, Attalie, entschließe dich endlich, überwinde diese unwürdige Tatenlosigkeit. O Götter! Ich kann nicht. Der Hauch eines Zephirs, sogar ein Schatten erschreckt mich. Ein dichter Nebel umwölkt meine Sinne. Die Kälte des Todes ergreift mich, mein Herz zittert und bebt. Ach, ich weiß nicht, wie sich solche Wut und solche Furcht in einer Person vereinen können.«

Bezeichnenderweise hat dieser Monolog kein Vorbild bei Racine. Dort heißt es nur, Athalie könne keinen Frieden finden (II, 3). Mit ihrer Akzentuierung stellt Wilhelmine Attalie neben Semiramide, die in der 5. Szene des I. Aktes den folgenden Monolog spricht:

»Ihr Abgründe schliesset euch zu! Halte inne, du erschrecklicher Geist! Höre auf mich zu verfolgen! Verzeihe mir, du Schattenbild meines Gemahls! Die so lang empfundene Gewissensbisse werden hinlänglich seyn meine Missethat auszulöschen. O ihr rächende Götter! Macht ein Ende mit meinem Elend, oder endiget die traurigen Tage meines Lebens! Habet ihr mich nicht gnug gestrafet, da ihr mich eines Sohnes beraubet?«[115]

Von hier lässt sich die Linie zu Kleopatra und zu Lucretia ausziehen, die Wilhelmine in Pastell malte. Alle genannten Frauen, ob für die Bühne des Hoftheaters geschaffen oder als Wandschmuck für fürstliche Gemächer, haben etwas gemeinsam: die Depression aus Schuldgefühlen heraus, die suizidalen Charakter annehmen kann. Sie dürfte Wilhelmine nicht unbekannt gewesen sein, und ihre eigenen Schuldgefühle waren wohl die Frucht der beschriebenen Double-bind-Situation.

Wie sieht es mit der Figur der von Wilhelmine zusätzlich eingefügten Figur aus, mit Joas' Mutter Sébie? Die Konfiguration der Mutter, die ihren Sohn, den rechtmäßigen Herrscher, wiederfindet, gibt es in *Semiramide*, in *Attalie* und in *Amaltea*. Dieses Element muss Wilhelmine so wichtig gewesen sein, dass sie ihre *Attalie*-Version damit anreicherte. Betrachten wir es aus der Nähe: In psychoanalytischer Perspektive könnte man darin eine Identifikation Wilhelmines mit den Herrschermüttern sehen. Auf der Bühne findet sie den Sohn und Thronfolger, den sie im Leben nie hatte. Das Motiv ist jedoch mehrdeutig: Mit der Einführung der Sébie verlagert sich der Schwerpunkt des Dramas auf die private Handlung, auf die Familienbeziehungen. Wilhelmine entwirft einige betont rührende Szenen. So lässt sie in der 3. Szene des I. Aktes Mutter und Sohn unerkannt aufeinander treffen. Vor den Augen der eingeweihten Zuschauer erzählen Sébie und Joas sich unter Tränen ihr Schicksal. Sébie ist von der Begegnung sehr bewegt, ohne sich das erklären zu können.

Noch stärker wird dieses Motiv im II. Akt ausgeführt, als Joas bereits weiß, dass er Sébies Sohn ist, während sie selbst an eine Intrige des Joada glaubt und den Jungen zurückstößt. Sébies Arientext nach dem Abgang des Joas sollte so lauten: »Was bedeutet dieser Zorn, der in einem Augenblick aufflammt und erlischt? Was will mein Herz mir mit seiner Aufgeregtheit sagen? Ich will mich ärgern – und weine. Meine Zunge weigert sich, ihn zu schmähen und meine Entrüstung auszudrücken.« Man versteht, dass die Vertonungskonventionen des *grosso modo* auf einen fixen Affektkatalog festgelegten Dramma per musica hier an ihre Grenzen gestoßen wären. Unerklärliche Gefühle, Rührung, Tränen auf der Bühne: Damit zogen schon die Zeichen der neuen, empfindsamen Zeit herauf. Auch im Briefwechsel zwischen Wilhelmine und dem Bruder kann man Töne der Rührung vernehmen, gerade wenn es um die Wirkung der Musik auf das Gemüt geht.[116] Für manches waren die Lehren der Aufklärung offenbar doch nicht tauglich.

Ist der Blick einmal für diesen Sachverhalt geschärft, so fällt eine weitere Szene ins Auge: In der 3. Szene des II. Aktes erfährt Joas die Wahrheit über seine Herkunft. Es entspinnt sich folgender Dialog:

»*Joada* Kommt, Joas, kommt, mein König.

Joas Wenn Ihr mich liebt, mein Vater, nennt mich Euren Sohn. Was nützt

es mir, König zu sein, wenn ich den Namen eines Sohnes verliere.
Joada Ja, lieber Zögling, um den ich mich gekümmert und den ich mit meiner Zärtlichkeit bedacht habe. Ich werde dich so nennen, wie es dir gefällt.
Joas Aber, mein Herr, Ihr vergießt ja Tränen. Euer Weinen macht mich zittern.
Joada Tränen, mein Sohn, sind nicht immer Zeichen des Schmerzes.«

Hier geht es um eine Vater-Sohn-Beziehung, bezeichnenderweise jedoch um eine gefühlte Verwandtschaft, die höher bewertet wird als Blutsbande. Über dem dynastischen Prinzip steht ein auf emotionalen Beziehungen beruhender Familienbegriff. Die Familie – die zerstörte und am Ende zumindest teilweise wieder zusammengeführte – erweist sich als neuralgischer Punkt in Wilhelmines *Athalie*-Version; Racines Tragédie weiß davon nichts.

Die in Wilhelmines Texten so prominenten Familienbeziehungen haben eine weitere wichtige Dimension, die wir dann erkennen, wenn wir uns die Werke auf dem Theater vorstellen, oder, in der Terminologie der Theaterwissenschaft gesprochen, wenn wir das performative Element zu rekonstruieren versuchen. Bei Wilhelmine fließen Tränen der Rührung und die gerührten Dramatis personae horchen in sich hinein, auf der Suche nach einer Erklärung für ihre Gefühle. Nun war die Rührung als Darstellungsstil ebenso wenig ein gattungsprägendes Element des Dramma per musica, wie sie es als eine Kategorie der Rezeption sein konnte. Das dramaturgisch stark stilisierte Dramma per musica bezog ja seine Attraktivität hauptsächlich aus der Virtuosität, mit der die Arien vorgetragen wurden. Virtuosität aber dürfte rezeptionstheoretisch geradezu am Gegenpol der Rührung angesiedelt sein.

Die Rührung erfuhr ihren kometenhaften Aufstieg auf dem französischen Theater um die Mitte des 18. Jahrhunderts, als, wie Voltaire beklagte, die Tragédie außer Gunst geriet. Die larmoyanten Dramen Pierre Claude Nivelle de la Chaussées (1692-1754) beherrschten von etwa 1730 an die Bühnen, wo sie das Bedürfnis nach Tränen auf der Szene und im Publikum befriedigten, den »goût des larmes«. Nivelles *Mélanide* aus dem Jahre 1741 beispielsweise gehörte bis 1768 zu den am häufigsten gespielten Stücken auf dem französischen Theater (vgl. Descotes 1964, S. 194). Substanzielle dramaturgische Bestandteile der Comédie larmoyante waren die Familienzusammenführung, die Wiedererkennung und der über alles gebreitete Mantel der Rührung. Die Überraschungseffekte der Wiedererkennung dienten dazu, Rührung im Publikum zu erzeugen. Dort gehörte Schluchzen zum guten Ton. Nivelle de la Chaussée mochte darauf nicht verzichten. Es gibt kein einziges Stück von ihm, in dem nicht wenigstens eine Person zunächst in Unkenntnis über ihre wahre Identität wäre.

Das wirft die Frage auf, wie gut Wilhelmine das französische Theater kannte. Ab 1747 dürfte es in Bayreuth eine Truppe von zwölf französischen Schauspielerinnen und Schauspielern gegeben haben, die unter der Leitung des Kammerherrn Théodore Camille Marquis de Montperny stand. Dieses Ensemble bespielte alle Bayreuther Bühnen: von 1748 an den neu eingerichteten Theatersaal im Alten Schloss, an dessen Stelle nach dem Brand von 1753 ein Komödienhaus in der Nähe des Reithauses trat (heute: Stadthalle), außerdem die Freilichtbühnen in der Eremitage und in Sanspareil. Für den Karneval des Jahres 1749 ist beispielsweise überliefert, dass montags und samstags im Schloss, mittwochs im Opernhaus Komödie gespielt wurde.[117]

Über das Repertoire wüssten wir nur aus Wilhelmines Briefen Bescheid, hätten wir nicht einen Fund aus dem Bayreuther Stadtarchiv. Es handelt sich um eine Liste mit etwa 130 Theaterstücken, die auf dem Theater zu Bayreuth aufgeführt wurden.[118] Diese Quelle enthält die Titel zahlreicher Komödien von Molière, aber auch Tragödien von Corneille, Racine, Jacques Pradon und Voltaire. Mit *Brutus, Britannicus, Cinna* und *Rodogune* sind Stücke vertreten, die in Berlin zu Opern umgearbeitet wurden (Oschmann 1991, S. 191ff.). Wiederum haben die königlichen Geschwister also ein geistiges Band zwischen Berlin und Bayreuth geknüpft.

Unter den aufgeführten Stücken sind aber auch *Athalie* und *Mélanide*. Wenn wir uns daran erinnern, dass Wilhelmine mit brennendem Herzen französische Intellektuelle nach Oberfranken zu holen versuchte, so erscheint es plausibel, dass sie sich über aktuelle Entwicklungen auf den Pariser Bühnen auf dem Laufenden hielt. Da wird uns die von Müssel aufgefundene Liste nicht die ganze Wahrheit über das Bayreuther Repertoire verraten, denn wir müssen auch noch die Liebhaber-Aufführungen hinzurechnen, die Wilhelmine organisierte und an denen sie manchmal selbst mitwirkte, ehe ihr eine professionelle Truppe zur Verfügung stand. Dazu gehörte 1735 das Projekt, gemeinsam mit dem Hofpersonal Racines *Iphigénie en Aulide* einzustudieren. Im Jahre 1739 folgte Voltaires *Brutus*.[119]

Die Dramen von Nivelle de la Chaussée schätzte die Markgräfin sehr. Am 30. November 1748 schrieb sie dem Bruder: »Wir teilen unsere Zeit zwischen Musik und Komödie. Letzthin sah ich Maximian [i.e. *Maximien*], nach meiner Meinung eines der schönsten Theaterstücke und so rührend, dass es mir wirklich zu Herzen gegangen ist.«[120]

Da wären wir wieder bei der Rührung. Indem Wilhelmine die sentimentalen Elemente der Comédie larmoyante in ihre Opernentwürfe übernimmt, vollzieht sie eine überraschende Volte in Richtung der französischen Dramatik. Sie betont die familiären Beziehungen, instrumentiert sie im Register der Rührung und führt die entsprechenden performativen Elemente ein. Damit aber verändert sie das Dramma per musica von innen heraus. Neue Personen- und Szenentypen bevölkern die Bühne der Hofoper.

Das *Attalie*-Drama – wann immer es konzipiert wurde – zeigt, dass Wilhelmines Operntexte in den genannten Punkten über die Jahre eine innere Kohärenz besitzen. Die Gravitationszentren ihres Dramma per musica sind ambivalente Herrscherfiguren und Familiengeschichten mit unerwarteten Wendungen.

Aus der Perspektive des Geschlechterverhältnisses – und das dürfte für Wilhelmine ein heikles Feld gewesen sein – kann man für die Familienbeziehungen sagen, dass sie sich auf die Mutter-Sohn-Konstellation konzentrieren; nur einmal – in *Argenore* – geht es (auch) um Vater und Tochter. Vorsichtig ließe sich das so deuten: Die Vater-Tochter-Konstellation war für Wilhelmine im Leben zu prekär, als dass sie sie auf dem Theater hätte thematisieren können. Wohin es führte, als sie es in *Argenore* doch einmal tat, zeigt das sehr problematische, völlig aus dem Rahmen des Gattungsüblichen fallende Verhältnis zwischen Argenore und Martesia, das übrigens auch in dramaturgischer Hinsicht nicht stimmig ist.

Die Herrscherfiguren tragen, wie bereits erwähnt, durchwegs negative Züge: Argenore, Semiramide, Assuro, Amaltea, Imilcare und Attalie. Die Aufzählung zeigt, dass es kein Privileg der Männer ist, eine ungerechte oder gar tyrannische Herrschaft auszuüben. Die schwärzeste Figur unter den drei Frauen heißt Attalie. Und doch wird sie, ganz anders als Argenore, nicht nur unbeherrscht und bösartig gezeichnet: Attalie ist wie Semiramis eine Gebrochene.

Solche Gestalten lassen sich in ein Repräsentationsspektakel nicht mehr integrieren, ganz abgesehen davon, dass sie für das Dramma per musica etwas völlig Neues verkörpern. Hier ragt die Welt der Tragédie mit ihren fluchbeladenen Protagonisten in das von der Vernunft gelenkte Dramma per musica hinein.

Wilhelmine stößt den Herrscher vom Sockel. Ein guter Ausgang wird damit schwierig, wenn nicht unmöglich, und das Dramma per musica verliert seine affirmative Ausrichtung. Die Entwürfe sind skeptisch, ja pessimistisch. Beklemmend wirkt die Nähe zu den biographischen Erfahrungen der Autorin.

So dürfen wir uns das Recht nehmen, Spuren dieser Erfahrungen im Werk zu suchen – nicht als einziges, plattes Erklärungsmodell, aber als Ausgangspunkt dafür, das Schaffen der Bayreuther Markgräfin neu zu deuten.

Epilog

Die Wilhelminenstraße in Bayreuth misst knapp vierhundert Frauen-schritte. Sie nimmt ihren Anfang zwischen zwei Gebäuden, die die Fried-richstraße säumen: dem ehemaligen, von Markgraf Georg Friedrich Carl erbauten Waisenhaus, das im 19. Jahrhundert das Gymnasium Christian Ernestinum beherbergte, und dem Meyernschen Palais, vormals Sitz der von Markgraf Friedrich gegründeten Akademie der freien Wissenschaften.

Im rechten Winkel geht die Wilhelminenstraße von der Friedrichstraße ab. Wieder einmal wird das Weibliche vom Männlichen »abgeleitet«, wie schon in der Geschichte mit Adams Rippe.

Auf halber Höhe durchtrennt der Stadtkernring die Wilhelminenstraße. Ämter- und Gerichtsgebäude prägen sie; immerhin auch die Hochschule für evangelische Kirchenmusik. Architekturstile prallen auf engem Raum gegeneinander: Neben den markgräflichen Bauten stehen Betonklötze aus den siebziger Jahren des vergangenen Jahrhunderts, das Amts- und Landgericht stammt aus dem Jahre 1913.

Hier wohnt man nicht. Hier führt der Weg aus der Stadt heraus, und die Fortsetzung der Wilhelminenstraße heißt beziehungslos Ludwig-Thoma-Straße.

Dagegen die Richard-Wagner-Straße! Im Herzen der Stadt gelegen, wurde sie dadurch geadelt, dass man eine Fußgängerzone aus ihr gemacht hat. Jeder, der Bayreuth kennt, ist hier schon einmal entlang gelaufen.

Wilhelmine wäre dazu ein scharfzüngiges Bonmot auf Kosten der Bay-reuther eingefallen, vielleicht sogar ein Spruch, der etwas mit Männern und Frauen zu tun gehabt hätte.

Die Markgräfin ist in Bayreuth lange vergessen gewesen, ruhte im Schatten des großen Tönemagiers vom Grünen Hügel.

Seit 1998, dem Jahr der großen Gedenkausstellung im Neuen Schloss, spricht man wieder von ihr. Die Museen haben ihre Präsentationen ver-ändert, in den Shops kann man einen Seidenschal mit dem fürstlichen Wappen aus dem Markgräflichen Opernhaus kaufen.

Im Jahre 2002 hat ein Bayreuther Philologe das *Tagebuch der italienischen Reise* ins Deutsche übersetzt. Die Präsentation des Buches fand im Herbst in der Orangerie der Eremitage statt. Auch da hätte Wilhelmine gespot-tet: Es war bitterkalt. Niemand hatte daran gedacht, zu heizen. Die Reden wollten kein Ende nehmen. Sie handelten von einem Buch über das Land der Wärme und des Lichts.

Auch Wilhelmine hat in Bayreuth gefroren. Bei ihrer Ankunft, es war Winter, fand sie in den Räumen des Schlosses zerbrochene Fensterscheiben vor. Vielleicht waren es diese Glasscherben, die sie, ob ihr das bewusst war oder nicht, zu den großartigen Spiegelscherbenkabinetten in der Eremitage und im Neuen Schloss inspirierten.

Wenn wir Wilhelmines künstlerisches Werk überblicken – ihre Gemälde, die Lebenserinnerungen, Gartenanlagen und Interieurs, die Libretto-Entwürfe und Kompositionen für Hofoper und Hofmusik –, dann ist der Zusammenhang zwischen biographischer, auch schmerzlicher Erfahrung und ästhetischer Gestaltung fast überall mit Händen zu greifen.

Nicht umsonst stellte Wilhelmine sich das Komponieren wie eine Entbindung vor. An den Bruder schreibt sie: »Du tust mir viel Ehre an, mein liebster Bruder, wenn du mich für ebenso fruchtbar hältst wie meine Schwestern. Wenn ich es bin, dann wird es sich um Musik handeln und ich werde mit einigen Konzerten oder Solos niederkommen.«

Das Gebären aber war eine Sache auf Leben und Tod. Das hat Wilhelmine am eigenen Leibe erfahren.

Von solcher Gefährdung geben die Werke an der Außenseite nichts preis: Die Glasscherben muss man im Schatten suchen. Die Spiegelscherben freilich glänzen.

ANMERKUNGEN

1 Musil, Robert: *Der Mann ohne Eigenschaften*, Hamburg 1952, S. 650.

2 Ähnlich auch Alexander von Gleichen-Russwurm, *Die Markgräfin von Bayreuth, Friedrichs des Großen Lieblingsschwester*, Stuttgart 1925, Walther Eggert, *Wilhelmine von Brandenburg-Bayreuth, Friedrichs des Großen Schwester, als Künstlerin*, Bayreuth 1932, und Franz Prinz zu Sayn-Wittgenstein, *Wilhelmine von Bayreuth, Schwester und Freundin Friedrichs des Großen*, Lausanne 1971. Ein ebenso symptomatischer wie rätselhafter Satz von Joachim Bergfeld rundet dieses Bild ab: »Den besten Zugang zur Persönlichkeit Wilhelmines gewinnen wir, wenn wir uns dieser ungewöhnlichen Frau als der erklärten Lieblingsschwester Friedrichs des Großen nähern« (Bergfeld 1973, S. 2).

3 Beispielsweise im Vorwort Ingeborg Weber-Kellermanns zu Wilhelmines *Denkwürdigkeiten* (D, S. 7-22), bei Roster 1998, Rode-Breymann 2003, Talkenberger 2003.

4 Für das 18. Jahrhundert Zahlen von Säuglings- und Müttersterblichkeit zu ermitteln, ist, wie Eva Labouvie (1998) dargelegt hat, ziemlich schwierig. Für die erste Jahrhunderthälfte kann man jedoch den Durchschnittswert von 15 Prozent Säuglingssterblichkeit annehmen. In den meisten europäischen Ländern stirbt jedes vierte Kind, ehe es das erste Lebensjahr vollendet hat, und von 1000 lebend Geborenen erreichen kaum mehr als 500 das Alter von 16 Jahren (Burgière 1997, S. 16).

5 Vgl. dazu auch Baumgart 1986, S. 5-23.

6 Brief vom 5. Juli 1715, zitiert nach: Müssel 1959, S. 184.

7 Brief vom 12. Februar 1715: »Wilhelmine hat heute die Peitsche bekommen, weil sie ihren Bruder an der Wange gekratzt hatte; ich habe sie schwer gedemütigt«; zitiert nach: Müssel 1959, S. 184.

8 Das vermutet Roster 1998, S. 123.

9 Vgl. dazu grundlegend Volz 1924.

10 Vgl. Volz 1924, S. 50, und Veh 1959, S. 11-17.

11 Vgl. dazu Müssel 1956, S. 21.

12 Der Oberhofmeisterin von Sonsfeld Immediatberichte an König Friedrich Wilhelm I. über den Markgräflich Bayreuthischen Hof, Ms., Signatur: GSA BPH Rep 46 W14 fol. 20.

13 a.a.O., fol. 22, datiert vom 4. März 1732.

14 »Sire, cet a vec la plus grande joie du monde que jais l'honneur de mander a votre Majeste l'heureuse delivrance de S.A.R. du... «, a.a.O., fol. 90, Bericht vom 30. August 1732, dem Geburtstag der Prinzessin.

15 »Madame la Margrave a deja ete pandons trois jour malade mais les vres douleur on comanse cette nuit…«

16 Luce Irigaray (*Speculum, Spiegel des anderen Geschlechts*, Frankfurt a. M. 1980) würde dieser Bedeutung allerdings widersprechen; vgl. dazu auch die Ausführungen Judith Butlers (Butler 1991, S. 40f.)

17 Immediatberichte, fol. 93f. vom 2. September 1732. Eine einzige Zahl mag genügen, um das Risiko für die Mütter zu bezeichnen und um zu verdeutlichen, dass die Todesangst einer Gebärenden kein hysterisches Phänomen war: Im 18. und 19. Jahrhundert betrug die mütterliche Mortalitätsrate beim Kaiserschnitt 80 bis 100 Prozent (Metz-Becker 1999, S. 54).

18 Eine bizarre Fehlleistung, die deutlich macht, dass das dynastische Denken für Frauen keinen Platz hatte, finden wir bei Endres 1998. Dort müssen wir über die zweite, nach Wilhelmines Tod eingegangene Ehe des Markgrafen Friedrich lesen: »Leider blieb auch diese Ehe kinderlos [!]« (S. 18).

19 Zartfühlend schrieb im Jahr darauf Bruder Friedrich: »Die Königin glaubt, Du seiest in anderen Umständen. Gott gebe es! Er schenke Dir einen gesunden Knaben zu Deinem eigenen Besten!« (B I, S. 189f., 29. Dezember 1733).

20 Vgl. dazu ausführlich Müssel 1956 und 1998 a.

21 Das ist übrigens ein geradezu absurdes Beispiel für Irrtümer und Ungenauigkeiten in den Memoiren: Die Mutter täuscht sich über den Geburtstag ihres einzigen Kindes, das am 30. August und nicht, wie Wilhelmine schreibt, am 31. August 1732 zur Welt kam.

22 Grundlegend dazu: Trübsbach 1985.

23 Vgl. Bauer 1982, S. 51-108.

24 Ein Taler war 1,75 Gulden wert; die Summe betrug also umgerechnet 268398 Gulden. Diese Ausgaben, die offenbar durch die Fürstenhochzeit entstanden waren, sollten bis 1753 auf ein Viertel reduziert werden (Pöhlau 1934, S. 15).

25 Vgl. Habermann und Trübsbach 1986, S. 26.

26 Zu Supervilles Biographie vgl. Wittern-Sterzel 1993.

27 siehe hierzu unten S. 103f.

28 Endres 1998 erwähnt die Affäre um die Marwitz noch nicht einmal, als er den Konflikt zwischen Wilhelmine und Friedrich II. begründet.

29 Zur Deutung vgl. Talkenberger 2003, S. 147-151; siehe Umschlagabbildung.

30 Unveröffentlichter Brief; Sign. BPH Rep. 26 W 17, Bd. II, 4, fol. 22 verso. Sofern im Folgenden nichts anderes vermerkt ist, stammen alle Übersetzungen unveröffentlicher Briefe und anderer Dokumente von der Verfasserin.

31 B II, S. 119; die hervorgehobene Passage dort nicht wiedergegeben, Brief vom 4. August 1747.

32 Der Brief, den Wilhelmine dem Bruder schrieb, nachdem er abgesagt hatte, fasst ihren Kummer in Worte, die eines Dramma per musica würdig wären: »Aber wenn man so zärtlich liebt wie ich und sich fern von dem sieht, den man liebt, und man sich geschmeichelt hat, den Betreffenden wiederzusehen, den man liebt, und dieser Hoffnung beraubt wird, kannst du wohl beurteilen, dass das Herz seufzt und dass man nicht mehr Meister seines Schmerzes ist«(undatiert; zitiert nach: Müssel 1998 b, S. 264).

33 Zur Biographie des Marquis d'Adhémar vgl. Mass 1973.

34 Briefe vom 4. bzw. 16. Oktober 1743, zitiert nach: Maron 1980, S. 127-133.

35 »Car il est impossible que nous puissions vivre plus long-tems Comme nous faisons, sans la moindre société, et dans un ennuy Insuportable«. (Brief vom 20.3.1751, in: Théodore Besterman (Hg.): *The complete works of Voltaire*, Bd. 96, Genève 1971, S. 153)

36 Ausführlich dazu: Müssel 1981. Dass nicht Wilhelmine allein die treibende Kraft war, sondern dass der Markgraf ausgeprägte musische Interessen hatte, bezeugt eine zeitgenössische Miniatur (Abb. 4).

37 Einer der wenigen Kommentatoren, die diesen Aspekt berücksichtigen, ist Wuthenow 1984.

38 Hierzu und zum Folgenden Kluxen 1987, S. 213f.

39 D, S. 472; zitiert bei Bischoff 2000, S. 158.

40 Vgl. hierzu Sander 1966.

41 Muss wohl heißen: »die Base des Herrn Brandt das Cello«

42 Unveröffentlicher Brief vom 29. Januar 1741, BPH Rep 46 W 17, Bd. II, 1, fol. 53 verso.

43 Vgl. dazu Schenk 1927.

44 Zur Familie Kleinknecht vgl. Krause-Pichler 1991.

45 Vgl. Rudloff-Hille 1936, S. 106.

46 Die reale Besetzung der Hofkapelle kann jedoch nicht exakt ermittelt werden, weil die Musiker »in unterschiedlichen Ämtern angestellt und aus verschiedenen Etats bezahlt wurden« (Focht 1998, S. 17).

47 Vgl. Sander 1966.

48 Hierzu und zum Folgenden: Küffner 1969.

49 Vgl. Hegen 2000, S. 29-32.

50 Vgl. Hegen 2002, S. 37f.

51 Wilhelmine untertreibt, denn dass sie schon Jahre vorher in Berlin komponierte, unterschlägt sie mit ihrer Formulierung.

52 Delius, Nikolaus: »Eine Sonate für Bruder Friedrich? Der Anonymus Herdringen Fü 3595a«, in: *Tibia* 4/2003, S. 571-577.

53 Vgl. hierzu Schiedermair 1908, Rudloff-Hille 1936 und Bauer 1982.

54 Johann Georg Heinritz, Neue Beiträge zur Geschichte der Kreishauptstadt Bayreuth, in: *Archiv für Geschichte und Altertumskunde von Oberfranken, Bde 1-3,* 1838-46, zitiert nach: Bauer 1982, S. 114.

55 J. G. Heinritz, *Zur Geschichte der Stadt Bayreuth. Zweiter Theil,* Bayreuth 1825, S. 12 f.

56 J. G. Heinritz, a.a.O., zit. n. Bauer 1982, S. 145 f.

57 Vgl. Henze-Döhring 2002, S. 99.

58 Vgl. Oschmann 1991.

59 Vgl. dazu Oschmann 1991 und Henzel 1997.

60 Vgl. Oschmann 1991.

61 Vgl. Henze-Döhring 2002.

62 Die bei Bauer 1982, S. 185 f. mitgeteilte Liste bezieht sich zwar auf das Jahr 1762; die Relationen dürften sich jedoch über die Jahrzehnte nicht verändert haben.

63 Unveröffentlichter Brief, BPH Rep 46 W 17, Bd. II, 5, fol. 2 recto : »Il me mande que Farinelli est devenu Directeur de L'Opera de Madrid et qu'il est si avant dans les Bones graces de la Reine d'Espagne qu'Elle lui a donné depuis peu une pension de 50 milles pistoles Somme plus qu'exorbitante pour un Chanteur, je souhaiterois etre en etat d'en faire autant et j'en ferai (…) un meilleur usage».

64 Unveröffentlichter Brief, BPH REP 46 W 17 Bd. III, 3, fol. 37 recto: »On ma parlé d'un grand Chanteur qui a été depuis peu a Dresden et qui est presantement a Prague (…). J'ai voullu l'engager mais il etoit trop poivré pour nous.»

65 Eigene Übersetzung nach dem Original BPH Rep 46 W 17 Bd. II, 2, fol. 6 recto; B II übersetzt ungenau »..hat eine ausgezeichnete Akustik» (S. 69).

66 Unveröffentlichter Brief vom 13. Mai 1754, BPH Rep 46 W 17 Bd. III, 5, fol. 16 recto: »Puisquil y a encore par ci par la de très belles voix ce qui est le principal.«

67 Unveröffentlichter Brief; BPH Rep 46 W 17 Bd. II, 2, 19. Oktober 1743: »Je pourai bien l'engager et lui faire finir son aprentissage en Italie.«

68 Unveröffentlichter Brief. BPH Rep 46 W 17, Bd. II, 5, fol. 67 verso, 25. 12. 1746: »Stephanini devient aussi exellant. Le pauvre Diable avait jamais apris selon les regles ce qui etoit causé quil n'avoit pas deux tons egeaux J'ai eu la patience de lui faire faire un ann de Suite le Solfeggio il chante apresant le Contre alt quil plus fort que Zaghini et touts les tons clairs et eguaux.»

69 Unveröffentlichter Brief, BPH Rep 46 W 17, Bd. II, 4, fol. 119 recto: »J'ai fait aquisition d'une Chanteuse qui a la plus belle voix du monde (…). Je travaille apresant a Lui apprendre le patetique et a lui donner du gout.»

70 Unveröffentlichter Brief, BPH Rep 46 W 17, Bd. III, 5, fol. 15 verso: »Nous avons un monde d'Etrangers ici que L'Opera y a attiré.»

71 Zu Saint-Pierre und zur Baugeschichte des Opernhauses vgl. Merten 1964.

72 Vgl. Krückmann 1998 a, S. 75.

73 Krückmann 1998 a, S. 77ff.

74 Vgl. Schrader 1985.

75 Unveröffentlichter Brief, BPH Rep 46 W 17 Bd. III, 5, fol. 40 recto: »Nos Operas sont finis, ma Santé ne me permettant plus d'y aller faisant trop froid au Theatre.«

76 Vgl. Hegen 2001, nicht paginiert.

77 Diesen Brief teilen Henze-Döhring 2002 (S. 102) und Hegen 2003 (S. 329) in leicht abweichenden Versionen mit. Beide lesen »que mon pauvre Opera s'en ira en Farnée«. Die genaue Betrachtung des Originals legt es jedoch nahe, von »s'en ira en fumée« (»meine arme Oper wird sich in Nichts auflösen«) auszugehen.

78 Vgl. Vill 2002.

79 *Argenore,* Libretto, im Faksimile (Hirschmann 1996) nicht paginiert.

80 Eine ausführliche musikalisch-dramaturgische Analyse des Werkes wird hier erstmals vorgelegt. Bei Bauer 1983 und Hegen 2003 finden sich kürzere Darstellungen.

81 Der leidende Seefahrer irrt durch die erzürnten Wellen, er wendet sich um und entdeckt wenigstens einen schwachen Trost: dass er nicht allein untergehen werde. So will ich in meinem heftigen Schmerz mein Herz trösten, das, so elend ich auch in der Liebe bin, nicht allein seufzen wird.

82 Vgl. Wiesend 1987.

83 Ich werde fallen, aber du, grausamer Tyrann, wirst schließlich vergeblich bereuen und du wirst sagen müssen, dass mein Schicksal eher Neid als Mitleid verdiene. Es ist ein schöner Beweis für eine starke Seele, ruhig und heiter eine ungerechte Strafe zu erleiden für eine Schuld, die sie nicht auf sich geladen hat.

84 O Gott, ich fühle, wie das unbarmherzige Leiden mich niederwirft, weil ich selbst, ihr Götter, die Angeklagte bin. Gerechter Himmel, hab Mitleid. Grausamer Vater, feindliches Schicksal, alles ist widrig für mich in so großem Schmerz.

85 Vgl. dazu Strohm 1976, S. 98f.: Es handelt sich dabei um ein konventionelles Element der Arienvertonung.

86 So che ti spiace/ l'acerbo fato/ del tuo Germano,/ ma più spietato/ fato inumano/ più pena amara/ pur si prepara/ oggi per me.

87 Vgl. Hirschmann 1995, S. 135 f.

88 Ein kalter Schauder lässt mir das Blut in den Adern gefrieren. Ich fühle, dass die Seele schmachtet und keine Hoffnung hat. Ich begreife den Schmerz nicht, der mein Herz bedrückt. Alles erscheint mir schrecklich und sinnlos.

89 BPh Rep 46 W 17, Bd. II, 5, fol. 15 verso u. 16 recto: »J'aimerais mieux avoir 100 Allemans sous ma Direction qu'un Italien. Nos 2 Chanteuses sont les seules qui sont sage et ce Gouverne bien. Vive le beau Sexe. Il triomphe partout. Pardonez cette petite exclamation.« Der Brief ist teilweise veröffentlicht bei Schiedermair 1908 und bei Hegen 2003, S. 322.

90 Hohenzollernjahrbuch 1913, S. 217; zitiert nach: Müssel 1959, S. 186; Hervorhebungen: R. M.-L. Übrigens unterzeichnet Wilhelmine ihr Leben lang die Briefe an den Bruder mit der Floskel: »votre très humble et très obeissante fidèle sœur et servante jusqu'à sa mort« (»Ihre niedrigste und gehorsamste treue Schwester und Dienerin bis in den Tod«).

91 »Ils ne nous adoroient que pour nous mépriser après leur victoire, & nous faire partager leur naturel pervers«, *Deucalion et Pyrrha*, S. 25.

92 »Ils ne nous adoroient que pour nous mépriser quand nous leurs addonions La Victoire«, a.a.O.

93 »Si vous haissez les hommes, j'abhorre les femmes«, a.a.O., S. 31.

94 »Si ma presence vous Blesse La tiene m'Importune car j'abhore ton Sexe«, a.a.O.

95 Unveröffentlicht; BPH Rep 46 W 17, Bd. III, 2, fol. 69 verso: »Je suis obligée toujours de Composer L'Opera d'air ramassez auquel il faut Changer les paroles ce qui gâte beaucoup L'expression.«

96 Semiramis-Libretto dt., S. [7].

97 Vgl. Krückmann 1998 b, S. 194-98, wo in der Sammlung geschnittener Steine, die das Markgrafenpaar angelegt hatte, drei Kleopatra-Darstellungen nachgewiesen werden.

98 Vgl. die Abbildungen bei Krückmann 1998 b, S. 92.

99 Wenn Wilhelmines Entwurf gemeint ist, wird der französische Titel verwendet. Ist von der in italienischer Sprache aufgeführten Oper die Rede, dann wird der italienische Titel genannt.

100 Abdruck und Übersetzung in: Programmheft WDR zur Aufführung von Zoroastre, hg. von der Pressestelle des Westdeutschen Rundfunks Köln, Köln 1983; das Zitat steht auf S. 56.

101 Unveröffentlichter Brief vom 3. April 1752, BPH Rep 46 W 17, vol. III, 3, fol. 34 recto.

102 Vgl. Programmheft WDR 1983, S. 8; der französische Originaltext lautet: »Les décorations, les machines, les illuminations, les habillemens, tout étoit, dans l'opéra de Zoroastre, d'un goût, d'une magnificence et d'un éclat qui surpassoient tout ce qu'on avait jamais vu de plus beau sur ce théâtre depuis son établissement. L'architecture du cinquième acte représentoit un temple superbe, dont les colonnes cannelées étoient d'or, et ornées de quantités d'escar-

boucles et de rubis, qui jetoient un éclat pareil à celui du feu le plus brillant et le plus vif. Les colonnes, posées sur des bases et surmontées par des chapitaux de ce métal précieux, portoient des voûtes ornées de mosaïques, dont le fond vert étoit relevé par des compartimens d'or et d'argent qui offroient un coup d'œil admirable.«

103 Habermann 1982, S. 130, berichtet über ein Archivale im Bamberger Staatsarchiv, das eine solche Dekoration im Opernfundus aufführt.

104 BPH Rep 46 W 26 fol. 20 recto bis 22 recto und 23 recto bis 24 verso.

105 »Trois Principes regnent dans l'homme; les passions, l'amour propre et la Raison« (a.a.O., fol. 20 verso).

106 »La Morale est la plus excelante partie de la Philosophie. Elle enseigne a bien vivre, elle conssole dans L'adversité, elle conduit dans le Bonheur c'est l'unique frein des passions, c'est le Lien de la Societé» (a.a.O. 20 recto).

107 So auch in einem Brief vom 22. 10. 1748: »L'etat le plus heureux de la vie, est de ce contenter de la Situation ou on ce trouve« (unveröffentlicht, BPH Rep 46 W 17 Bd. II, 5, fol. 99 recto).

108 »Le Libertinage est regardé come une chose trés permise dans le Siecle ou nous sommes, on s'en fait meme un honneur et on cherche a le Colorer par des arguments qui ne demontre que la chose sinon que le cœur de L'homme est pervert. Touts ce« (a.a.O., fol. 22 recto).

109 *L'Uomo*, Librettodruck S. 48/50; dt. Übersetzung: »O Sonne, die ich verehre,/ gib mir Mut,/ auf dass ich den ruchlosen Feind unterwerfe./ Verjage die Dunkelheit/ mit deinem Glanz.«

110 Eigene Übersetzung eines in B II, S. 247 mitgeteilten Briefes.

111 Vgl. Krückmann 1998 a, S. 92.

112 *Amaltea*, Librettodruck; nicht paginiert.

113 Die Verfasserin hat erstmals am 15. Dezember 2001 an der Freien Universität Berlin in einem Vortrag darüber berichtet.

114 Wilhelmines Handschrift unterliegt einem deutlich wahrnehmbaren Veränderungsprozess: Unmöglich kann man einen Brief aus den späten 30er Jahren in die 40er Jahre datieren. Die Briefe aus der Zeit von ca. 1735 an sind in einer schwungvollen Schrift mit großen, schräg nach rechts geneigten Buchstaben geschrieben. In den Vierzigern werden die Buchstaben kleiner und runder. Die Schrift verliert an Elan und, wie es scheinen will, auch an Tempo. Anrührend sind schon in den 40er Jahren kürzere Billets an den Bruder in zittriger Schrift, in denen Wilhelmine von einer gerade überstandenen Krankheit berichtet oder davon, dass sie gerade wieder von einem »furieux mal de tête«, also von rasenden Kopfschmerzen geplagt werde. Gegen Ende ihres Lebens verwendet Wilhelmine starke Federn und schreibt große Buch-

staben, wohl des nachlassenden Augenlichts wegen.

115 *Semiramide*, Librettodruck, S. 17/19.

116 Vgl. etwa das zitierte Beispiel auf S. 90

117 Vgl. dazu Müssel 1997.

118 Faksimile in Müssel 1997.

119 Vgl. Berger 1993, S. 128. Die *Brutus*-Aufführung konnte Wilhelmine freilich nicht zufriedenstellen. Enttäuscht schrieb sie an Friedrich in Berlin: »Die Franken haben eine sehr schwere Zunge […] und soviel Mühe ich mir auch gebe, ich kann ihnen keine gute Aussprache beibringen« (B I, S. 437, 20, Februar 1740; mitgeteilt bei Berger 1993, a.a.O.).

120 B II, S. 157f.; auch beim Besuch des Prinzen Heinrich im Jahre 1751 wurde *Maximien* aufgeführt; hierzu s.o. S. 91. Bei der Hochzeit der Tochter im September 1748 kam *La Gouvernante* von Nivelle de la Chaussée zur Aufführung (Berger 1993, S. 129).

1 Portrait *Wilhelmine von Bayreuth* (1745), Jean-Etienne Liotard

2 Kupferstich *Hochfürstliche Residenzstadt Bayreuth* (um 1720),
Johann Demleutner

C. U. C.

MIRÈO ROFEATICO CUSTODE GENERALE D'ARCADIA.

Avendo l'Adunanza Generale di Arcadia su gli Encomj fattine dal Gentilissimo e Valorosissimo
Targesto Cretidèo intese le sublimi Intellettuali e Personali Prerogative dell'Altezza Reale della Serenissima Federiga Sofia di Brandemburgo Margravia di Ba-
reith-Culmbach: Ha creduto suo vantaggio, e decoro il venire alla solenne Acclamazione della Suddetta Real Principessa; perciò adunatisi nell'infrascrit-
to Giorno in numero di presso duecento Arcadi nel loro Bosco Parrasio a viva
voce acclamarono la medesima Pastorella Arcade, assegnandole il nome
di Cleorinda, e le Campagne Aracinzie; dalle quali Cleorinda Aracinzia per
l'avvenire dovrà in Arcadia denominarsi; decretando che il suddetto Gentilissimo
e Valorosissimo Targesto Cretidèo si degni di tale Atto la Suddetta Principessa
Reale render consapevole. Il Custode di Arcadia col presente Foglio manifesta
e pubblica la Suddetta Faustissima Acclamazione. Dato in piena Laguna
d'Arcadia alla Neomenia di Metaginnione l'Anno III. dell'Olimpiade DCXXXI
dalla Ristaurazione di Arcadia Olimpiade XVI. Anno I. Giorno Lieto per Generale
Chiamata.

M : A : Custode Gale d'Arcadia.

Stellidio Frissanio Sotto-Custode

3 *Diplom für die Akademie der Arkadier*

4 Gouache *Allegorie auf Markgraf Friedrich als Förderer der Künste* (1758/59),
Juda Löw Pinchas

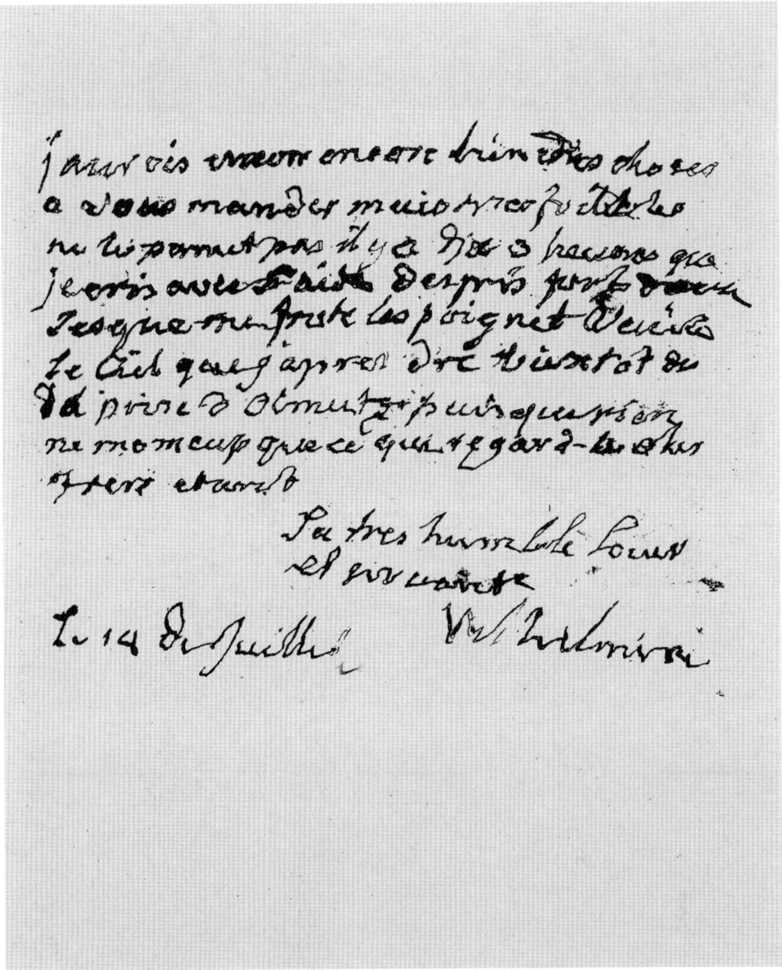
j'aurois encore bien des choses
a vous mander mais ma santé
ne le permet pas il y a dix a douze jours que
je suis [illegible] depuis fort [illegible]
[illegible] les poignets Veuille
le Ciel que j'apprene bientot de
la prise d'Olmutz je puis [illegible]
ne m'occupe que ce qui regarde le cher
frere eternel [illegible]
Sa tres humble Sœur
et servante
Le 14 de Juillet Wilhelmine

5 Brief Wilhelmines vom Juli 1758 an Friedrich II.

Prospect von dem Theatro zu Sanspareil. | *Vue du Theatre de Sanspareil*
avec Privilege de sa Alteser le Margrave de Brandenbourg Bareuth.

6 Kupferstich *Ruinen- und Grottentheater* (1748), Johann Thomas Köppel,
Sanspareil, Morgenländischer Bau

7 Deckengemälde, Audienzzimmer der Markgräfin, Altes Schloss Eremitage

8 Gemälde *Tod der Kleopatra* (1748), Markgräfin Wilhelmine von Bayreuth

9 Gemälde *Tod der Lucretia* (1748), Markgräfin Wilhelmine von Bayreuth

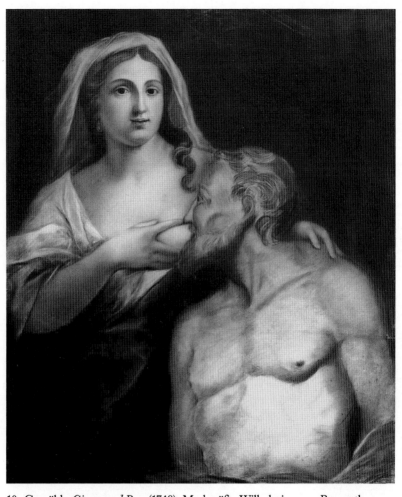

10   Gemälde *Cimon und Pero* (1748), Markgräfin Wilhelmine von Bayreuth

11 Das Markgräfliche Opernhaus von innen, Blick zur Hofloge

12 Pastellportrait *Giacomo Zaghini* (1751), Alexander Roslin

13 Bühnenbildentwurf für Amaltea: »Pfeilersaal mit Kassettendecke« (1756),
Carlo Galli Bibiena

Amaltea

DRAMA PER MUSICA

COMPOSTO IN FRANCESE

DA

SUA ALTEZZA REALE

FEDERICA SOFIA VVILLELMINA

MARGGRAVIA DI BRANDENBURGO
CULMBACH &c.

NATA REAL PRINCIPESSA DI PRUSSIA &c.

POSTO IN VERSI ITALIANI

DAL

SIGR. LUIGI STAMPIGLIA

DA RAPPRESENTARSI

NEL DUCALE GRAN TEATRO DI BAIREUTH

l'Anno 1756

PER COMMANDO

DELLE

LORO ALTEZZE
SERENISSIMA, E REALE.

Bareith appreſſo Federico Elia Dietzel
Stampatòre della Corte, Cancellaria, e del Collegio
Chriſtiano - Erneſtino.

14 Frontispiz des Librettodrucks von *Amaltea*

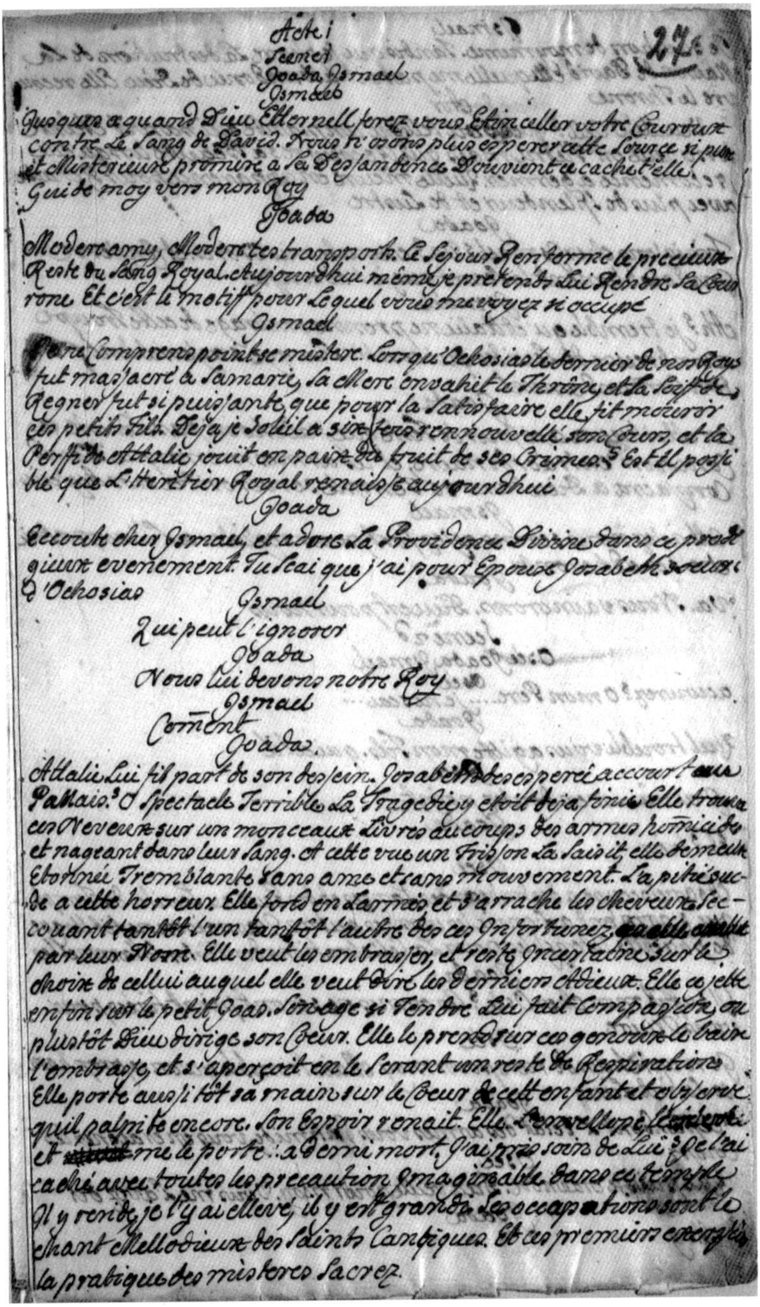
Acte I
Scene I
Joada, Ismael
Ismael
Jusques a quand Dieu Eternell ferez vous Etincellér votre Courroux contre le Sang de David. Nous n'osons plus esperer cette Source si pure et Misterieuse promise a sa Descendence. Ou vient te cache t'elle. Guide moy vers mon Roy
Joada
Moderes amy, Moderes tes transports. Ce Sejour Renferme le precieux Reste du Sang Royal. Aujourdhui même je pretends lui Rendre sa Couronne Et c'est le motif pour Lequel vous me voyez si occupé
Ismael
Je ne Comprens point se mistere. Lorsqu'Ochosias le dernier de nos Roys fut massacré a Samarie, sa Mere envahit le Thrône, et la soif de Regner fut si puissante, que pour la satisfaire elle fit mourir ces petits Fils. Deja le soleil a six fois rennouvellé son cours, et la Perfide Attalie jouit en paix du fruit de ses Crimes. Est il possible que L'Heritier Royal renaisse aujourdhui
Joada
Ecoute cher Ismael, et adore La Providence Divine dans ce prodigieux evenement. Tu scai que j'ai pour Epouse Josabeth soeur d'Ochosias
Ismael
Qui peut l'ignorer
Joada
Nous lui devons notre Roy
Ismael
Coment
Joada
Attalie lui fit part de son dessein. Josabeth desesperée accourt aux Pallais. O Spectacle Terrible La Tragedie y etoit deja finie. Elle trouva ces Neveux sur un monceaux Livrés aux coups des armes homicides et nageant dans leur sang. A cette vue un Frisson La saisit, elle demeure Etonnée Tremblante sans ame et sans mouvement. La pitié succede a cette horreur. Elle fond en Larmes, et s'arrache les cheveux secouant tantôt l'un tantôt l'autre des ces Infortunez par leur Nom. Elle veut les embrasser, et reste incertaine sur le choix de cellui auquel elle veut dire les derniers Adieux. Elle se jette enfin sur le petit Joas. Son age si Tendre lui fait Compagnie, ou plustôt Dieu dirige son Coeur. Elle le prend sur ces genoux le baise l'embrasse, et s'apercoit en le serant un reste de Respiration. Elle porte aussi tôt sa main sur le Coeur de cett enfant et observe quil palpite encore. Son Espoir renait. Elle L'envellope et me le porte : a demi mort, j'ai pris soin de lui, je l'ai caché avec toutes les precaution imaginable dans ce temple Il y reside, je l'y ai elevé, il y est grandi. Ses occupations sont le chant Mellodieux des saints Cantiques. Et ces premiers exercices la pratique des misteres Sacrez.

15 Aus dem Manuskript *Attalie*

ANHANG

Quellen aus Wilhelmines Nachlass

Dramaturgische Skizze zu *Amalthée*

GSA BPh Rep. 46 W 26 fol. 34-35

34 recto

Amaltée Reine d'Affrique avoit eu pour premier Epoux Arsamon Souverain de ce Royaume. Arsamon fut Dethroné et assassiné par La Thraïsson d'un des premiers Seigneurs de sa Cour nommé Pigmalion. Ce Cruell pour s'emparer du Thrône qui appartenoit a Amaltée par le (unleserlich) de son Epoux forca cette Princesse a L'epouser. Amaltée se trouvoit ensseinte. Le soin de Consserver Les jours de L'enfant quelle portoit L'engage a condescandre[1] aux desirs du Tiran. Elle trouva moyen de cacher son etat et d'accoucher secretement. Elle mit au monde un Fils quelle noma Massinis, et Confia ce precieux depôt avec toutes les marques qui pouvoit le faire reconoitre un jour a un Grec nomé Menessée. Menessée et sa femme se sauverent en Grece avec le jeune Prince et L'eleverent come leur Fils sous le nom de Leonidas. Les vertus et la valeur du feaux Leonidas Le rendirent Fameux. La Renomée publia ses grandes Actions dans tout L'Unnivers. Elle parvinrent aux Oreilles de Pigmalion. Ce Prince se trouvoit engagé dans un cruelle guerre contre Le Roi d'Egipte qui Lui avoit enlevé plusieurs de ses provinces et se trouvoit sur le point de L'accable. Envain Massiva Fils du Roi d'Affrique et d'Amaltée avoit il voulu resister a la valeur Egiptiene il avoit toujours été deffait. Pigmalion eut recours dans cette extremité a La Valeur de Leonidas. Il lui deputa ses plus Fideles sujets pour L'engager de Passer en Affrique. Leonidas avide de gloire se rendit a la Cour du Tiran. Il y recut le Comendemant de L'armée deffit en plusieurs Batailles. Le Roi d'Egipt reconquit Les provinces qui avoit étées enlevées delivra de L'Esclavage Zamis princesse du Sang d'Arsamond. Sauva La vie a Massiva son Frere et porta L'Egiptien a faire une paix honteuse.

34 verso

Tant d'heureux Succes firent naitre la Jalousie et la haine dans le Cœur de Massiva. Une autre raison encore plus forte le rendit Ennemi Implacable de Leonidas. Massiva etoit Amant de Zamis, cette princesse L'avoit toujours rebuté. Il s'apercut que Leonidas aimoit La Princesse et quil en etoit aimé. Il se plaignait a Amaltée sa mere des rigueurs de Zamis et de L'audace de Leonidas. Amaltée se sentoit un secret penchant pour ce dernier. Elle ignoroit quil fut son Fils mais la nature parloit en sa Faveur. Elle tacha de ramener L'esprit violant de son Fils. Ces remonstrances furent vaines. Piqué des prefferances quelle donnoit a Leonidas il forma un Dessein de le faire perir. Il remplit de soupcons Le vieux Pigmalion et L'irita si fort contre Leonidas quil resolut de le faire mourir.

Dans ces entrefaites Menessée arrive secretement a *(Lücke)* il apprend la Conspiration qui se forme contre Le Feaux Leonidas. Le danger ou se trouve le Prince le force a lui déclarer le secret de sa naissance. Il parvient a obtenir sous un autre nom Audiance d'Amaltée. Elle reconoit son Fils et se resoud de tout risquer pour sauver ses jours. Massiva Furieux de voir que sa Mere S'opose a ses desseins L'accuse d'un Comerce Clandestin avec Leonidas. Pigmallion les fait areter L'un et L'autre. Il fait assembler le peuple et prononcer L'Aret de leur Trepas et Les Comdamne a etre Immolés a ses Dieux. Zamis apprand cette nouvelle. Elle veut se tuer. Massiva survient qui L'en empeche et La retient prisonniere. Menessée assemble les Ennemis du Tirran. Ils soulevent le Peuple. On arete le Tiran on le Charge de Chaines et on delivre Amaltée et son Fils qui est reconnu pour le verritable Heritier du malheureux Arsamond.

35 recto
Alors Massiva paroit trainant Zamis et tenant un poignard dont il menace de la Tuer. A cette vue Massinis menace de son côté de Tuer Pigmalion et lui tient le poignard sur le sein. Amaltée voyant le peril que court son Fils et son epoux se jette enfin sur le premier et lui arrache le poignard. Elle conjure Massinis de Leur consserver la vie il la leur accorde en faveur de sa Mere. Mais Pigmalion et Massiva se voyant Libre se tuent eux meme.

Übersetzung:
Amaltea, die Königin Afrikas, war in erster Ehe mit Arsamon, dem Herrscher dieses Königreichs, verheiratet. Arsamon wurde entthront und gemeuchelt, weil ihn einer der ersten Herren an seinem Hofe mit Namen Pigmalion verriet. Um sich des Thrones zu bemächtigen, der Amaltea als der Witwe des Arsamon zustand, zwang der Grausame diese Prinzessin zur Ehe. Amaltea wurde schwanger. Die Sorge um das Leben des Kindes, das sie trug, bewegte sie dazu, sich den Wünschen des Tyrannen zu fügen. Sie fand Mittel und Wege, ihren Zustand zu verbergen und heimlich zu entbinden. Sie brachte einen Knaben zur Welt, den sie Massinis nannte, und vertraute diesen kostbaren Schatz eines Tages mit allen Zeichen, an denen man ihn später erkennen sollte, einem Griechen namens Menessée an. Menessée und seine Frau flohen mit dem kleinen Prinzen nach Griechenland und erzogen ihn unter dem Namen Leonidas wie ihren eigenen Sohn. Die Tugenden und die Tapferkeit des falschen Leonidas machten ihn berühmt. Der Ruhm seiner großartigen Taten verbreitete sich im ganzen Universum. Er gelangte auch dem Pigmalion zu Ohren. Dieser Prinz war in einen grausamen Krieg gegen den König von Ägypten verwickelt, der ihm mehrere Provinzen weggenommen hatte und ihn gerade bedrängte. Vergeblich hatte Massiva, der Sohn des Königs von Afrika und der Amaltea, versucht, der ägyptischen Übermacht zu widerstehen. Er war jedes Mal von den Ägyptern geschlagen worden. In dieser Notlage erinnerte sich Pigmalion der Stärke des Leonidas. Er übergab ihm seine treusten Untertanen, um ihn dazu zu bewegen, dass er nach Afrika käme. Der ruhmsüchtige Leonidas begab sich an den Hof des Tyrannen. Dort erhielt er das Kommando über die in mehreren Schlachten unterlegene Armee. Der König Ägyptens[2] eroberte die Provinzen zurück, die verlorengegangen waren, befreite Zamis, Prinzessin aus dem Geblüt des Arsamon, aus der Sklaverei, rettete das Leben seines Bruders Massiva und brachte den Ägypter dazu, einen schändlichen Frieden abzuschließen.
So viele glückliche Erfolge ließen im Herzen des Massiva Eifersucht und Hass entstehen. Ein anderer, noch stärkerer Grund machte ihn zum unversöhnlichen Feind des Leonidas. Massiva liebte Zamis, doch diese Prinzessin hatte ihn stets abge-

wiesen. Er bemerkte, dass Leonidas die Prinzessin liebte und von ihr wiedergeliebt wurde. Er beklagte sich bei seiner Mutter Amaltea über Zamis' Härte und über die Kühnheit des Leonidas. Amaltea fühlte eine geheime Neigung für den letzteren. Sie wusste nicht, dass er ihr Sohn war, doch die Natur sprach zu seinen Gunsten. Sie versuchte das gewalttätige Temperament ihres Sohnes zu besänftigen. Ihre Vorhaltungen waren vergeblich. Gekränkt wegen der Vorliebe, die Amaltea für Leonidas zeigte, schmiedete Massiva einen Plan, um Leonidas zu verderben. Er flößte dem alten Pigmalion so viel Argwohn ein und brachte ihn so sehr gegen Leonidas auf, dass Pigmalion beschloss, Leonidas töten zu lassen.

In der Zwischenzeit trifft Menessée heimlich in (*Lücke*) ein. Er erfährt von der Verschwörung gegen den angeblichen Leonidas. Die Gefahr, in der der Prinz schwebt, zwingt ihn, diesem das Geheimnis seiner Herkunft zu offenbaren. Es gelingt ihm, unter falschem Namen eine Audienz bei Amaltea zu bekommen. Sie erkennt ihren Sohn wieder und beschließt, alles zu tun, um sein Leben zu retten. Massiva, wütend darüber, dass die Mutter sich seinen Plänen widersetzt, klagt sie eines heimlichen Handels mit Leonidas an. Pigmalion lässt die beiden verhaften. Er versammelt das Volk, kündigt ihm das Ende seines Unheils an und verurteilt die Verhafteten dazu, den Göttern geopfert zu werden. Zamis erfährt davon. Sie will sich töten. Massiva kommt dazwischen, hindert sie daran und setzt sie fest. Menessée sammelt die Feinde des Tyrannen. Sie wiegeln das Volk auf. Man verhaftet den Tyrannen, man legt ihn in Ketten und befreit Amaltea und ihren Sohn, den man als wahren Erben des unglücklichen Arsamon erkennt.

Da erscheint Massiva. Er zieht Zamis hinter sich her und droht, sie zu erdolchen. Bei diesem Anblick droht Massinis seinerseits damit, Pigmalion zu töten, und hält ihm den Dolch an die Brust. Als Amaltea sieht, in welcher Gefahr ihr Sohn und ihr Gatte schweben, wirft sie sich endlich über den ersten und entreißt ihm den Dolch. Sie beschwört Massinis, beiden das Leben zu schenken. Er gesteht ihr das zu, weil sie seine Mutter ist. Sobald Pigmalion und Massiva frei sind, töten sie sich selbst.

Attalie

GSA BPH Rep. 46 W 26 folio 27 recto bis 33 recto

Vorbemerkung:
Die Übersetzung folgt dem Wortlaut des französischsprachigen Originals. Inkonsequenzen wie die Anrede mit »du« oder »Ihr« wurden bewusst beibehalten, um den noch unfertigen Status des Entwurfs zu dokumentieren.

27 recto
Akt I
Szene 1
Joada, Ismael

Ismael   Wie lange noch, ewiger Gott, wird Euer Zorn gegen Davids Stamm rasen? Wir wagen nicht mehr, auf jene so reine und geheimnisvolle Quelle zu hoffen, die seiner Nachkommenschaft versprochen ist. Führe mich zu meinem König.

Joada   Mäßige, Freund, mäßige deine Gefühle. Dieser Ort bewahrt die edlen Reste des königlichen Stammes auf. Ich will ihm heute die Krone zurückgeben. Deshalb seht Ihr mich so beschäftigt.

Ismael   Ich begreife dieses Geheimnis nicht. Als der letzte unserer Könige, Ochosias, in Samaria ermordet wurde, eroberte seine Mutter den Thron, und ihre Herrschsucht war so groß, dass sie ihre Enkel töten ließ. Schon sechs Mal hat die Sonne ihren Lauf erneuert, und die falsche Attalie genießt in Frieden die Früchte ihrer Verbrechen. Ist es möglich, dass der Erbe der Krone heute wiedergeboren wird?

Joada   Höre, lieber Ismael, und bewundere die göttliche Vorsehung, die sich in diesem wunderbaren Ereignis zeigt. Du weißt, dass ich Josabeth, die Schwester des Ochosias, zur Gemahlin habe.

Ismael   Wer wüsste das nicht?

Joada   Wir verdanken ihr unseren König.

Ismael   Wie das?

Joada   Attalie weihte sie in ihren Plan ein. Josabeth lief verzweifelt zum Palast. O schreckliches Schauspiel! Dort war die Tragödie schon geschehen. Josabeth fand ihre Neffen auf einem Haufen, mörderischen Waffen ausgeliefert und im Blute schwimmend. Bei diesem Anblick ergriff sie ein Schauder. Das Entsetzen ließ sie erstarren. Auf den Schreck folgt Mitleid. Sie zerfließt in Tränen und rauft sich die Haare. Sie schüttelt bald diesen, bald jenen der Unglücklichen und ruft sie beim Namen. Sie will sie in die Arme nehmen und ist unfähig zu entscheiden, wem von ihnen sie das letzte Lebewohl sagen soll. Endlich wirft sie sich über den kleinen Joas. Sein zartes Alter flößt ihr Mitleid ein. Oder hat nicht vielmehr Gott ihr Herz geleitet? Sie nimmt den Kleinen auf den Schoß, küsst und umarmt ihn und bemerkt, als sie ihn an sich drückt, noch ein schwaches Atmen. Sie legt ihm sogleich die Hand auf die Brust und fühlt, dass sein Herz noch schlägt. Josabeths Hoffnung kehrt wieder. Sie wickelt Joas in ein Tuch, nimmt ihn mit sich und bringt ihn mir, halbtot. Ich habe mich um ihn gekümmert. Ich habe ihn mit aller nur denkbaren Vorsicht in diesem Tempel versteckt. Er wohnt dort, ich habe ihn erzogen, er ist dort groß geworden. Er beschäftigt sich damit, die heiligen Lieder zu singen und er übt die Rituale der Mysterien ein.

27 verso
Ismael   Ich bin außer mir. Während ich die Vernichtung von Davids Geschlecht beweine, während es mir scheint, das Haus Davids sei von Gott verlassen, erobert es den Thron zurück.

Air

Wollte Gott, das Geschlecht Davids sei wie eine Pflanze, die tot scheint, weil sie gebrochen ist, die jedoch ihre Schönheit wiedererlangt, sobald sie zu keimen beginnt. Möge sie mit noch mehr Glanz und Pracht auferstehen.

Joada　　Schluss jetzt, lieber Ismael! Geh! Führe meine Befehle aus und bewahre unverbrüchlich das Geheimnis, das ich dir anvertraut habe.

Ismael　　Ah! Ich zittere vor Furcht, Attalie könnte etwas von der großen Truppe Leviten erfahren, die sich ganz gegen die gewöhnliche Übung auf dein Kommando hin versammeln.

Joada　　Ich habe eigens den Festtag für diese außergewöhnliche Versammlung ausgewählt, damit sie nicht auffällt. Sogar die von David in diesem Tempel geweihten Waffen werden unserem Plan dienen.

Ismael　　Das genügt mir. Wir werden stark genug sein, um der Usurpatorin und ihren Anhängern Widerstand zu leisten.

Joada　　Geh. Wir werden siegen. Gott ist auf unserer Seite.

Szene 2
Osée, Joada, Ismael

Osée　　Kommt herbei! O mein Vater…ich weiß nicht…

Joada　　Warum bist du so aufgeregt, mein Sohn? Was gibt es?

Osée　　Ich habe gesehen…zweifelt nicht daran…

Joada　　Nun?

Osée　　Asarie verteilt gerade Lanzen und Schilde an die Tempel-Leviten, die sich damit bewaffnen, wie es ihnen in den Sinn kommt. Noch nie wurden solche Gegenstände bei den Feierlichkeiten verwendet.

Joada　　Es genügt. Mein lieber Osée. Diese Waffen Euch nicht schaden.

Osée　　Ich begreife gar nichts. Aber ich zittere davor, dass dieser heilige Ort entweiht werden könnte.

Joada　　Dennoch schüchtert das Klirren der Waffen Euch so ein, dass Ihr Hiebe befürchtet.

Osée   Was kann ich fürchten? Gott hält seine Hand über mir. Ihr habt es mir gesagt.

Joada   Ich?

28 recto
Osée   Ja, Ihr habt mir die Geschichte von Moses erzählt, der als kleines Kind auf dem Wasser ausgesetzt wurde. Erinnert Ihr Euch noch an das, was Ihr mir unter Tränen sagtet? Dies, mein Sohn, ist das lebendige Abbild deiner eigenen Lage. Gott bewahrte Moses, und er hat dich beschützt. Moses, der vor seinen Verfolgern befreit wurde, das bist du. Sein Schicksal gleicht dem deinen aufs Haar.

Joada   Aber ich habe dir bis heute nicht gesagt…

Osée   Man kommt…

Joada   Was sehe ich! Großer Gott, die Mutter des Joas begegnet ihrem Sohn, ohne ihn zu erkennen.

Szene 3
Sebie, Osée, Joada

Sebie   Ah! Joada.

Joada   Ah! Sebie! Ihr seid hier, in Jerusalem! Was ist geschehen?

Sebie   Die grausame Attalie hat mich aus dem Exil zurückgeholt, wo ich gefangen gehalten wurde, seit sie mich des Thrones und meiner Kinder beraubte.

Joada   Warum?

Sebie   Ich weiß es nicht. Vielleicht macht die Falsche sich eine heimliche Freude daraus, noch einmal über meinen Schmerz zu triumphieren.

Osée   Warum, Herr, weint diese Unglückliche?

Joada   Ihr werdet es erfahren, mein Sohn. Genug jetzt!

Osée   O Gott! Der Schmerz durchdringt mein Herz.

Sebie   Ist dieses Kind Euer Sohn?

Joada   Nein! Er ist Waise. Ich habe ihn von klein auf zu mir genommen und erzogen.

Sebie Wie heißt er?

Joada Osée.

Sebie Sein Alter?

Joada Sieben Jahre.

Sebie Ach! So alt wäre auch mein lieber Joas jetzt, hätte die grausame Attalie ihn mir nicht geraubt. Wer sind seine Eltern?

Joada Ich kenne sie nicht! Aber warum nehmt Ihr Anteil an ihm?

Sebie Irgendetwas in seinem Gesicht entzückt mich.

Joada (beiseite)   O unerhörte Macht der Mutterliebe!

Sebie Wo ist deine Mutter, Osée?

Osée Ich habe sie nie gesehen.

28 verso
Sebie Du hast ein ähnliches Los wie ich. Unglückliches Kind! Du bist deiner Mutter beraubt, ich meiner Söhne.

Osée Trocknet Eure Tränen. Vielleicht wird der ewige Vater mir meine Mutter und Euch Eure Söhne wiedergeben.

Sebie Kommt, kommt in meine Arme. Das unschuldige Mitleid, das Ihr mir bezeugt, ist mir lieb.

Joada (beiseite)   Mutter und Sohn umarmen sich, sie folgen der Stimme des Blutes, ohne es zu wissen. Wie rührt mich diese Begegnung! O Himmel! Wisst endlich …. Aber nein! Die übergroße Mutterliebe könnte uns verraten… *(laut)* Osée! Geh und warte auf mich in der nächsten Säulenhalle.

Osée Wenn Ihr mich liebt, mein Vater, lasst sie hier bei uns bleiben.

Joada Geh! Du wirst bald zurückkommen.

Osée Ich gehorche. Aber ihre Tränen fließen immer noch. Habt die Güte, sie zu trösten.

Sebie Es bereitet ihm Kummer, mich zu verlassen. Er geht weg, bleibt stehen, versinkt in Gedanken… Mein lieber Osée, was sind das für Blicke, die Ihr mir zuwerft? Was macht Euch so nachdenklich?

Osée
Air
Dein Schmerz erinnert mich daran, dass ich eine Mutter hatte, die wie du meinen Verlust beweinte. Ihr Schicksal ist mir unbekannt. Gott allein kennt es. Ich fordere sie von ihm zurück. Wenn es sein Wille ist, gibt er sie mir heute wieder.

Szene 4
Sebie, Joada

Sebie   Der Geist dieses Kindes übersteigt sein Alter. Ein solches Wunder verdient all Eure Zärtlichkeit.

Joada   Ihr vergesst, Sebie, dass Attalie Euch erwartet. Geht jetzt. Wenn wir uns länger unterhalten, könnte sie etwas ahnen. Ihr müsst wissen, dass der Argwohn ein stetiger Begleiter der Tyrannen ist.

Sebie   Ach! Du zwingst mich, neue Schmerzen zu empfinden.

Joada   Wer weiß, meine Tochter, wer weiß! Vielleicht hat Euer Leid bald ein Ende. Verliert den Mut nicht. Vertraut auf Gott. Mein Herz sagt mir, dass Euer Herz heute noch Freude empfinden wird.

Sebie   Ach! Ihr wisst nicht, mein Vater, welche Qual mir bevorsteht. Als Sklavin kehre ich an den Ort zurück, wo ich Königin und Gattin war. Das wird mir mein Unglück noch lebhafter ins Gedächtnis rufen. Ich werde stets daran denken müssen, was ich gewesen bin und was ich jetzt bin, und ich werde dort dem Thron meiner Verfolger dienen.

Air
Mein Herz, o Gott, wird vor Mitleid und Schrecken erzittern, wenn es den Thron meines Geschlechtes sehen wird. Ich werde an meine geliebten Söhne denken, die ihres Lebens beraubt und grausam im Stich gelassen wurden. Und zugleich wird die Verworfene meine Tränen verhöhnen.

Szene 5
Joada

Joada   Dein Schmerz, unglückliche Mutter, ist ein neuer Ansporn für meinen Eifer. Der Augenblick ist gekommen, da der glückliche Spross von Jesses Stamm (*29 recto*) wieder auf den Thron kommen muss. Der Plan ist zur Reife gelangt. Ich fühle das an den ungeduldigen, unbekannten und heftigen Regungen meines Herzens, und ich erkenne an der erhabenen Tugend, die sich in mir entzündet, die Hand, die mich leitet.

Air
Mein Herz belebt sich mit neuem Mut. Ich fühle, dass Gott ihn mir eingibt. Ihr, die ihr auf meinen Untergang sinnt, zittert! Gott lenkt mich, Gott wird mich triumphieren lassen.

Szene 6
Attalie, Mathan

Mathan O Himmel! Attalie ist hier. Ah! Hütet Euch, die Schwelle dieses heidnischen Tempels zu überschreiten. Wisst Ihr nicht, dass hier immer noch der Gott Abrahams verehrt wird?

Attalie So viele Anstalten sind ungewöhnlich. Freund, ich muss hier Joada treffen, um den Betrug vorzubereiten, den ich mir ausgedacht habe.

Mathan Zu vielen Gefahren wäre Euer Leben unter so zahlreichen Feinden ausgesetzt. Kehrt in den Tempel zurück, ich werde mich zu Joada begeben.

Attalie Voran! Unterstütze meinen Betrug. Sag ihm, dass Israels König meine Enkel töten ließ und dass ich mich nur so stellte, als teilte ich seine Raserei, dass ich im Gegenteil einen dieser Unglücklichen gerettet habe. Übertreibe meinen Eifer. Verbirg den Betrug unter der Maske der Tugend. Heute müssen wir diesen erfundenen Thronfolger in seine Rechte einsetzen.

Mathan Heute? Warum diese Eile?

Attalie Diese ungewöhnliche Versammlung im Tempel weckt tausendfachen Argwohn in meinem Herzen. Bei anderen Festen war das noch nie so. Zu viele Feinde, die sich zusammenrotten, jagen mir Schrecken ein. Schon lange lese ich in ihren Gesichtern eine gewisse Verlegenheit, eine beklommene Ehrfurcht und eine erzwungene Ruhe, die mich erschrecken. Nehmt noch die Vorhersagen ihres Propheten dazu, die im Volk verbreitet wurden, um es zu missbrauchen, indem man die Hoffnung auf einen Befreier vom Stamm Davids weckte.

Mathan Törichte Hoffnung, die Ihr zerstören werdet.

Attalie Ich fürchte sie nicht. Ich fürchte einen Verrat, wenn jemand die von mir erdachte List gebraucht und einen falschen König ausruft. Was wird dann aus mir? Jedermann wird diesem vermeintlichen König Glauben schenken, und selbst wenn man erkennen würde, dass er falsch ist, würde man ihn für rechtmäßig erklären, um mich zu verderben. Ah! Lass uns einem so grausamen Schlag zuvorkommen. Wenden wir die Leichtgläubigkeit des Volkes zu unserem Vorteil! Kommen wir seinen Machenschaften zuvor und heben wir einen falschen König auf den Thron.

Bleiben wir die Herren über sein Schicksal, mag er leben, solange er uns nützlich ist. Dadurch werden wir die Glaubhaftigkeit ihrer Propheten zerstören. Wir werden den Hass der Menge entwaffnen, wir werden die wahren Freunde von den falschen scheiden und ich werde mir den Thron sichern.

Mathan   O großartige Frau, zum Herrschen geboren!

Attalie   Genug jetzt! Sebie nähert sich. Ich brauche sie für meine Pläne. Geh! Ich erwarte dich im Tempel des Baal.

Mathan   Ich gehorche; achtet vor allem darauf, Euren Hass zu verbergen.

Szene 7
Attalie, Sebie

Sebie (beiseite)   Steh mir bei, großer Gott, wenn ich dieser Unmenschlichen begegne.

Attalie   Endlich, meine Tochter, kann ich Euch umarmen. *(Sebie weicht zurück.)* …Warum weicht Ihr zurück? Was fürchtet Ihr? Ah! Lasst…

Sebie   Königin, beleidigt mein Unglück nicht. Du hast meine Kinder erdolcht. Tritt die Mutter nicht mit Füßen.

Attalie   Was, du hängst noch immer dem Irrglauben an, den auch das Volk hegt?

Sebie   Kann ich meine Augen Lügen strafen, da sie doch die traurigen Zeugen des Geschehens waren? Ich kam zu diesem gräßlichen Gemetzel dazu. Ach! Meine Söhne lebten nicht mehr. Man konnte mich nur mit Gewalt von ihnen losreißen.

Attalie   Ich habe ihren Tod nicht auf dem Gewissen. Diese Unschuldigen kamen aus meinem Geschlecht. Der Himmel ist Zeuge, dass ich ihretwegen viele Tränen vergossen habe.

Sebie   Wer hat dann all das getan?

Attalie   Der König Israels! Dieser Barbar raubte ihnen das Leben und stellte mich als die Urheberin seines schrecklichen Verbrechens hin. Ich konnte nichts anderes tun, als dies alles zu ertragen und zu schweigen. Aber das Ende Eurer Leiden ist nah. Jerusalem wird Euch heute als seine Königin verehren und Ihr werdet die Mutter eines Königs sein.

Sebie   Ach! Einer meiner Söhne könnte auferstehen…

Attalie Wir werden vorgeben, einen von ihnen gerettet zu haben. Wird man daran zweifeln können, wenn du es glaubst?

Sebie (leise) Was muss ich hören!
30 recto
Attalie Ich habe genug für die anderen gelebt. Jetzt möchte ich den Rest meiner Tage genießen. Zu alt schon und voller Überdruss, fühle ich mich zu schwach, um das Gewicht der Krone noch zu tragen. Ich übergebe dir, meine Tochter, die Sorge um König und Königreich. Ich strebe nach nichts anderem als nach einer Ruhe, die ich auf dem Thron nicht finden kann.

Sebie *(leise)* Grausamer Schrecken! *(laut)* Aber könnt Ihr tatsächlich glauben, Euer Verbrechen entginge der Aufmerksamkeit so vieler Menschen und vor allem des unbestechlichen Joada?

Attalie Ich habe ihn eingeweiht, er wird uns ergeben sein.

Sebie Auch Joada!

Attalie Ja, ich habe an alles gedacht. Geh zum Palast. In kurzem werde ich dich dort in alles einweihen. Vergiss nichts von dem, was man dir dort noch raten wird. Verlass dich auf mich.
Air
Trockne deine Tränen, hör auf zu weinen, es ist Zeit zur Freude. Du hast genug Tränen vergossen. Geh! Sei künftig gerechter und erkenne, wie sehr mein Herz dich liebt und was es für dich fühlt.

Szene 8
Sebie

Sebie Welch falsche Zärtlichkeit, welch betrügerisches Angebot, welch verbrecherischer Plan! O Himmel! Das Zepter in unbekannte Hände geben, die göttlichen Weissagungen missachten, ja sie missbrauchen für verrufene Pläne! Mich zur Helferin solcher Ungeheuerlichkeiten zu machen…Und selbst Joada…Ah! Das kann nicht sein. Diesen treuen Hirten kenne ich zu gut. Trotzdem! Wenn diese Verworfene ihn verführt hätte… Aber er sagte mir, noch heute würde ich glücklich sein… Ja, ich gehe zu Joada, ehe ich mich in den Palast begebe. Großer Gott! Lass nicht zu, dass dein heiliger Name so missachtet wird, dass das Laster triumphiert und die Tugend seufzt. Zeig dich und deine Macht und scheide endlich die Gerechten von den Gottlosen.
Air
Wappne dich im Zorn. Verwirre dieses verbrecherische Herz. Räche für den Himmel die unterdrückte Tugend. Zünde deine Blitze an, rächender Gott, und schleudere sie gegen die, die deine Liebe und dein Erbarmen missachten.

Chor

Verteidigt uns, Herr, gegen die Nachstellungen der verbrecherischen Zungen, die uns töten, während sie uns schmeicheln. Bewahre uns vor verborgenem Verrat (*unleserlich*). Die Furien, Herr, du weißt es, verbreiten ihre Bosheit über die ganze Erde.

– Ende des ersten Aktes –

Akt II
Szene 1
Attalie, Mathan

Attalie Aus Ungeduld bin ich dir entgegengegangen. Ah! Mathan, wie spät du kommst! Aber woher rührt die Wut, die dich so zu erregen scheint?

Mathan Hier hast du sie, die Früchte deiner Nachgiebigkeit! Geh! Schone weiter gegen meinen Rat den Gott Abrahams und seine gottlosen Anhänger. Sie werden dich eines Tages deine Barmherzigkeit bereuen lassen.
30 verso
Attalie Was ist geschehen? Sprich! Warst du im Tempel?

Mathan Ja, ich war dort. Die Pforten waren verschlossen. Ich rief und schlug vergeblich dagegen, um mir Einlass zu verschaffen. Die Wachen im Inneren waren taub für meine dringenden Bitten. Ich ließ nicht locker, ich nenne meinen Namen, ich tue ihnen kund, dass ich von Euch geschickt bin, um ein Geheimnis aufzudecken, das Folgen für Joada habe. Alles ist vergeblich. Ich werde nicht vorgelassen. Bebend vor Zorn und Entrüstung wandte ich mich zum Gehen, als sich die Pforten unerwartet und mit großem Lärm öffneten. Ich wende mich um und erblicke Joada auf der Schwelle des Tempels, bewaffnet und in Purpur gewandet.

Attalie Wie? Was für Waffen?

Mathan Wer weiß, welchen Verrat er vorhat. Aber hört weiter: Was willst du, fragt mich dieser Hochmütige. Ich ersticke meinen Zorn und ziehe Joada beiseite. Ich lege ihm freundlich unseren Plan dar. Er hört mir zu, ohne sein Schweigen zu brechen. Dann lässt er mit einem bösen und verächtlichen Lächeln in meiner Gegenwart die Pforten des Tempels wieder schließen. Und ohne mir die geringste Ehre zu erweisen, lässt er mich allein zurück, als sei ich der niedrigste seiner Diener und ohne jedes Ansehen.

Attalie Ah! Mathan, man verschwört sich gegen mich. Eilen wir, unseren Plan auszuführen. Schon die Zeugenschaft von Sebie wird unseren Betrug unterstützen.

Mathan Und du vertraust also Sebie. Wisse, dass sie schon im Tempel ist.

Attalie Die Hinterlistige!

Mathan   Wenn sie uns auch treu diente, was könnten wir uns davon erhoffen? Die Falle ist zu tief. Hier müssen wir mit Feuer und Schwert kämpfen. Sammle deine Leute. Unterdrückt die Bösen. Keine Gnade mehr! Zerstört, schlagt nieder, macht zu Asche und tötet diese Gottlosen und Untreuen. Ich werde für den Sieg deines Zornes am Altar des Balaam beten.

Air
Verbrennt diese Gottlosen in ihrem Tempel. Färbt Täler und Hügel rot mit ihrem Blute. Schont keinen aus dieser gottlosen Truppe (*unleserlich*).

Szene 2
Attalie

Attalie   O Himmel! Wie unglücklich ich doch bin! Mutlos sehe ich meinem Untergang entgegen, ohne ihn abwenden zu können. Mein Kummer gleicht dem eines Kranken. Ein Traum zeigt ihm eine gewaltige Gefahr und er fühlt sich zu schwach, um vor ihr zu fliehen. Werde wieder du selbst, Attalie, entschließe dich endlich, überwinde diese unwürdige Tatenlosigkeit. O Götter! Ich kann nicht. Der Hauch eines Zephirs, sogar ein Schatten erschreckt mich. Ein dichter Nebel umwölkt meine Sinne. Die Kälte des Todes ergreift mich, mein Herz zittert und bebt. Ach, ich weiß nicht, wie sich so große Wut und Furcht in einer Person vereinen können.

Szene 3
Joas, Joada

31 recto
Joada   Kommt, Joas, kommt, mein König.

Joas   Wenn Ihr mich liebt, mein Vater, nennt mich Euren Sohn. Was nützt es mir, König zu sein, wenn ich den Namen eines Sohnes verliere.

Joada   Ja, lieber Zögling, um den ich mich gekümmert und den ich mit meiner Zärtlichkeit bedacht habe. Ich werde dich so nennen, wie es dir gefällt.

Joas   Aber, mein Herr, Ihr vergießt ja Tränen. Euer Weinen macht mich zittern.

Joada   Tränen, mein Sohn, sind nicht immer Zeichen des Schmerzes.

Joas   Was wird meine Mutter sagen, wenn sie mich in diesen Gewändern sieht?

Joada   Ihre Freude wird vollkommen sein, wenn sie unter dem Kleid das Herz eines Königs findet.

Joas   Ich bin König und ich werde mich dessen würdig erweisen. Sind die Herzen der Herrscher nicht in Gottes Hand?

Joada   Ja, Joas, das habe ich dir gesagt. Ich bin entzückt, dass du dich daran erinnerst. Ich habe sorgfältig nach Gelegenheiten gesucht, um dich mit den Pflichten eines Königs vertraut zu machen. Jetzt ist der Augenblick da, dass ich dir meine Lektionen wiederhole. Gott, mein Sohn, schenkt dir heute eine Krone, aber vergiss nicht, dass du ihm eines Tages wirst Rechenschaft ablegen müssen. Zittere vor dem furchtbaren Urteil, dem du dich stellen musst. Möge dir das stets vor Augen stehen. Beginne selbst zu herrschen. Mögen deine Leidenschaften deine ersten Untertanen sein und möge dein Volk sie zum Vorbild seiner Untertanenschaft nehmen. Bring deine Werke mit deiner Pflicht in Einklang und nicht mit deiner Machtfülle. Ziehe das Glück des Volkes deinem eigenen vor. Dann wird es dich wie einen Vater lieben und nicht wie einen Tyrannen fürchten. Liebe lässt sich nicht erzwingen. Die Furcht ist eine unsichere Wache für einen Herrscher. Strafe nur mit Überlegung. Triff deine Entschlüsse bedächtig, aber führe sorgfältig aus, was du beschlossen hast. Misstraue Schmeichlern. Mögen all deine Unternehmungen von Klugheit geleitet und von Tapferkeit begleitet sein. Die Gerechtigkeit stehe vor deinen Augen und Gott wohne in deinem Herzen.

Air
Bemühe dich, alles Menschenmögliche zu tun. Vertrau auf deinen ewigen Lenker. Er hat dich zu seinem Vertreter auf Erden erwählt. Gott wird dir die Kraft geben, die Bürde der Herrschaft zu tragen.

Joas   Ja, mein Vater, ich verspreche Euch, dies alles zu tun und niemals Gottes heilige Gebote zu vergessen.

Joada   Endlich ist es an der Zeit, den Schleier zu lüften, der Euch vor den Leviten verbirgt, doch ehe Ihr den Thron besteigt, werft Euch nieder vor dem König der Könige. Betet ihn an und erfleht seine Hilfe.

Joas   O Gott, der mich dem Verderben entreißen wird und der in mein Herz eingegraben ist, mach mich deiner Wohltaten würdig. Dein heiliger Wille leite meine Taten, meine Gedanken und meine Worte.

31 verso
Air
Beende meine Tage, wenn ich dich verlassen muss. Ich sterbe lieber, als dass ich dich beleidige. Erfülle mich mit deinem Geist, auf dass die Gottesfurcht mir Weisheit eingebe und das Feuer deiner Liebe in meinem Herzen brenne.

Szene 4
Ismael und die vorigen

Joada   Was sagst du da, Ismael!

Ismael Joada, o Gott! Welches Unglück bedroht dich! Attalie ist teilweise oder ganz in deine Pläne eingeweiht. Sie zieht bewaffnete Truppen zusammen, die im Begriff stehen, den Tempel anzugreifen.

Joas Ach! Wer wird uns verteidigen?

Joada Der uns bis heute stets verteidigt hat. Der den Lauf der Sonne anhielt, damit sie seine Rache sehe. Der Jericho auslöschte. Und schließlich: der das Meer teilte.

Ismael Komm! Stärke mit deinem Glauben den schwankenden Mut der furchtsamen Leviten.

Joada Gehen wir.

Joas Und ich, Herr, soll alleine bleiben! Ihr verlasst mich?

Joada Nein! Fasse wieder Mut. In kurzem werde ich zurück sein. Hier ist deine Mutter. Geh! Wirf dich ihr in die Arme. Sebie, hier ist dein Sohn und König.

Szene 5
Sebie, Joas

Sebie (beiseite) Himmel! Es ist also wahr. Ich bebe vor Schrecken. Die Verbrecherin hat sogar Joada verführt. Da kommt das Kind, das von Attalie ausersehen wurde, sich des Throns zu bemächtigen.

Joas Ah, meine liebe Mutter!

Sebie Von welcher Mutter sprichst du? Hör auf damit. Hüte dich, mir näherzukommen.

Joas Was, Ihr wisst nicht...

Sebie Ich weiß nur allzu gut Bescheid.

Joas Ich bin trotzdem...

Sebie ...was ich verachte.

Joas Welche Sünde habe ich begangen, dass ich so viel Entrüstung verdiene? Ihr habt mich umarmt, Ihr habt mein Los beweint, ehe Ihr mich erkanntet. Warum stoßt Ihr mich jetzt zurück, da Ihr wisst, dass ich Euer Sohn bin?

Sebie   Du mein Sohn? Maße dir diesen Namen nicht an und streif dieses Gewand ab.

Joas   Ich bin gar nicht dein Sohn? Ewiger Gott, wer bin ich dann?

Sebie   Das unglückliche Werkzeug eines schrecklichen Verrats.

Joas   Ah! Das kann nicht sein. Ich bin Euer Joas.

Sebie   Von wem hast du das erfahren? Wer hat dich so kühn gemacht, das zu behaupten?

32 recto
Joas   Joada

Sebie   Er hat dich verraten.

Joas   Was, Joada soll mich verraten haben? Ah, meine Mutter, könnt Ihr das glauben? Joada mich verraten… Nein! Ihr kennt ihn nicht. Könnte mein Vater mich täuschen und einen so verbrecherischen Gedanken im Allerheiligsten, vor Gottes Angesicht nähren?

Sebie   Gott fängt die Bösen in ihrem eigenen Netz. Der Ruchlose schmeichelte sich damit, dass ich seinen Betrug unterstützen würde. Das wird mir helfen, alles aufzudecken. Ich laufe, um den Betrug öffentlich zu machen, ehe man ihn unter der Hand verbreitet.

Joas (kniet nieder)   Ah, meine Mutter, wohin geht Ihr? Bleibt stehen, hört mir zu.

Sebie   Was tust du? *(leise)* Ach, ich bin gerührt. *(laut)* Halt mich nicht mehr auf, Verwegener.

Joas   Nennt mich Euren Sohn, und ich lasse Euch gehen.

Sebie (leise)   Ah, welche Tugend verbirgt sich hinter dieser gemeinen Sprache. Welcher Aufruhr von Leidenschaften bewegt mich! Welche Zärtlichkeit entzündet sich in meinem Herzen! Mein Blut gerät in Wallung. Kaum kann ich meine Gefühle zurückhalten.

Joas   Ihr wendet den Blick ab.

Sebie   Geht! *(leise)* O Gott! *(laut)* Geht!

Joas   Warum sollte ich Euch unterbrechen? Fahrt fort.

Sebie   Ach! Wider Willen nenne ich ihn meinen Sohn.

<u>Air</u>
Was bedeutet dieser Zorn, der in einem Augenblick aufflammt und erlischt? Was will mein Herz mir mit seiner Aufgeregtheit sagen? Ich will mich ärgern – und weine. Meine Zunge weigert sich, ihn zu schmähen und meine Entrüstung auszudrücken.

Szene 6
Joada, Sebie, Joas

Joada Hier bin ich. Alles ist in die Wege geleitet.

Joas Ah, mein Vater, kommt mir zu Hilfe.

Joada Was gibt es?

Sebie Joada, du wagst es, hier mit heiterer Miene zu erscheinen, ohne Furcht, die Erde könnte dich verschlingen?

Joas Ah, meine Mutter, beherrscht Eure Rede!

Sebie Flieh! Geh! Verbirg deine Schande vor den Augen der Menschen, da du sie vor Gottes Angesicht nicht verstecken kannst.

Joada Ich, gnädige Frau? Warum?

Sebie Warum hältst du mich zum Narren? Diener Gottes, Oberhirte und Vater der Gläubigen, du willst uns auf diese Weise missbrauchen. Du planst, einen falschen König auf den Thron zu bringen. Du unterstützt den Betrug einer hinterlistigen Usurpatorin. O unglückliches Jahrhundert! Wem kann man noch vertrauen, wenn selbst die Diener Gottes unter dem Mantel der Tugend das Verbrechen verbergen.

32 verso
Joada Ich begreife deinen Irrtum. Du glaubst, dieser hier sei der falsche Joas, den Attalie auf den Thron bringen will. Der unwürdige Mathan hat vergeblich versucht, mich zu verführen. Dies hier ist der wahre Joas, den die göttliche Vorsehung bewahrt hat, damit er König werde.

Joas Glaubt ihm, Mutter, ich bin Euer Sohn.

Sebie Wie das?

Joada (zu Sebie) Du wirst alles erfahren. Hier ist Josabeth, seine Amme. *(zu Joas)* Mein König, besteige den Thron, damit er die Stütze unseres heiligen Gesetzes sei. Und ihr, geweihte Diener, lüftet diesen Schleier.

Sebie   Himmel, vernichte meine Zweifel.

Szene 7
die vorigen; Truppen der Leviten

Joada   Heilige Krieger, die ihr von Gott erwählt seid, ihn zu verehren, hier ist ein Nachkomme unserer Könige, der für euch gerettet wurde vor dem unversöhnlichen Hass dieser bösen Attalie und ihrer Komplizen. Hier ist die Frau, die ihn aus dem Massaker errettete, als er fast schon sein Leben aushauchte, und die ihm die Mutter ersetzte. Betrachtet diese majestätische Stirn, beachtet diese Narbe auf der Brust, die er von einer grausamen Verletzung zurückbehalten hat. Betrachtet das rote Mal auf seinem Arm, das er schon von Geburt an trägt.

Sebie   O mein Sohn! O mein Blut! Es ist also wahr.

Joada   Ich habe meine Pflicht erfüllt. Ich habe ihn umhegt mit Sorgfalt und List. Ich habe ihm beim Allerheiligsten die Zeichen seines Königtums angelegt. Ich habe ihn mit geweihtem Öl gesalbt. Jetzt müsst ihr diesen kostbaren Schatz, den ich euch anvertraue, verteidigen.

Chor der Leviten
Vivat! Herrscht, erhabener und glücklicher Nachkomme von Jesses Stamm, unsere Hoffnung und unser König.

Joada   Herr, gelobt, dass Ihr von nun an die Heiligen Gebote verteidigen und ihre Missachtung rächen werdet.

Joas   Ja, Joada, ich gelobe es Gott, der mich hört.

Joada   Streckt euch vor ihm nieder, Freunde, und gelobt ihm Ehrerbietung, Liebe, Gehorsam und Treue.

Chor
Ja, wir geloben. O Gott, raube uns das Tageslicht, wenn wir jemals gegen dich fehlen.
Vivat! Herrscht etc.

Joada   Aber woher kommt dieser Aufruhr?

Sebie   Man erbricht die Pforten. Das ist Attalie. Betrachtet ihre Verwirrung und ihren wahnsinnigen Blick.

Joas   Ah! Rettet mich, meine Mutter!

Sebie   Ah! Rettet mich, mein Sohn!

Szene 9
Attalie, die vorigen

Attalie   Treulose! Verräter!
33 recto
Joada   Halt ein, gottlose Tochter des Achab. Jetzt droht der Ewige zum letzten
Mal. Höre und erschaudere. Gott ist müde geworden, dich zu stützen. Der schreckliche Tag seines Zornes ist da. Seine mächtige Hand hat sich auf dich gelegt. Die
Pforten der Hölle stehen offen. Die Rache Gottes schlägt dich jetzt. Flieh, Gottlose, verlasse diese heilige Stätte. Das Bild deines schrecklichen Schicksals würde sie
sonst mit Schrecken erfüllen.

Attalie   Ach! Welche unbekannte Macht erhebt ihre Stimme! Ich zittere, mein
Herz zittert...Fliehen...aber wohin? Was hat sie dir gesagt? O Gott, was habe ich
gehört? Welches Ereignis...wo bin ich?
Air
Der Himmel verdunkelt sich. Der Lärm und die Donnerschläge lassen die untreue
Erde erzittern. Welch tiefe Nacht erfüllt mich mit Schrecken. O Himmel! Welch
schreckliche Gespenster; aber wie! Mein Geist verwirrt sich und meine Seele ist
erschüttert.

Joada   Entfernt diese Unglückliche. *(Man bringt Attalie weg.)*

Joas   Ah! Seht, Joada, wie sie voller Angst flieht.

Joada   Das ist das Ende der Bösen. Gott bedient sich ihrer, um die Treuen auf
die Probe zu stellen. Voller Erbarmen erträgt er das Glück der Ungerechten eine
Weile, um ihnen Gelegenheit zu geben, dass sie sich bessern. Aber sein Zorn richtet sich mit um so größerer Heftigkeit gegen die Gottlosen, wenn ihre Zeit vorbei
ist. Nehmt euch ein Beispiel an Attalies Unglück.

Szene 10
Ismael und die vorigen

Ismael   Kaum war Attalie außerhalb des Tempels, als der Arm eines Getreuen
ihr die Brust durchbohrte. Sie fällt. Jerusalem freut sich. Baal ist vernichtet. Mathan, Mathan selbst, besiegt von deinen Truppen, gibt den Geist auf und opfert seine unreine Seele in den Mauern, die den Götzendienst beherbergen, auf dem Altar
seines Gottes.

Joada   Es ist vollendet, Davids Stamm ist auf den Thron zurückgekehrt. Herr,
tu mir nach einem so schönen Augenblick deinen Willen kund, auf dass ich in Frieden die Augen schließe.

Chor

Die Hoffnung der Bösen vergeht in einem Augenblick, sie ist wie der Schaum des Meeres und wie der Hauch des Windes. Die Hoffnung der Gerechten aber endet nie, denn Gott ist das Ziel ihres Sehnens.

–Ende –

Diplom anlässlich der Aufnahme Wilhelmines in die Accademia dell'Arcadia:

vgl. Abb. 3

Chronik

1709
Am 3. Juli kommt in Berlin Wilhelmine Friederike Sophie als zweites Kind des preußischen Kronprinzen Friedrich Wilhelm und Sophie Dorotheas zur Welt. Das erste Kind, ein Knabe mit dem Namen Friedrich Ludwig, war 1707 geboren worden und im Alter von wenigen Monaten Anfang 1708 gestorben.

1711
Am 10. Mai wird in Weferlingen bei Halberstadt Friedrich, der spätere Markgraf von Bayreuth, geboren.

1712
Am 24. Januar wird in Berlin Wilhelmines Bruder Friedrich geboren.
Wilhelmine bekommt eine italienische Erzieherin namens Leti.

1713
Friedrich I., König in Preußen, stirbt. Sein Sohn tritt als Friedrich Wilhelm I. die Nachfolge an.

1717
Maturin Veyssière de La Croze wird Wilhelmines Lehrer. Er unterrichtet sie (vermutlich) bis 1723.

1722
Georg Friedrich Carl, der Vater von Wilhelmines späterem Ehemann, erreicht durch einen Vertrag mit Preußen, dass Bayreuth künftig an seine Familie und nicht an Preußen fällt.

1724
Wilhelmine wird konfirmiert.

1726
In Bayreuth stirbt Markgraf Georg Wilhelm. Georg Friedrich Carl tritt die Nachfolge an.

1727
Georg I., König von England und Kurfürst von Hannover, stirbt. Georg II. folgt ihm nach. Sein Sohn Friedrich Ludwig, der Prince of Wales, soll nach dem Willen der Königin Sophie Dorothea Wilhelmine heiraten. Das Projekt scheitert endgültig im Jahre 1731.

1730
Kronprinz Friedrich unternimmt einen Fluchtversuch. Friedrich Wilhelm I. lässt Hans Hermann von Katte, den Freund und Mitwisser des Kronprinzen, vor dessen Augen hinrichten. Friedrich wird in Küstrin in Festungshaft genommen.

1731
Am 3. Juni verlobt Wilhelmine sich unter dem Druck des Königs mit Erbprinz Friedrich von Bayreuth.
Die Hochzeit findet am 20. November in Berlin statt.

1732
Am 22. Januar trifft das Erbprinzenpaar in Bayreuth ein.
Im Sommer besucht der preußische König Wilhelmine in Bayreuth.
Am 30. August wird Elisabeth Friederike Sophie geboren, Tochter Wilhelmines und Friedrichs.

1733
Kronprinz Friedrich von Preußen heiratet Elisabeth Christine von Braunschweig-Bevern.

1734
Wilhelmine nimmt Kompositionsunterricht bei Johann Pfeiffer. Wahrscheinlich entsteht in diesem Jahr ihr Cembalokonzert.
Kronprinz Friedrich besucht den Bayreuther Hof im Oktober.
Franz Benda kommt nach Bayreuth.

1735
Wilhelmines Schwiegervater, Markgraf Georg Friedrich Carl, stirbt am 17. Mai.
Am 3. Juli schenkt Wilhelmines Gemahl ihr zum Geburtstag die Eremitage.
Johann Joachim Quantz hält sich in Bayreuth auf.
Wilhelmine nimmt Geigenunterricht.

1736
Beginn der Umbauarbeiten in der Eremitage
Wilhelmine treibt Generalbass-Studien.

1737
Wilhelmine reist für mehrere Monate zur Kur nach Bad Ems.
Gegen Ende des Jahres lässt Wilhelmine sich die Leitung der Hofoper übertragen.
Der Komponist Giuseppe Antonio Paganelli wird engagiert, verlässt den Bayreuther Hof jedoch schon 1738.

1738
Daniel de Superville kommt an den Bayreuther Hof. Er wirkt dort bis 1748 nicht nur als Leibarzt Wilhelmines, sondern auch als enger Vertrauter der Markgräfin. Italienische Musiker werden in Bayreuth engagiert, darunter der Kastrat Giacomo Zaghini.

1740
Wilhelmine komponiert die nach ihrem Entwurf entstandene Oper *Argenore*. Eine Aufführung ist nicht bezeugt.
Am 31. Mai stirbt König Friedrich Wilhelm I. in Berlin. Kronprinz Friedrich wird als Friedrich II. sein Nachfolger.
Im August besucht der König Wilhelmine für drei Tage in der Eremitage bei Bayreuth.
Beginn des Ersten Schlesischen Krieges
Wilhelmine und Friedrich von Bayreuth besuchen den preußischen König vom 29. Oktober bis zum 2. Dezember in Berlin und Rheinsberg.

1741
Markgraf Friedrich gründet in Bayreuth zwei Freimaurer-Logen.
Österreichischer Erbfolgekrieg (bis 1748)

1742
Markgraf Friedrich wird Generalfeldmarschall des Fränkischen Kreises.

1743
Joseph Saint-Pierre wird Hofbaudirektor in Bayreuth.
Friedrich II. besucht gemeinsam mit Voltaire und dem Grafen Algarotti vom 13. bis 22. September Bayreuth.
Die Universität Erlangen wird gegründet.

1744
Verlobung der Tochter Elisabeth Friederike Sophie mit Herzog Karl II. Eugen von Württemberg
In Sanspareil wird mit der Anlage um die Burg Zwernitz begonnen.
Wilhelmine von Marwitz, Hofdame Wilhelmines, heiratet den österreichischen Grafen Burghauß. Es kommt zum Konflikt mit dem Bruder in Berlin.

1746
Johann Adolf Hasse hält sich in Bayreuth auf.
In Sanspareil wird mit dem Bau des Ruinentheaters begonnen.
Wilhelmine beruft Carlo Galli Bibiena als Bühnenbildner an den Bayreuther Hof.
Wilhelmines Oberhofmeisterin Dorothea von Wittenhorst-Sonsfeld stirbt.

1747
Wilhelmine macht eine Kur in Karlsbad. Bei einem Besuch in Potsdam und Berlin söhnt sie sich mit Friedrich II. aus.

Eine französische Theatertruppe wird an den Bayreuther Hof engagiert. Die Schauspieler bleiben bis 1758 in der Residenz.
Im Herbst findet das Richtfest für das neue Opernhaus statt.

1748
Im April verlässt Daniel de Superville den Bayreuther Hof.
Am 26. September heiratet Elisabeth Friederike Sophie ihren Verlobten. Zu diesem Anlass wird das Opernhaus mit Johann Adolf Hasses Opern *Ezio* und *Artaserse* eingeweiht.

1750
Wilhelmine wird Großmutter: Ihre Tochter bringt die Prinzessin Friederike Wilhelmine von Württemberg zur Welt. Das Kind stirbt im Kleinkindalter.
Von August bis Dezember besucht Wilhelmine Potsdam und Berlin. Dort begegnet sie Voltaire, Algarotti und anderen Gelehrten.
Ende des Jahres wird das Bayreuther Opernhaus endgültig fertig.

1751
Wilhelmine arbeitet am Textbuch der Festa teatrale *Deucalion et Pyrrha*.

1752
Aufführung von *Deucalion et Pyrrha* am 10. Mai
Wilhelmine gelingt es mit Voltaires Vermittlung, den Marquis d'Adhémar an ihren Hof zu holen.

1753
Am 26. Januar brennt das Alte Schloss in Bayreuth so weit ab, dass Wilhelmine und der Markgraf, trotz der Bedenken des Königs wegen der hohen Kosten, beschließen, ein neues Schloss zu bauen. Sie beginnen damit sofort. Architekt ist zunächst Joseph Saint-Pierre.
Die Arbeiten am Neuen Schloss der Eremitage werden abgeschlossen.
Am 10. Mai wird das Dramma per musica *Semiramide* auf einen Text Wilhelmines aufgeführt.
Im Oktober/November reist Wilhelmine nach Berlin. Es ist ihr letzter Besuch dort.

1754
Anlässlich des Besuches von König Friedrich II. wird am 19. Juni in Bayreuth die Oper *L'Uomo* aufgeführt (Musik: Andrea Bernasconi, Entwurf des Textes: Wilhelmine von Bayreuth).
Wilhelmines Tochter kehrt an den Bayreuther Hof zurück, nachdem ihre Ehe gescheitert ist.
Am 18. Oktober brechen Wilhelmine und Markgraf Friedrich nach Frankreich und Italien auf.

1755
Am 9. August kehren Wilhelmine und Friedrich nach Bayreuth zurück.

1756
In Bayreuth wird die Akademie der freien Künste und Wissenschaften gegründet.
Am 10. Mai wird das Dramma per musica *Amaltea*, ein Pasticcio auf einen Text von Wilhelmine, in Bayreuth aufgeführt.
Friedrich II. marschiert in Sachsen ein. Der Siebenjährige Krieg beginnt.

1757
Wilhelmine bemüht sich vergeblich darum, im Krieg zu vermitteln.
Königinmutter Sophie Dorothea stirbt 70jährig in Berlin.

1758
Am 14. Oktober stirbt Wilhelmine von Bayreuth.

Werkverzeichnis[3]

Kompositionen

Oper

Argenore
3 Akte
Text von Giovanni Andrea Galletti, nach einem Entwurf von Wilhelmine von Bayreuth
autographe Partitur: Staatliche Bibliothek Ansbach, Signatur VI g 44
Entstehungszeit: 1740
Ausgaben:
Faksimile des Autographs in Bauer 1983
Wolfgang Hirschmann (Hg.): *Wilhelmine von Bayreuth. Argenore (1740). Oper in drei Akten. Text von Giovanni Andrea Galletti*, Mainz 1996 (Das Erbe deutscher Musik, Bd. 121).
UA: vermutlich erst am 31. Oktober 1993 im Markgrafen-Theater Erlangen, Inszenierung: Susanne Vill, musikalische Leitung: Walter Opp
Librettodruck: zweisprachig (italienisch/deutsch)
L'ARGENORE/TRAGEDIA/RAPRESENTATA/NEL GIORNO NATALIZIO/DI/SUA ALTEZZA SERENISSIMA/FEDERICO/MARGRAVIO REGNANTE DI BRAN-/DENBURGO (...)/LA COMPOSITIONE DELLA MUSICA E/DI/SUA ALTEZZA REALE/FEDERICA SOFIA /GUGLIELMINA/NATA REAL PRINCIPESSA DI PRUSSIA E MAR-/GRAVIA DI BRANDENBORGO, CULMBACH, BAYREUTH./L'ANNO 1740./BAREIDE.
Faksimile des zweisprachigen Librettos in: Hirschmann 1996.

Vokalkompositionen

Cavatina *O sol che venero*
und
Cavatina *Ah chiaro splendi intorno*
für die Festa teatrale *L'Uomo* (siehe unter: Texte für das Musiktheater)
Abschrift in: Andrea Bernasconi, Partitur zu *L'Uomo*, Herzog August Bibliothek Wolfenbüttel
Entstehungszeit: wohl 1754
Ausgabe: Schiedermair 1908

Instrumentalkompositionen

Konzert für Cembalo und Streicher in g-Moll
Allegro – Andante cantabile – Gavotte I – Gavotte II
Entstehungszeit: wohl 1734
Handschrift: Herzogin Anna Amalia Bibliothek, Weimar, Signatur: Mus. III c: 120[4]

Ausgabe:
Concerto in g für Cembalo obligato und Streicher, hg. von Irene Hegen, Furore-
Verlag. Kassel 2000

Sonate für Querflöte und Generalbass in a-Moll
Affettuoso – Presto – Allegro
Autograph: Bibliotheca Fürstenbergiana, Schloss Herdringen, Signatur: Fü 3595a
Entstehungszeit: vermutlich 1730

Texte für das Musiktheater

Attalie
2 Akte
nach Jean Racine, *Athalie*, 1691
Autographes Manuskript im Geheimen Staatsarchiv Preußischer Kulturbesitz Berlin, Signatur: BPH Rep 46 W 26 fol. 27 re. – 33 re.
Entstehungszeit: unbekannt

Deucalion et Pyrrha
Festa teatrale
1 Akt
Entstehungszeit: 1751/52
UA: 10. Mai 1752, Bayreuth
Librettodruck: zweisprachig (italienisch/französisch)
*Deucalione e Pirra/Festa Teatrale/per Musica e Balli/da rapprensentarsi/nel Ducale
Gran Teatro di Bareith/nel corrente Carnevale/dell Anno 1752/per Comando/Di Sua
Altezza Reale/La Marggravia/Federica Sofia Willelmina/Nata reale principessa di Prus-
sia/et.cet/Bareith per Federico Elia Dietzel/stampatore della Corte, Cancellaria e del Col-
legio Christiano-Ernestino*

Semiramide
Dramma per musica
3 Akte
nach François Marie Arouet de Voltaire, *Sémiramis*, 1748
Entstehungszeit: 1750-53
UA: 10. Mai 1753, Bayreuth
Librettodruck: zweisprachig (italienisch/deutsch)
*SEMIRAMIDE/DRAMA PER MUSICA/DA REPRESENTARSI/NEL DUCALE GRAN TEATRO DI
BARAITH/NEL CORRENTE CARNEVALE/DELL'ANNO 1753./PER COMANDO/DI/SUA ALTE-
ZZA REALE/LA MARGRAVIA/FEDERICA SOFIA WILLELMINA/DI/BRANDEMBURG CULEM-
BACH BARAITH/NATA REAL PRINCIPESSA DI/PRUSSIA ETC.ETC./A ERLANG/STAMPATA
NELLA STAMPERIA TETZSCHNERIANA*

L'Uomo
Festa teatrale
2 Akte
Entstehungszeit: 1754
UA: 19. Juni 1754, Bayreuth
Librettodruck: zweisprachig (italienisch/französisch)
L'Huomo/Festa Teatrale/per Musica e Balli/composta in Francese/da Sua Altezza Reale/la Marggravia regnante/Federica Sofia Willelmina/di Brandenburgo-Culmbac etc.etc/nata Real Principessa di Prussia etc./mesa in versi Italiani/dal Sigr. Luiggi Stampiglia/Poeta della Corte/da rappresentarsi/nel Ducale gran Teatro di Baireuth, l'Anno 1754/per commando delle loro Altezze Serenissima/e Reale/Baireuth appresso Federico Elia Dietzel,/della Corte, Cancellaria, e del Collegio Christiano-Ernestino stampatore

Amaltea
Dramma per musica
3 Akte
Entstehungszeit: wohl 1756
UA: 10. Mai 1956, Bayreuth
Librettodruck: zweisprachig (italienisch/deutsch)
Amaltea/drama per musica/composto in francese/da/sua altezza reale/federica sofia/willelmina/marggravia di brandenburgo/culmbach etc./nata real principessa di prussia etc./posto in versi italiani/dal/sigr. luigi stampiglia/da rappresentarsi/nel ducale gran teatro di baireuth/L'Anno 1756/per commando/delle/loro altezze/serenissima, e reale/Bareith appresso federico elia dietzel/Stampatore della Corte, Cancellaria, e del Collegio/Christiano-Ernestino.
Faksimile der deutschen Übersetzung in: *Barockfeste. Nachrichten und Zeugnisse über theatralische Feste nebst einem Singspiel der Markgräfin Wilhelmine von Bayreuth*, herausgegeben von Dietrich Mack, Thurnau 1979, S. 66-126.

Anmerkungen

1 Vielleicht gemeint: consentir
2 Es muss heißen: der König Afrikas.
3 Irene Hegen hat 1998 erstmals ein ausführliches Werkverzeichnis vorgelegt, das jedoch wegen neuer Quellenfunde – die Hegen teils selber gemacht hat – inzwischen in Teilen überholt ist.
4 Möglicherweise ist die Quelle beim Brand der Bibliothek am 2. September 2004 vernichtet worden.

Dank

Diese Arbeit wurde im Jahre 2002 durch ein Stipendium aus dem Hochschul- und Wissenschaftsprogramm des Bundes und der Länder »Chancengleichheit für Frauen in Forschung und Lehre«, vergeben durch die Frauenbeauftragte der Universität Bayreuth, gefördert. Ich danke Frau Prof. Dr. Uta Lindgren herzlich für Unterstützung und Ermutigung.

Zu danken habe ich außerdem dem Geheimen Staatsarchiv Preußischer Kulturbesitz Berlin und der Universitätsbibliothek Bayreuth.

Ein besonderer Dank gebührt Frau Irene Hegen-Eckert, Bayreuth, für anregende Gespräche und wichtige Hinweise zu Wilhelmine. Auch dafür, dass sie mir Einblick in ihr privates, in vielen Jahren aufgebautes Wilhelmine-Archiv gewährte und mir ihre Quellensammlung zur Verfügung stellte, möchte ich ihr hier danken. Mit ihrem Enthusiasmus hat Irene Hegen-Eckert die Arbeit an diesem Buch von Anfang an auf liebenswerte Weise begleitet.

Quellen und Sekundärliteratur

Quellen

Denkwürdigkeiten (= D)
Wilhelmine von Bayreuth, eine preussische Königstochter. Glanz und Elend am Hofe des Soldatenkönigs in den Memoiren der Markgräfin Wilhelmine von Bayreuth, neu herausgegeben von Ingeborg Weber-Kellermann, Frankfurt/Main 1990 (diese Ausgabe gibt den Text der letzten Version von Wilhelmines Memoiren in deutscher Übersetzung wieder).

Tagebuch der Italienischen Reise
Markgräfin Wilhelmine von Bayreuth: Tagebuch der Italienischen Reise (1754-1755). Übertragen ins Deutsche: Oskar Sauer, herausgegeben und kommentiert: Helke Kammerer-Grothaus, Bayreuth 2002.
Zuerst veröffentlicht bei: Burrell, Mary: *Thoughts for enthusiasts at Bayreuth/4. Unpubl. journal »Voyage d'Italie« and 60 unpubl. letters of The Margravine of Bayreuth to Frederick the Great together with 16 unpubl. letters from the King to the Margravine,* London 1891.

Briefwechsel (= B I, B II)
Volz, Gustav Berthold (Hg.): *Friedrich der Große und Wilhelmine von Bayreuth,* deutsch von Friedrich von Oppeln-Bronikowski, Bd. 1: *Jugendbriefe 1728-1740,* Bd. II: *Briefe der Königszeit 1740-1758,* Berlin-Leipzig 1924 und 1926.

Eine kommentierte Auswahl aus dieser Ausgabe in:
Friedrich Wilhelm Prinz von Preußen, Kirsten Heckmann-Janz und Sibylle Kretschmer (Hg.): »*...solange wir zu zweit sind.« Friedrich der Große und Wilhelmine Markgräfin von Bayreuth in Briefen,* München 2003.

Wilhelmines Nachlass befindet sich im Geheimen Staatsarchiv Preußischer Kulturbesitz Berlin (GSA); zitierte Quellen:

Attalie: BPH Rep. 46 W 26 fol. 27 re. bis 33 re.

Prosaskizze zu *Amaltea:* BPH Rep. 46 W 26 fol. 34/35

Entwurf zu *Amaltea:* BPH Rep. 46 W 26 fol. 34 re. bis 57 v.

Briefwechsel mit dem Bruder: Sign. BPH Rep. 46 W 17, 16 Bde

De la Morale: BPH Rep. 46 W 26 fol. 20 re. bis 22 re.

Testament: BPH Rep. 46 W 36

Andere Quellen

Der Oberhofmeisterin von Sonsfeld Immediatberichte an König Friedrich Wilhelm I über den Markgräflich Bayreuthischen Hof, 2 Bde, BPH Rep. 46 W 14

Lessing, Gotthold Ephraim: *Hamburgische Dramaturgie,* herausgegeben von Kurt Wölfel, Frankfurt/Main 1986.

Metastasio, Pietro: *Opere,* herausgegeben von Mario Fubini, Milano e Napoli 1968.

Racine, Jean: *Athalie,* in: *Théâtre complet de Racine,* herausgegeben von Maurice Rat, Paris (Garnier) 1960.

Voltaire, François Marie Arouet de: *Sémiramis.* Tragédie, in: *Œuvres complètes de Voltaire, nouvelle édition, théâtre,* Bd. 13, Paris 1877, Reprint Liechtenstein 1967.

Literatur

Vorbemerkung: Unter den vielen Einzelstudien zur Biographie Wilhelmines und des Markgrafen ragen diejenigen von Karl Müssel heraus, die zum großen Teil im *Archiv für Geschichte von Oberfranken* (im folgenden abgekürzt als AO) erschienen sind. Müssel beschäftigt sich seit einem halben Jahrhundert mit Wilhelmine und hat zu zahlreichen Aspekten der Biographie aufschlussreiche Quellenfunde publiziert.

Bachmann 1959
Bachmann, Erich (Hg.): *Markgräfin Wilhelmine von Bayreuth und ihre Welt,* München 1959.
Bauer 1982
Bauer, Hans-Joachim: *Barockoper in Bayreuth* (= Thurnauer Schriften zum Musiktheater, Bd. 7), Laaber 1982.
Bauer 1983
Ders.: *Rokokooper in Bayreuth. »Argenore« der Markgräfin Wilhelmine* (= Thurnauer Schriften zum Musiktheater, Bd. 8), Laaber 1983.
Baumgart 1986
Baumgart, Peter: »Kronprinzenopposition. Zum Verhältnis Friedrichs zu seinem Vater Friedrich Wilhelm I.«, in: Heinz Duchhardt (Hg.), *Friedrich der Große, Franken und das Reich* (= Bayreuther Historische Kolloquien Bd. 1), Köln und Wien 1986, S. 5-23.
Berger 1993
Berger, Günter: »Hofkultur auf Französisch im deutschen Absolutismus: z. B. Bayreuth«, in: Wolfgang Dahmen u.a. (Hg.), *Das Französische in den deutschsprachigen Ländern* (= Romanistisches Kolloquium VII), Tübingen 1993, S. 123-133.

Bergfeld 1973
Bergfeld, Joachim: *Markgräfin Wilhelmine von Bayreuth*, in: Heimatbeilage zum Amtlichen Schulanzeiger des Regierungsbezirks Oberfranken, Nr. 41/1973.

Bischoff 2000
Bischoff, Cordula: »Markgräfin Wilhelmine von Bayreuth (1709-1758)«, in: Kerstin Merkel u. Heide Wunder (Hg.), *Deutsche Frauen in der Frühen Neuzeit*, Darmstadt 2000, S. 153-167.

Burgière 1997
Burgière, André u. a.: *Geschichte der Familie, Bd. 3: Neuzeit*, Frankfurt/Main und New York 1997.

Burrell 1888/89
Burrell, Mary: *Thoughts for Enthusiasts at Bayreuth, Collected in Memory of 1882 and 1883*, Chapter 1: London 1888, Chapter 2: London 1889; Chapter 3: nicht erschienen;

Burrell 1891
Dies.: *Thoughts for enthusiasts at Bayreuth/4. Unpublished journal »Voyage d'Italie« and sixty unpubl. letters of The Margravine of Bayreuth to Frederick the Great together with sixteen unpublished letters from the King to the Margravine being Chapter 4 of Thoughts für Enthusiasts at Bayreuth. Privately printed for The Honourable Mrs Burrell*, London 1891.

Butler 1991
Butler, Judith: *Das Unbehagen der Geschlechter.* Aus dem Amerikanischen von Kathrina Menke, Frankfurt/M. 1991.

Delius 2003
Delius, Nikolaus: »Eine Sonate für Bruder Friedrich? Der Anonymus Herdringen Fü 3595a"*, in: *Tibia. Magazin für Holzbläserkunde* 4/2003, S. 571-577.

Descotes 1964
Descotes, Maurice: *Le public de théâtre et son histoire*, Paris 1964.

van Dülmen 2000
Dülmen, Richard van: *Historische Anthropologie*, Köln etc. 2000.

Eger 1980
Eger, Manfred: *Bühnenzauber des Barocktheaters*, Bayreuth 1980.

Eggert 1932
Eggert, Walther: *Wilhelmine von Brandenburg-Bayreuth, Friedrichs des Großen Schwester, als Künstlerin*, Bayreuth 1932.

Endres 1998
Endres, Rudolf: »Preußens Weg nach Bayreuth«, in: Krückmann, Peter (Hg.): *Galli Bibiena und der Musenhof der Wilhelmine von Bayreuth*, München und New York 1998, S. 15-19.

Fester 1902
Fester, Richard: *Die Bayreuther Schwester Friedrichs des Großen. Ein biographischer Versuch*, Berlin 1902.

Focht 1998
Focht, Josef: *Die musische Aura der Markgräfin Wilhelmine. Musikinszenierung in der Kunst des Bayreuther Rokoko*, Passau 1998.

von Gleichen-Russwurm 1925
Gleichen-Russwurm, Alexander von: *Die Markgräfin von Bayreuth, Friedrich des Großen Lieblingsschwester*, Stuttgart 1925.

Habermann 1982
Habermann, Sylvia: *Bayreuther Gartenkunst. Die Gärten der Markgrafen von Brandenburg-Culmbach im 17. und 18. Jahrhundert* (= Quellen und Forschungen zur Gartenkunst, Bd. 6), Worms 1982.

Habermann und Trübsbach 1986
Habermann, Sylvia und Rainer Trübsbach: *Bayreuth, Geschichte und Kunst*, München u. Zürich 1986.

Hegen 1998
Hegen, Irene: »Wilhelmine von Bayreuth (1709-1758)«, in: Clara Mayer (Hg.): *Annäherung IX – an sieben Komponistinnen*, Kassel 1998, S. 126-149.

Hegen 2000
Dies.: »Das Cembalo-Konzert von Wilhelmine von Bayreuth«, in: *Wilhelmine von Bayreuth (1709 – 1758), Concerto in g für Cembalo obligato und Streicher*, hg. von Irene Hegen, Kassel 2000, S. 29 – 32.

Hegen 2001
Dies.: »Zur Bayreuther Aufführungsgeschichte«, in: Programmheft Hans Otto Theater Potsdam *Argenore* 2001, nicht paginiert.

Hegen 2002
Dies.: »Neue Dokumente und Überlegungen zur Musikgeschichte der Wilhelminezeit«, in: Peter Niedermüller und Reinhard Wiesend (Hg.), *Musik und Theater am Hofe der Bayreuther Markgräfin Wilhelmine. Symposion zum 250-jährigen Jubiläum des Markgräflichen Opernhauses am 2. Juli 1998* (= Schriften zur Musikwissenschaft, herausgegeben vom Musikwissenschaftlichen Institut der Johannes Gutenberg-Universität Mainz, Bd. 7), Mainz 2002, S. 27-57.

Hegen 2003
Dies.: »Wilhelmines Oper ‚Argenore'«, in: *AO Bd. 83*, 2003, S. 329-361.

Henze-Döhring 2002
Henze-Döhring, Sabine: »Konzeption einer höfischen Musikkultur«, in: Peter Niedermüller und Reinhard Wiesend (Hg.), *Musik und Theater am Hofe der Bayreuther Markgräfin Wilhelmine. Symposion zum 250-jährigen Jubiläum des Markgräflichen Opernhauses am 2. Juli 1998* (= Schriften zur Musikwissenschaft, herausgegeben vom Musikwissenschaftlichen Institut der Johannes Gutenberg-Universität Mainz, Bd. 7), Mainz 2002, S. 97-118.

Henzel 1997
Henzel, Christoph: »Zu den Aufführungen der großen Oper Friedrichs II. von Preußen 1740-56«, in: *Jahrbuch des Staatlichen Instituts für Musikforschung Preußischer Kulturbesitz 1997*, S. 47-53.

Hirschmann 1995
Hirschmann, Wolfgang: »Italienische Opernpflege am Bayreuther Hof, der Sänger Giacomo Zaghini und die Oper *Argenore* der Markgräfin Wilhelmine«, in: Friedhelm Brusniak (Hg.), *Italienische Musiker und Musikpflege an deutschen Höfen der Barockzeit*, Köln 1995, S.117-153.

Horn 1865
Horn, Georg: *Voltaire und die Markgräfin von Baireuth*, Berlin 1865.

Kluxen 1987
Kluxen, Andrea: »Die Ruinen-«Theater» der Wilhelmine von Bayreuth«, in: *AO, Bd. 67, 1987*, S. 187-255.

Krause-Pichler 1991
Krause-Pichler, Adelheid: *Jakob Friedrich Kleinknecht*, Weißenhorn 1991.

Kröll 1959
Kröll, Joachim: »Zum Gedankengut der Aufklärung in Bayreuth«, in: *AO Bd. 39, 1959*, S. 156-175.

Krückmann 1995
Krückmann, Peter: »Exil und idealer Hofstaat. Eine *promenade allégorique* durch das Bayreuth der Markgräfin Wilhelmine«, in: *Anton Raphael Mengs: Königin Semiramis erhält die Nachricht vom Aufstand in Babylon*, hg. von der Kulturstiftung der Länder, Berlin/München 1995, S. 35-84.

Krückmann 1998 a
Ders.: *Das Bayreuth der Markgräfin Wilhelmine*, München u. New York 1998.

Krückmann 1998 b
Ders. (Hg.): *Galli Bibiena und der Musenhof der Wilhelmine von Bayreuth*, München und New York 1998.

Küffner 1969
Küffner, Herbert: »Eine Augsburger Sammelhandschrift als Quelle zur Bayreuther Hofmusik«, in: *AO Bd. 49, 1969*, S. 103-196.

Labouvie 1998
Labouvie, Eva: *Andere Umstände. Eine Kulturgeschichte der Geburt*, Köln etc. 1998.

Mack 1979
Mack, Dietrich (Hg.): *Barockfeste. Nachrichten und Zeugnisse über theatralische Feste nebst einem Singspiel der Markgräfin Wilhelmine von Bayreuth*, Thurnau 1979.

Maron 1980
Maron, Richard: »Voltaire in Bayreuth«, in: *AO Bd. 60, 1980*, S. 127-133.

Mass 1973
Mass, Edgar (Hg.): »Le Marquis d'Adhémar: la correspondence inédite d'un ami des philosophes à la cour de Bayreuth« (= Studies on Voltaire and the Eighteenth Century 106), Banbury 1973.

Merten 1964
Merten, Klaus: »Der Bayreuther Hofarchitekt Joseph St.Pierre«, in: *AO Bd. 44, 1964*, S. 4-160.

Metz-Becker 1999
Schmidt, Susanne und Annegret Vackiner: »Künstliche Hilfe: Instrumente und Operationen«, in: Marita Metz-Becker (Hg.), *Hebammenkunst gestern und heute*, Marburg 1999, S. 50-56.

Müssel 1956
Müssel, Karl: *Markgraf Friedrich von Brandenburg-Bayreuth 1711-1763*, Teil 1: Die Jugendjahre (1711-1731), Bayreuth 1754; Teil 2: Von der Verlobung bis zum Regierungsantritt (1731-1735), Bayreuth 1956.

Müssel 1959
Ders.: »Wilhelmines Jugend im Spiegel von Briefen ihrer Mutter«, in: *AO Bd. 39, 1959*, S. 176-191.

Müssel 1977
Ders.: »Muttermilch für den todkranken Markgrafen«, in: *Fränkischer Heimatbote.* Monatsbeilage des *Nordbayerischen Kuriers,* 10. Jahrgang, Nr. 12, 1977.

Müssel 1981
Ders.: »Die Akademie der freien Künste und Wissenschaften in Bayreuth (1756-1763)«, in: *AO Bd. 61, 1981*, S. 33-57.

Müssel 1997
Ders.: »Das Repertoire der ›Französischen Komödie‹ am Hofe des Bayreuther Markgrafenpaares Friedrich und Wilhelmine«, in: *AO Bd. 77, 1997*, S. 119-128.

Müssel 1998 a
Ders.: »Markgraf Friedrich von Brandenburg-Bayreuth (1711-1763). Wilhelmines Gemahl als Reichsfürst, Landesherr und Mensch«, in: Krückmann, Peter (Hg.): *Galli Bibiena und der Musenhof der Wilhelmine von Bayreuth,* München und New York 1998, S. 20-24.

Müssel 1998 b
Ders.: »Zum Briefwechsel der Markgräfin Wilhelmine mit ihrem Bruder Friedrich im Jahre 1748. Eine Zugabe aus bisher unveröffentlichten Briefen«, in: *AO 78, 1998*, S. 255-267.

Oschmann 1991
Oschmann, Susanne: »Gedankenspiele – Der Opernheld Friedrichs II.«, in: Klaus Hortschansky (Hg.): *Opernheld und Opernheldin im 18. Jahrhundert. Aspekte der Librettoforschung,* Eisenach 1991, S.175-193.

Pöhlau 1934
Pöhlau, Fritz: *Staat und Wirtschaft in Ansbach-Bayreuth im Zeitalter Friedrichs des Großen,* Phil. Diss. Erlangen 1933, Erlangen 1934.

Programmheft WDR
Programmheft WDR zur Aufführung von *Zoroastre,* hg. von der Pressestelle des Westdeutschen Rundfunks Köln, Köln 1983.

Rode-Breymann 2003
Rode-Breymann, Susanne: »Allein ihr angenehmster zeit vertreib ist die music. Musenhöfe: Zentren der Künste, Orte der Bildung«, in: Matthias Kruse und Reinhard Schneider (Hg.), *Musikpädagogik als Aufgabe. Festschrift zum 65. Geburtstag von Siegmund Helms,* Kassel 2003, S. 321-333.

Roster 1998
Roster, Danielle: *Die großen Komponistinnen,* Frankfurt/Main 1998.

Rudloff-Hille 1936
Rudloff-Hille, Gertrud: »Die Bayreuther Hofbühne im 17. und 18. Jahrhundert«, in: *AO, Bd. 33/1, 1936*, S. 67-138.

Rüsen 2002
Rüsen, Jörn: *Geschichte im Kulturprozeß,* Köln etc. 2002.

Sander 1966
Sander, Ina: »Johann Pfeiffer, Leben und Werk des letzten Kapellmeisters am markgräflichen Hof zu Bayreuth,« in : *AO Bd. 46, 1966*, S. 129-182.

Sayn-Wittgenstein 1971
Sayn-Wittgenstein, Franz zu: *Wilhelmine von Bayreuth, Schwester und Freundin Friedrichs des Großen*, Lausanne 1971.

Schenk 1927
Schenk, Erich: »Zur Musikgeschichte Bayreuths«, in: *AO 30/1, 1927*, S. 59-67.

Schiedermair 1908
Schiedermair, Ludwig: *Bayreuther Festspiele im Zeitalter des Absolutismus.* Studien zur Geschichte der deutschen Oper, Leipzig 1908.

Schrader 1985
Schrader, Susanne: *Das Markgrafentheater in Bayreuth. Studien zum Hoftheatertypus des 18. Jahrhunderts* (= Schriften aus dem Institut für Kunstgeschichte der Universität München, Bd. 1), München 1985.

Strohm, 1976
Strohm, Reinhard: *Italienische Opernarien des frühen Settecento (1720-39)*, Köln 1976.

Talkenberger 2003
Talkenberger, Heike: »Selbstverständnis und bildliche Repräsentation bei Sophie von Hannover und Wilhelmine von Bayreuth«, in: Gabriele Baumbach und Cordula Bischoff (Hg.), *Frau und Bildnis 1600-1750. Barocke Repräsentationskultur an europäischen Fürstenhöfen*, Kassel 2003, S. 133-160.

Thiel 1981
Thiel, Heinrich: *Wilhelmine von Bayreuth.* Die Lieblingsschwester Friedrichs des Großen, München 1967, Nachdruck Bayreuth 1981.

Trübsbach 1985
Trübsbach, Rainer: *Wirtschafts- und Sozialgeschichte Bayreuths im 18. Jahrhundert. Zur materiellen Kultur des Handwerks in der Zeit der Vor- und Frühindustrialisierung.* Diss. Erlangen 1983 (= AO Bd. 65, 1985).

Veh 1959
Veh, Otto: *Markgräfin Wilhelmine von Bayreuth im Urteil von Mit- und Nachwelt*, Wissenschaftliche Beilage zum Jahresbericht des Hum. Gymnasiums in Fürth i. Bay. 1958/59, Fürth 1959.

Vill 2002
Vill, Susanne: »*Argenore* inszenieren. Die Oper von Wilhelmine von Bayreuth im Markgrafentheater Erlangen«, in: Peter Niedermüller und Reinhard Wiesend (Hg.), *Musik und Theater am Hofe der Bayreuther Markgräfin Wilhelmine. Symposion zum 250-jährigen Jubiläum des Markgräflichen Opernhauses am 2. Juli 1998* (= Schriften zur Musikwissenschaft, herausgegeben vom Musikwissenschaftlichen Institut der Johannes Gutenberg-Universität Mainz, Bd. 7), Mainz 2002, S. 67-83 (= Nachdruck aus: Kazimierz Sabik (Hg.), *Actes du Congrès International* Théâtre, Musique et Arts dans les Cours Européennes de la Renaissance et du Baroque, Varsovie 23-28 Septembre 1996, Warszawa 1997, S. 517-536).

Volz 1924
Volz, Gustav Berthold: »Die Markgräfin Wilhelmine von Bayreuth und ihre Denkwürdigkeiten«, in: *Forschungen zur Brandenburgischen und Preußischen Geschichte,* 36. Band, München u. Berlin 1924, S. 164-179.

Walter 1981
Walter, Jürgen: *Wilhelmine von Bayreuth*, München 1981.

Wiesend 1987
Wiesend, Reinhard: »Tonartendisposition und Rollenhierarchie in Hasses Opern«, in: Friedrich Lippmann (Hg.), *Colloquium Johann Adolf Hasse und die Musik seiner Zeit (Siena 1983)*, Laaber 1987, S. 223-231.

Wittern-Sterzel 1993
Wittern-Sterzel, Renate: *Wilhelmine von Bayreuth und Daniel de Superville: Vorgeschichte und Frühzeit der Erlanger Universität*, Vorgeschichte und Frühzeit der Erlanger Universität; Festvortrag anläßlich der 36. Jahrestagung der Kanzler und leitenden Verwaltungsbeamten der wissenschaftlichen Hochschulen der Bundesrepublik Deutschland an der Friedrich-Alexander-Universität Erlangen-Nürnberg vom 29.09. bis 01.10.1993, Erlangen 1993.

Wuthenow 1984
Wuthenow, Ralph-Rainer: *Das Bild und der Spiegel. Europäische Literatur im 18. Jahrhundert*, München u. Wien 1984, darin: »Fürstliches Elend. Die Memoiren der Wilhelmine, Markgräfin von Bayreuth«, S. 114-128.

Abbildungsverzeichnis

1. Portrait *Wilhelmine von Bayreuth* (1745), Jean-Etienne Liotard, Bayerische Verwaltung der Staatlichen Schlösser, Gärten und Seen, Bayreuth, Neues Schloß, Inv. Bay NS. G89

2. Kupferstich *Hochfürstliche Residenzstadt Bayreuth* (um1720), Johann Demleutner, Landesbildstelle Nordbayern / Stadtarchiv Bayreuth

3. *Diplom für die Akademie der Arkadier,* Geheimes Staatsarchiv Preußischer Kulturbesitz, GSA, BPH Rep. 43 V

4. Gouache *Allegorie auf Markgraf Friedrich als Förderer der Künste* (1758/59), Juda Löw Pinchas, Bayreuth, Neues Schloss, Bayerische Verwaltung der Staatlichen Schlösser, Gärten und Seen, Inv. Bay NS. G125

5. Brief Wilhelmines vom Juli 1758 an Friedrich II.; aus: Burrell, Mary: *Thoughts for enthusiasts at Bayreuth/4. Unpublished journal »Voyage d'Italie« and sixty unpubl. letters of The Margravine of Bayreuth to Frederick the Great together with sixteen unpublished letters from the King to the Margravine being Chapter 4 of Thoughts für Enthusiasts at Bayreuth. Privately printed for The Honourable Mrs Burrell,* London 1891. Abdruck mit freundlicher Genehmigung der Universitätsbibliothek Bayreuth.

6. Kupferstich *Ruinen- und Grottentheater* (1748), Johann Thomas Köppel, Sanspareil, Morgenländischer Bau, Bayerische Verwaltung der Staatlichen Schlösser, Gärten und Seen, Inv. SaMB.G18

7. Deckengemälde, Audienzzimmer der Markgräfin, Altes Schloss Eremitage, Bayerische Verwaltung der Staatlichen Schlösser, Gärten und Seen

8. Gemälde *Tod der Kleopatra* (1748), Markgräfin Wilhelmine von Bayreuth, Bayerische Verwaltung der Staatlichen Schlösser, Gärten und Seen, Bayreuth, Neues Schloß, Inv. Bay NS. G57

9. Gemälde *Tod der Lucretia* (1748), Markgräfin Wilhelmine von Bayreuth, Bayerische Verwaltung der Staatlichen Schlösser, Gärten und Seen, Bayreuth, Neues Schloß, Inv. Bay NS. G56

10. Gemälde *Cimon und Pero* (1748), Markgräfin Wilhelmine von Bayreuth, Bayerische Verwaltung der Staatlichen Schlösser, Gärten und Seen, Bayreuth, Neues Schloß, Inv. Bay NS. G55

11. Das Markgräfliche Opernhaus von innen, Blick zur Hofloge, Bayerische Verwaltung der Staatlichen Schlösser, Gärten und Seen

12. Pastellportrait *Giacomo Zaghini* (1751), Alexander Roslin, Bayerische Verwaltung der Staatlichen Schlösser, Gärten und Seen, Bayreuth, Neues Schloß, Inv. Bay NS. G10

13. Bühnenbildentwurf für *Amaltea:* »Pfeilersaal mit Kassettendecke« (1756), Carlo Galli Bibiena, Braunschweig, Herzog-Anton-Ulrich-Museum, Inv.Nr.z 168

14. Frontispiz des Librettodrucks von *Amaltea,* UB Bayreuth, Historischer Verein für Oberfranken, 47/LQ 43100 W678 A4.756

15. Aus dem Manuskript *Attalie,* Geheimes Staatsarchiv Preußischer Kulturbesitz, GSA, BPH Rep. 46 W 26, folio 27 recto

PERSONENVERZEICHNIS

Friedrich Wilhelm I., König von
Preußen X, 3, 9ff., 13f., 16, 20–39,
41f., 45, 47f., 50ff., 57, 71f., 103, 108f.,
116, 120f., 127, 139f., 164, 203ff.
Friedrich Wilhelm Markgraf von
Schwedt 25f., 32f., 41
Friedrich, Markgraf von Brandenburg-
Bayreuth 12, 18, 25, 27ff., 34f.,
38–41, 44f., 46–51, 53–58, 60–64,
67–71, 74–77, 86, 88–90, 100f., 103,
109, 117, 121, 126, 143, 152, 155f.,
171, 174f., 203–207
Furiosa, Margherita 76
Füssel, Johann Michael 101

Galletti, Giovanni Andrea 51, 104,
209
Galli Bibiena, Carlo 103, 146, 155, 205
Galli Bibiena, Giuseppe 99
Georg Friedrich Carl, Markgraf von
Brandenburg-Bayreuth 27, 36ff.,
40–46, 49, 73f., 87f., 164, 171, 203f.
Georg I., König von England 20, 25f.,
203
Georg Wilhelm, Markgraf von Bran-
denburg-Bayreuth 36, 40, 46, 49, 87,
203
Goethe, Johann Wolfgang von IX, XI,
62
Graffigny, Françoise d'Issembourg
d'Happoncourt de 59
Graun, Carl Heinrich 55, 76, 89, 94
Groß, Johann Gottfried 54f.
Grumbkow (Hofdame) 76

Hasse, Johann Adolf 58, 76, 90, 143,
205f.
Hegen, Irene 62f., 77ff., 80, 162, 177,
211f.
Heinrich, Prinz von Preußen 64, 91,
180
Henze-Döhring, Sabine 97, 143, 177
Hirschmann, Wolfgang 107, 110, 209
Hoffmann (Geiger) 74, 76

Jean Paul Friedrich Richter IX
Johann Adolf Herzog von Sachsen-
Weißenfels 26, 28, 33, 41

Kamecke, Ilse Anna 13
Kan, Jos van 110
Karl II. Eugen, Herzog von Württem-
berg 18, 41, 56, 58, 92, 205
Karl Theodor, Kurfürst von der Pfalz
und König von Bayern 75
Karl XII. von Schweden 23ff.
Katte, Hans Hermann von 30, 204
Kiefer, Vroni 110
Kleinknecht, Jakob Friedrich 77, 98
Kleinknecht, Johann Stefan 63, 77
Kleinknecht, Johann Wolfgang 77
Knobelsdorff, Georg Wenzeslaus von
99
König, Sebastian 102
Křenek, Ernst IX
Kröll, Joachim 152
Krückmann, Peter Otto 69f., 100, 103,
145f., 161

La Croze, Maturin Veyssière de 15, 203
Laporte, Abbé Joseph de 148
Leonardi, Stefano 98, 141, 143, 155, 176
Lessing, Gotthold Ephraim 143
Leti (Erzieherin) 13f., 19, 21ff., 203
Leuthard, Johann Daniel 77
Liotard, Jean-Etienne 1
Luhmann, Niklas 151

Marwitz, Albertine von 50, 54
Marwitz, Caroline von 50, 54
Marwitz, Wilhelmine von 12, 18, 46,
50, 52, 54f., 57, 67f., 174, 205
Massenet, Jules IX
Mengs, Anton Raphael 62, 69, 145
Metastasio, Pietro (eigentlich
Trapassi) 93f., 96, 107, 127, 147,
157, 161
Mirabeau, Louis Alexandre Riquetti
Comte de 60, 63

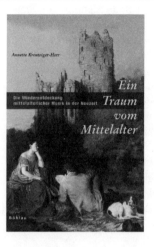

Annette Kreutziger-Herr

Ein Traum vom Mittelalter

Die Wiederentdeckung
mittelalterlicher Musik in
der Neuzeit

2003. 425 S. 53 s/w-Abb. auf
48 Tafeln. Gb. € 44,90/SFr 74,–

ISBN 3-412-15202-1

Mittelalterliche Musik ist seit der Renaissance verklungen und wurde erst im frühen 20. Jahrhundert umfassend wiederentdeckt und erforscht. Da es jedoch keine aussagekräftigen Quellen über Aufführungspraxis und tatsächliche akustische Bedingungen dieser verklungenen Musik gibt, ist diese Entdeckung ebenso Rekonstruktion wie Erfindung.

Stationen der neuzeitlichen Geschichte mittelalterlicher Musik sind im 19. Jahrhundert die Mittelalterrezeption der Frühromantik, die Wiederbelebung der Musik Palestrinas und der künstliche Minnesang, wie er uns im Lied, aber auch in Richard Wagners Bühnenwerken begegnet. Im 20. Jahrhundert erleben wir die systematische Entdeckung und Erfindung mittelalterlicher Musik und beobachten den Einfluss, den diese »neue Musik« auf die musikalische Entwicklung der Moderne nimmt. Zu Beginn des 21. Jahrhunderts ist mittelalterliche Musik integraler Teil unseres musikalischen Weltbildes, ein postmodernes Phänomen der Vergegenwärtigung von Geschichte – ein Traum vom Mittelalter.

KÖLN WEIMAR

Ursulaplatz 1, D-50668 Köln, Telefon (0221) 91 39 00, Fax 91 39 011

152020312O5

Marianne Richert Pfau,
Stefan Morent

**Hildegard
von Bingen**

Der Klang des Himmels

(Europ. Komponistinnen, Bd. 1)

2005. Ca. 320 S. Ca. 20 s/w-
Abb. auf 16 Taf. Gb. mit SU.

Mit Musik-CD.

€ 24,90/SFr 43,70

ISBN 3-412-11504-5

Die Mystikerin und Ordensfrau Hildegard von Bingen (1098–1179) fasziniert die Menschen bis heute. Dieses Buch stellt sie als begnadete Komponistin geistlicher Musik vor. Es betrachtet die spirituellen und künstlerischen Voraussetzungen ihres Schaffens und folgt ihrem Weg von der Stille des Klosters an die Öffentlichkeit. Darüber hinaus fragt es nach dem liturgischen Kontext ihrer Kompositionen und ordnet sie in das zeitgenössische Musikgeschehen ein.

Hildegard von Bingen hat sich selbst als eine Ungelehrte in musikalischen Belangen bezeichnet, die nie eine systematische Unterweisung in Gesang oder in sonstiger Musiklehre erhalten habe. Diese Selbstdarstellung hat es schwer gemacht, die Bedeutung von Hildegards musikalischem Schaffen richtig zu bestimmen. Von manchen als naive Figur gezeichnet, die ihre Gesänge mehr schlecht als recht hervorbrachte, von anderen aber als göttlich Inspirierte überhöht, jenseits jeglicher Konvention, hat sie sich dem modernen Zugriff immer wieder entzogen. Dabei besteht kein Zweifel: Hildegard wurde bei der Übersetzung des visionär Gehörten in die irdisch-musikalische Klangwelt von ihrer eigenen musikalischen Prägung geleitet und verschwindet nicht hinter ihrem Werk.

KÖLN WEIMAR

URSULAPLATZ 1, D-50668 KÖLN, TELEFON (0221) 91390-0, FAX 91390-11

1150405021